Resiliência é o c@r@lh*

Bruce Daisley

Resiliência é o c@r@lh*

Quebre o mito de que é preciso aceitar tudo e descubra sua força

Tradução:
Larissa Bontempi

Copyright © 2023 by Editora Globo S.A. para a presente edição
Copyright © Bruce Daisley, 2022

Todos os direitos reservados. Nenhuma parte desta edição pode ser utilizada ou reproduzida — em qualquer meio ou forma, seja mecânico ou eletrônico, fotocópia, gravação etc. — nem apropriada ou estocada em sistema de banco de dados sem a expressa autorização da editora.

Texto fixado conforme as regras do Acordo Ortográfico da Língua Portuguesa (Decreto Legislativo nº 54, de 1995).

Título original: *Fortitude: Unlocking the Secrets of Inner Strength*

Editora responsável: Amanda Orlando
Assistente editorial: Isis Batista
Preparação: Theo Cavalcanti
Revisão: Clarissa Luz e Pedro Siqueira
Diagramação: Carolinne de Oliveira
Capa: Renata Zucchini
Imagem de capa: Graphicle/Shutter Stock

1ª edição, 2023

CIP-BRASIL. CATALOGAÇÃO NA PUBLICAÇÃO
SINDICATO NACIONAL DOS EDITORES DE LIVROS, RJ

D134r

    Daisley, Bruce
        Resiliência é o c@r@lh* : quebre o mito de que é preciso aceitar tudo e descubra sua força / Bruce Daisley ; tradução Larissa Bontempi.- 1. ed. - Rio de Janeiro : Pricipium, 2023.
        352 p. ; 23 cm.

        Tradução de: Fortitude : unlocking the secrets of inner strength
        ISBN 978-65-88132-34-0

        1. Resiliência (Traço da personalidade). 2. Autorrealização (Psicologia). 3.Técnicas de autoajuda. I. Bontempi, Larissa. II. Título.

23-84947   CDD: 158.1
                                                                       CDU: 159.923

Meri Gleice Rodrigues de Souza - Bibliotecária - CRB-7/6439

Direitos exclusivos de edição em língua portuguesa para o Brasil adquiridos por Editora Globo S. A.
Rua Marquês de Pombal, 25 — 20230-240 — Rio de Janeiro — RJ
www.globolivros.com.br

Com amor, à minha família.

Sumário

Prólogo 9
    Resiliência é o c@r@lh*! Nós só queremos viver!

Parte I
Decodificando os mitos da resiliência 25

1. Me derrubam, mas eu me levanto de novo 27
    A doutrina da resiliência

2. O que não te mata (quase te mata) 53
    O preço do trauma

3. Sua "única concorrência é ela mesma" 84
    Em busca da resiliência

4. Encaixando as histórias do eu 97
    Construindo camadas de personalidade

Parte II
As origens da força interior 113

5. A indústria bilionária da resiliência 115
    Explorando a Ortodoxia da Resiliência

6. **Controle** 156
   O alicerce da fortaleza

7. **Identidade** 186
   Construindo um robusto senso de identidade

PARTE III
ENCONTRANDO A FORTALEZA 199

8. **Comunidade** 201
   O poder do nós

9. **Fortaleza em equipe** 230
   Extraindo força dos outros

10. **Sincronizados, alinhados e conectados** 248
    O poder da sincronia

11. **Três contos da fortaleza** 260
    Encontrando força na conexão

12. **Fortaleza em queda?** 273
    A fortaleza está recuando?

13. **Caminhando em direção à fortaleza** 293
    Como construir a força coletiva

NOTAS 303
REFERÊNCIAS BIBLIOGRÁFICAS 345
AGRADECIMENTOS 349

Prólogo
Resiliência é o c@r@lh*!
Nós só queremos viver!

Beirute é um verdadeiro despertar dos sentidos. Visualmente, a linha do horizonte está dominada por emaranhados de cabos de telefone e energia — uma série imprevisível de fios que tecem desenhos caóticos no alto dos edifícios e nas ruas, e que frequentemente escondem recortes incomparáveis de estilos arquitetônicos: das sacadas de ferro delicadamente forjadas que decorariam uma rua de Paris aos detalhes e floreados que evocam um passado otomano. Seus ouvidos são agredidos pelo som do trânsito, que alterna entre zumbidos e resmungos, enquanto os habitantes andam afobados pelas ruas estreitas com uma determinação irreprimível. Em toda parte, há uma sensação de agito e caos. Preso em uma rodovia com duas pistas, você pode detectar um motorista audacioso tentando ambiciosamente espremer sua Mercedes desgastada no que ele designou como uma terceira pista entre as duas oficiais. É uma abordagem do improviso; outra marca da vida na cidade. Quase todas as famílias, por exemplo, têm uma solução caseira para os cortes de energia diários que, por décadas, foram uma característica da vida aqui.

Não foi amor à primeira vista para mim, mas, no decurso de mais de meia dúzia de visitas para ver a família da minha companheira, não resisti aos encantos de Bayrūt — ou Beyrouth, como é conhecida por seus habitantes francófonos. A cidade tem mais vida e agitação do que qualquer outra que visitei.

Então, se há um lugar onde a estranheza de 2020, em plena pandemia do coronavírus, esteve especialmente marcada, é a capital libanesa. De repente, as ruas ficaram mais vazias, a cidade agitada ficou um pouco mais calma do que o normal. As imagens de antes e depois nas redes sociais claramente documentavam a elevação da névoa de poluição que normalmente encobre a metrópole desordenada, revelando a sua beleza subjacente. "A natureza está se curando", as pessoas começaram a dizer naquela primavera.

Os libaneses nunca tiveram uma vida fácil, e até mesmo aquele momento de regeneração havia sido amargado por meses de hiperinflação e precariedade econômica. Primeiro, a libra libanesa quebrou, fazendo com que as pessoas perdessem suas economias. Depois, os preços na moeda quebrada dispararam a porcentagens altíssimas. Tudo isso enquanto os conspiracionistas governantes rivais do país, que eram coletivamente responsáveis pela bagunça, discutiam e apontavam dedos. A cidade onde me encontrava em 4 de agosto de 2020 estava não só mais calma do que o normal, mas também gravemente ferida.

A primeira indicação que tive de que algo adverso estava acontecendo naquela noite de terça, enquanto me espreguiçava na poltrona depois de um dia sob o sol beirutense, foi um rumor inicialmente superficial que fez os quadros da parede estremecerem, a louça, rachar, e o que restava do meu café, salpicar pela beira da xícara. Olhei o relógio. Eram 18h08. Pus meu café no chão para esperar o que deduzi ser um terremoto. Talvez 5.0 na escala Richter? Nada grandioso, mas certamente seria o assunto do jantar daquela noite.

Nosso prédio em Jnah tremeu por trinta segundos. Isso pode não parecer muito tempo, mas garanto que, após ter vivido uma experiência de "perda de comunicação" em um voo voltando de Barcelona, até dez segundos podem parecer uma eternidade quando você não sabe o que vai acontecer em seguida. Por fim, o tremor parou. Depois, as janelas do apartamento foram empurradas pelo vento. Eu ouvi o som assustador do ar sendo sugado para fora do apartamento — um ruído de guincho, estridente, que fez meu pulso acelerar. Naquele momento, o restante da família havia se reunido na sala de estar. Olhávamos uns para os outros, tentando esconder nossos indícios de emoção enquanto absorvíamos as reações reprimidas de todos. *O que foi isso?*

Em questão de minutos, começaram a chegar mensagens de WhatsApp: "Foi uma bomba", "Foi uma explosão", "Olhe para isto, foi um ataque". Um vídeo que recebemos exibia um incêndio violento e fuliginoso no porto da cidade, que era tomado, primeiro, por uma cobertura de poeira perfeitamente hemisférica e, depois, por uma vasta bolha radiante de escombros que varreu dezenas de ruas. Gradualmente, a bolha desapareceu, dando lugar a uma nuvem em forma de cogumelo que permaneceu sobre a cidade por vários minutos, como um gênio nocivo saindo de uma cúmulo-nimbo.[1]

Sem que soubéssemos, 2.750 toneladas de nitrato de amônio, descuidadamente armazenadas em um depósito ao lado do porto por quase uma década, haviam se inflamado e gerado uma explosão maior do que aquela que destruiu Chernobil em 1986. De fato, a explosão foi potente o bastante para estremecer as janelas do Chipre, a 240 quilômetros pelo mar Mediterrâneo.[2] Os abalos sísmicos provocaram destruição por toda a cidade, deixando duzentas pessoas mortas e outras 6 mil gravemente feridas, além de ter danificado dezenas de milhares de prédios. Os danos causados por vidros despedaçados e desabamentos deixaram muitas pessoas com ferimentos que as transformariam para o resto de suas vidas.

No dia seguinte, reportagens ao vivo sobre os destroços do porto de Beirute foram transmitidas para todo o mundo. A BBC lembrou aos espectadores que esse pequeno país, de menos de 7 milhões de pessoas (incluindo 1,5 milhão de refugiados sírios), era especial. "Os libaneses são famosos por sua resiliência", dizia o comentário da BBC.[3] Um correspondente do *New York Times* concordou: "Qualquer um que conhece o Líbano já ouviu isto: os libaneses são resilientes". As notícias internacionais mudaram o foco e teletransportaram milhões de espectadores para as ruas de Beirute para testemunhar a devastação a uma escala cinematográfica. E depois, em questão de horas, inevitavelmente seguiram para outras matérias.

Narrativa estabelecida: os libaneses são resilientes. Agora, outras notícias.

Nós amamos histórias de resiliência. Elas têm um quê de contos de fadas que lhes confere um apelo atemporal. Também amamos pessoas resilientes. Quando ouvimos falar sobre atletas famosos que, longe de serem desmoralizados por contratempos, parecem encontrar força em si mesmos, nós os veneramos como faríamos com os super-heróis do cinema. Em um momento, estamos assistindo à façanha da ginasta Simone Biles, filha adotiva de uma mãe dependente química. No outro, vemos Peter Parker, que, após as trágicas mortes em sua família, é cuidado pela tia e acrobaticamente mantém a cidade de Nova York em ordem como o Homem-Aranha. Quando não podemos ser arrebatados pelos esforços de LeBron James, um dos jogadores de basquete mais celebrados de todos os tempos — criado por uma mãe problemática em meio à instabilidade doméstica e ao som de sirenes de polícia —, então celebramos Bruce Wayne, órfão de pais assassinados que, sob o disfarce do justiceiro Batman, realiza sua vingança temperamental contra bandidos.

Esses são nossos desportistas favoritos e nossos heróis ficcionais mais bem-sucedidos. Amamos a redenção dos enredos de resiliência. Eles nos proporcionam uma virada narrativa satisfatória, transformando a vítima sem mérito em uma celebrada vencedora.

Essas imagens de resiliência raramente pareciam oportunas quando passávamos pelas ruínas de Beirute após a explosão. Havia um gosto cáustico no ar que fazia com que alguns afortunados trocassem suas máscaras de proteção contra a covid-19 por máscaras médicas N95. O barulho do trânsito pode ter diminuído, mas em seu lugar veio o som de vidros esmagados, tanto em pequenos cacos varridos ou pisados, como se fossem flocos de neve nova e gelada, criando um tilintar áspero e musical; ou, de maneira mais orquestral, como se fossem jogados dos prédios em saltos improvisados. Em todo o lugar à nossa volta, habitantes com olhares exaustos brandiam vassouras como se a cidade despedaçada pudesse ser curada com varreduras persistentes.

Foi o TRT World, um veículo de comunicação turco, que pareceu ser o primeiro a capturar um senso mais preciso do que os nativos estavam realmente sentindo e dizendo. O TRT citou um cidadão beirutense: "Eu achei, de verdade, que já tinha visto de tudo neste país miserável. Quanto mais teremos de aguentar? Se eu escutar mais alguém se referindo a nós como 'resilientes', não responderei por mim. Foda-se a resiliência. Nós não queremos ser resilientes. Nós só queremos viver!".[4] Uma escritora libanesa, Lina Mounzer, falou para várias pessoas quando abordou a charmosa fantasia da resiliência: "Por fim, reconhecemos que um mito é um consolo ruim para uma vida mal vivida, não importa o quão atraente esse mito seja".[5]

Fico envergonhado por dizer que, até aquele momento, eu nunca havia pensado na resiliência assim — como um mito ou um conto de fadas, ou como um substituto para uma vida bem vivida. Eu supunha que fosse algo admirável que todos nós deveríamos utilizar — algo entre um traço ("os libaneses são resilientes") e uma mentalidade a ser emulada ("nós estamos pedindo às pessoas para serem resilientes"). Naquele momento, minha mente pulsava com as contradições contidas na palavra.

Pouco tempo depois que voltei de Beirute, fui convidado a participar de um debate em uma rádio sobre a bagunça das provas canceladas por causa da covid-19 no Reino Unido e das notas ruins que os alunos obtiveram no início. Enquanto falávamos a respeito de crianças cujos anos de estudo haviam sido, horas antes, rebaixados a algoritmos impessoais, meu colega palestrante, o locutor Robert Peston, propôs uma avaliação entusiasmada. De acordo com ele, os jovens envolvidos "só têm de ser mais resilientes".[6]

Lá estava ela de novo. Aquela chamada para a resiliência; aquela sugestão sobre as coisas poderem ser muito melhores se as pessoas se fortalecerem um pouco. É claro, pensei, que os ouvintes devem estar assentindo: "Tudo bem, seus resultados de prova foram escolhidos por sorteio depois de treze anos de educação em tempo integral, mas as crianças só precisam lidar com isso". No final das contas, ao longo da história, cada geração demonstrou uma tendência a supor que faltava às gerações posteriores a força de caráter que ela tinha quando estava com a mesma idade. Por outro lado, pensei que alguns dos ouvintes poderiam estar sentindo o mesmo toque de ceticismo que eu.

Enquanto refletia sobre isso, lembrei-me de amigos contarem várias vezes sobre os cursos infrutíferos de resiliência que seus patrões lhes mandavam fazer — cursos que, quando muito, faziam com que se sentissem ainda *mais* desamparados. Lembrei-me de uma amiga dizer que a palavra *resiliência* evocava um ressentimento desdenhoso entre os colegas na grande empresa do setor em que trabalhava, e considerei como *resiliência* não só se tornou uma palavra da moda, mas também ganhou um caráter político. Como a discussão na rádio demonstrou, parece haver uma crença difundida de que, além de termos testemunhado uma erosão da força interior que caracterizava nossos ancestrais, agora estamos testemunhando a *geração floco de neve*, uma cria enfraquecida de jovens menos equipados para as lutas da vida do que qualquer jovem do passado. Nós nos contrapomos exigindo que eles mostrem mais força interior. Não sentimos empatia por eles. Nós os instruímos e, para a sociedade como um todo, atiramos uma série de desafios:

- Você falhou em ser recrutado para um novo emprego (por causa da discriminação sistêmica)? *Solução*: seja mais resiliente.
- Sua cidade é dizimada por uma explosão (causada por corrupção e incompetência governamental)? *Solução*: seja mais resiliente.
- A água da sua torneira está contaminada por chumbo (como resultado de incompetência das autoridades)? *Solução*: seja mais resiliente.

Junto ao peso da expectativa posto sobre os desafortunados, somos bombardeados por manchetes sensacionalistas a respeito de heróis que foram resilientes. Somos convidados a agir. Eu me lembro nitidamente de ouvir um autor best-seller dizer: "Independentemente do que a vida lhe reserve, responda com criação

— esse é o motor da resiliência" (seja lá o que isso signifique). No entanto, as histórias e as imposições são invariavelmente vagas e difíceis de identificar. Não à toa, quando estamos sofrendo, uma chamada para sermos mais resilientes é inútil.

Nos anos 1980, eu raramente ouvia debates a respeito de resiliência na escola ou no noticiário. Agora, o termo é onipresente. O projeto Ngram, da Google (que mapeia o emprego de palavras específicas em livros e na literatura ao longo dos últimos dois séculos), sugere que o uso da palavra *resiliência* aumentou seis vezes no decorrer do século xx. Entre 2000 e 2020, ano da explosão em Beirute, seu uso quintuplicou de novo. Em outras palavras, entre 1900 e a era das TED Talks e dos vídeos virais, sua frequência aumentou quase 3.000%. É verdade, houve algumas vozes céticas. O autor de um artigo na *New York Times Magazine* destacou "o profundo vazio da resiliência", notando que a palavra era cada vez mais usada para apoiar declarações de missão e fortalecer as filosofias de instituições educacionais, além de representar ser um traço que as pessoas se queixam de faltar nos outros.[7] A romancista Jami Attenberg uma vez refletiu se não seria outra maneira de dizer: "Deixe aqueles que estão em sofrimento cuidarem de si mesmos". "[A palavra] É um subterfúgio para os mais poderosos?", ela perguntou incisivamente.[8] Mas, em vez de ser a regra, essa pergunta foi a exceção.

À medida que meu próprio ceticismo crescia, decidi me dedicar a saber mais. Eu queria entender o que a resiliência é de fato. Queria descobrir se é mais do que algo que nós simplesmente encorajamos os outros a personificar ou se é algo que podemos mobilizar em nós mesmos. Queria compreender precisamente que forma ela apresenta. Logo, comecei a localizar especialistas, conversar com vítimas de desastres e trabalhar com as descobertas de centenas de artigos acadêmicos. Atribuí a mim mesmo a tarefa de responder às perguntas que estavam borbulhando dentro de mim. Se, pela natureza da lei da probabilidade, nem todas as crianças podem ter sucesso, o que difere aquelas que seguem adiante das que ficam para trás? Se os libaneses são, de fato, resilientes, o que podemos aprender com eles? Se as pessoas resilientes têm características comuns, quais são elas? Podemos emulá-las?

Minha jornada de descobertas acabou sendo surpreendente. Descobri que muitas das noções de resiliência que se tornaram superpopulares recentemente baseiam-se em pesquisas questionáveis. Também percebi que até mesmo as palavras usadas — "resiliência", "determinação", "garra", "autoconfiança" — exigem uma análise crítica e minuciosa. Sobretudo, pude entender como, quando a resiliência é apresentada ao lado de uma questão ou um problema específico, *é assustadoramente fácil* não só errar o diagnóstico, mas também responsabilizar as pessoas erradas por ele, transformando vilões em heróis e heróis em vilões. Eu até me indaguei se a resiliência realmente existe ou se é apenas um mito para aqueles que, como sugeriu Jami Attenberg, acreditam que o "sistema" é justo e que cabe ao indivíduo encontrar seu lugar dentro dele. "A resiliência foi criada pelos senhores capitalistas, hahaha", a romancista Sara Nović disse a uma amiga.[9]

Talvez a melhor maneira de explicar as armadilhas de atribuir a responsabilidade a demonstrações — ou não demonstrações — de resiliência seja pela analogia com outra história do mundo moderno: a história do plástico.

Nos anos 1980, o mundo estava acordando gradualmente para o fato de que havia um problema com o plástico. O material era tão espantosamente versátil e barato, que estava presente em toda parte e, como resultado, estava se tornando um pesadelo. Havia plástico descartado em todo lugar: estava presente nos cestos de lixo das casas, nos acostamentos das estradas e nos rios e mares.

A indústria de plástico dos Estados Unidos ficou preocupada e percebeu que, se não fizesse algo, correria o risco de os políticos começarem a impor regulações severas ou de alguém surgir com um material substituto. De acordo com Larry Thomas, o então presidente da Sociedade da Indústria do Plástico (agora conhecida como Associação da Indústria de Plásticos), "a imagem dos plásticos está se deteriorando a uma velocidade alarmante, estamos chegando a um ponto decisivo [...]. Temos de fazer o que for preciso para não sermos responsabilizados, pois queremos continuar fabricando produtos de plástico".[10]

Parar a produção não era uma opção — ao menos enquanto os investidores estivessem preocupados. Em vez disso, os proprietários de fábricas de plástico, os gigantes da indústria do petróleo, começaram a reestruturar o problema.[11] A partir dos anos 1990, eles passaram a gastar dinheiro para evitar um desastre nas relações públicas, investindo milhões de dólares a cada ano para promover os benefícios do plástico. Ao mesmo tempo, tentaram melhorar a imagem do material empurrando a ideia da reciclagem. Como aponta Sian Sutherland, fundadora da organização da campanha "A Plastic Planet" [Um planeta de plástico], a reciclagem de plástico é, na verdade, "um falso indício".[12] Até mesmo hoje em dia, menos de 10% dos resíduos de plástico são reciclados. A maior parte acaba em aterros sanitários ou é incinerada. O que é reutilizado tende a se degradar quando é reciclado, proporcionando um uso limitado. O processo também é complexo, caro e lento. Entretanto, para a indústria do plástico, era irresistível empurrar a ideia de que esse material maravilhoso poderia ser reutilizado. Portanto, as embalagens de trilhões de produtos de plástico eram feitas para funcionar como um espaço de propaganda das novas mensagens publicitárias na casa das pessoas. Devidamente estampadas com uma variação confusa de logotipos de setas, elas promoviam a ilusão de que tudo poderia ser reutilizado, mesmo que uma decodificação cuidadosa dos símbolos de reciclagem mostrasse o contrário. "Se o público pensa que a reciclagem está dando certo, ele não vai ficar preocupado com o meio ambiente",[13] disse Thomas depois.

E aí está o xis da questão: à medida que a campanha da reciclagem rolava, o papel do culpado mudou. Agora, os fabricantes que criavam o material não eram mais os responsáveis, mas sim os consumidores que não o reciclavam. O problema não era mais o fato de que havia muito plástico circulando, mas que as famílias não faziam a sua parte para garantir o reúso. Como diz Sian Sutherland, "é conveniente para a indústria confundir as pessoas. A reciclagem de plástico é uma mentira — uma cortina de fumaça no consumismo —, simplesmente uma maneira de apaziguar a nossa culpa".[14]

Agora, leia *resiliência* no lugar de *reciclagem*. O altamente respeitado psicólogo e professor Alex Haslam sugere que, em sua forma atual, este é um fenômeno razoavelmente novo. "A resiliência surgiu, de fato, como um conceito por volta de dez anos atrás", explica. Ele defende que houve um estopim para isso. "As empresas começaram a ficar cansadas do que podemos chamar de 'agenda do estresse'. Pessoas como o [psicólogo e] professor Cary Cooper fizeram um bom trabalho em aumentar a preocupação das pessoas com o estresse e com a ideia de que a

RESILIÊNCIA É O C@R@LH*   19

forma como as rotinas laborais foram criadas estava levando a aumentos graves de estresse no ambiente de trabalho."[15] Haslam cita um evento especialmente notável ocorrido em 2003, quando o Órgão Executivo para a Saúde e a Segurança do Reino Unido emitiu um "Alerta de Melhora do Estresse" para hospitais gerais do Serviço Nacional de Saúde (NHS, na sigla em inglês), em West Dorset, para resolver os problemas com o estresse naquela região.[16] Como ele explica, esse movimento — e outros semelhantes — demonstrou aos empregadores que eles deveriam resolver o estresse causado por eles mesmos. E isso os preocupou. "Grandes empregadores, como o NHS e grandes companhias, ficaram bastante nervosos porque aqui estava o tal do estresse, pelo qual claramente eles eram os responsáveis, e estavam sendo cobrados pelo governo a fazer mudanças."[17]

A resposta que essas organizações adotaram não foi diferente daquela utilizada pela indústria do plástico: a responsabilidade pelo estresse passou do fabricante para o consumidor. Ou, como o professor Haslam coloca: "Uma saída que eles encontraram foi a retórica, dizendo: 'Certo, discutimos muito sobre essas coisas ruins. Então, vamos começar a olhar o lado positivo e falar de resiliência'. É claro que o propósito disso era tirar os holofotes das empresas e do que elas estavam fazendo, apontá-los para as pessoas e, efetivamente, ter uma análise psicológica que dissesse: 'O verdadeiro problema aqui é que as pessoas não são resilientes o bastante'". No processo, perdeu-se a verdadeira compreensão dos fatores em jogo.

O conceito individual de resiliência é agora um grande negócio. Como me contou o chefe de uma empresa de bem-estar britânica que trabalha com empresas tanto do setor público como do privado: "Sim, a resiliência se tornou um produto" (depois, me direcionou para a ferramenta on-line da própria empresa dele, cujo nome tem marca registrada). Você pode se inscrever em cursos e esquemas que "consertarão" os trabalhadores (com a implicação de que, se eles não terminarem "consertados", você estará no seu direito de considerá-los "defeituosos"). Se você está na faculdade, poderá cursar um módulo de resiliência. Se está no Exército, vão lhe oferecer mecanismos de superação que lançam mão do ensino da resiliência. Você pode comprar um dos muitos best-sellers que lhe permitem fazer isso por si mesmo. É claro que a ironia está no fato de que vivemos em um mundo que é ao mesmo tempo inundado de programas de resiliência e convencido de que nós todos estamos nos tornando menos resilientes.

Passei os últimos anos fazendo podcasts sobre negócios e psicologia popular em geral, e em específico sobre a cultura do trabalho, e também procurei ajudar as empresas a melhorarem a cultura do ambiente laboral. À medida que fazia isso, tornei-me intensamente consciente de que é possível chegar a um consenso a respeito de um tema que reproduz a visão de um pequeno grupo de especialistas e ignora as vozes contraditórias e inconvenientes de outros. Também sei que é muito fácil surgir uma narrativa simples e poderosa que silencie as mais complexas. No caso da resiliência, essa narrativa envolve a celebração de histórias de indivíduos que conseguiram transformar o trauma em triunfo — aqueles que demonstraram uma resistência interna que supera todas as adversidades e que, seguindo o argumento, serviriam como modelos para todos nós. Também passei a desconfiar de pessoas que vendem soluções mágicas para problemas humanos complexos ou que oferecem medidas restritivas simples. Um amigo me disse uma vez que "Nunca na história da calma uma pessoa se tornou mais calma depois de ouvir 'se acalme'". Também é assim com a resiliência. Nunca na história da resiliência uma pessoa se tornou mais resiliente depois de ouvir "seja mais resiliente".

Além de desconfiar dos perigos do pensamento de grupo, também passei a valorizar os avanços que podem ocorrer a partir da troca de ideias entre diferentes campos: quando cientistas sociais conversam com profissionais clínicos, quando psicólogos conversam com antropólogos. Muito do que aprendemos fica restrito a certos nichos. Mas como saberíamos da natureza do trauma se a curiosidade de Vincent Felitti, um especialista em perda de peso, não tivesse entrado em contato com as dúvidas de Robert Anda, um epidemiologista? Como teríamos descoberto as verdades essenciais acerca da recuperação de procedimentos médicos se Alex Haslam não tivesse olhado para o problema sob a perspectiva da psicologia de grupo? Conectar ideias e processos de pensamentos diferentes é essencial se desejamos avançar na nossa compreensão. E há algumas áreas em que essa conexão é mais essencial do que no campo da resiliência. À medida que eu explorava o assunto e conversava com especialistas de diversos campos, realmente passei a compreender como progressos marcantes parecem ocorrer quando grandes pensadores saem das próprias áreas.

Nos capítulos a seguir, lancei mão das pesquisas e do conhecimento de uma ampla variedade de pessoas de diversas disciplinas e classes sociais para dissecar as noções atuais de resiliência e apontar quais, para mim, são as suas várias deficiências. Ao mesmo tempo, passei a valorizar o que acredito que seja um modelo mais interessante, com base no que psicólogos descreveriam como uma *explicação socioidentitária da resiliência*. Para diferenciá-la da "resiliência" clássica, decidi chamá-la pelo seu sinônimo, "fortaleza". No livro, pretendo responder às diversas dúvidas que se acumularam em mim nos dias e semanas após a explosão em Beirute. Por que algumas pessoas parecem ser emocionalmente mais fortes do que outras? O sucesso depende da habilidade de superar adversidades pessoais? O que é uma *mentalidade de crescimento* e quais são os desafios das afirmações que seus defensores fazem em nome dela? Por fim, a resiliência — ou melhor, a fortaleza — é algo que nós temos ou não temos, ou é algo que podemos desenvolver? Caso possamos, como?

Uma observação sobre as notas de fim

Você notará que o texto a seguir está recheado de números de notas de fim. Devo confessar que tenho dúvidas sobre a inclusão delas. Quando estou apenas lendo por prazer, acredito que aqueles números sobrescritos são distrativos e pouco compensadores. Quando quero cavar mais fundo, penso que são uma fonte inestimável de evidências e provas. Encorajo os leitores que não pretendem mergulhar no tema com mais detalhes a ignorarem as notas (todo o conteúdo substancial está presente no texto principal). Entretanto, aqueles cuja curiosidade é aguçada ou que são céticos a respeito de linhas de argumentação específicas, verão que as notas nas páginas 303 a 344 servem como guias úteis para leitura posterior.

PARTE I

Decodificando os mitos da resiliência

I

ME DERRUBAM, MAS EU ME LEVANTO DE NOVO
A DOUTRINA DA RESILIÊNCIA

ASSISTIR A SIMONE BILES em seu auge era perder-se na imaginação de que um ser humano poderia usar o próprio corpo para pintar aqueles desenhos impossíveis no ar. É inquestionável que Biles trouxe a beleza do balé para a ginástica. Tal era a sua feitiçaria aérea, que, enquanto todos nós tentávamos visualmente voltar e desemaranhar os nós que ela amarrava em alta velocidade, a própria gravidade deixava de ser uma inimiga a ser superada e se rendia a ser espectadora.

Ela não só demonstrava um talento artístico incomum, como transmitia alegria. Parecia a fada mais feliz do mundo, seu sorriso radiante iluminava os telões do auditório assim que os pés dela tocavam o chão — um sorriso que confirmava que acabáramos de testemunhar algo extraordinário. Linda Stone, uma executiva de tecnologia, uma vez cunhou o termo *apneia do e-mail* para descrever a maneira como 80% de nós inconscientemente seguram a respiração ao responder a um e-mail. A *apneia de Biles* era algo ainda mais potente: nossos pulmões paralisavam enquanto ela se mantinha no ar.[1]

Se há um ser humano que personifica o triunfo apesar da adversidade, é Simone Biles. Vencedora de sete medalhas olímpicas, ela passou por uma criação difícil em Columbus, Ohio. Sua mãe biológica — a quem ela sempre se referiu respeitosamente — "ficou tão envolvida com álcool e drogas", que, por serem crianças pequenas, Simone, o irmão e as duas irmãs passavam fome com frequência. "Quando crianças, eu e meus irmãos éramos muito focados em comida porque não tínhamos muita", recordou. "Lembro que um gato rondava a casa e que eu estava com muita fome. Eles davam comida para o gato e eu ficava 'Onde está a minha comida?'. Então, penso que [é por isso que] não gosto de gatos... Por causa desse maldito gato de rua, ela sempre alimentava o gato em vez de nos alimentar." No final das contas, o serviço social foi chamado, e a Simone de três anos de idade e seus irmãos foram levados a um abrigo.[2]

À medida que as crianças navegavam juntas pela nova vida, ela e seu irmão protetor, três anos mais velho, encontraram uma fuga na atividade física. Simone narra como ela ganhava um impulso estimulante no balanço do quintal do abrigo, saltando para trás até a altura máxima, planando no ar e gabando-se de que podia voar. Essa energia física era sua libertação. "Eu tinha este pequeno abdômen definido e pernas extremamente rápidas... Eu estava sempre correndo e pulando, dando estrelinhas e cambalhotas."[3] Simone sentia que a força de seus músculos era parte de sua identidade (os colegas de classe recorriam a ela por ter bíceps salientes aos oito anos); inclusive hoje em dia, ela descreve a si mesma como "uma bola de um metro e quarenta e dois centímetros com uma energia incessante".[4] Por ser proibida de usar o trampolim no jardim dos pais adotivos (imagine tentar explicar o seguro de acidentes pessoais para uma criança de quatro anos com o coração partido), ela ficava olhando desejosamente as acrobacias que os filhos biológicos dos seus cuidadores podiam realizar.

A promessa de estabilidade chegou quando seus avós a levaram: "Os nós que eu sentia na barriga desapareceram", ela disse. Mas aquela promessa logo foi tirada dela. A mãe de Simone estava determinada a pegar as crianças de volta, e elas foram levadas mais uma vez para o sistema de adoção enquanto as autoridades esperavam para ver se ela se livraria da dependência de drogas. As visitas regulares de seu avô se tornaram a única experiência positiva de Simone. "Sempre que meu avô nos visitava, eu ficava muito animada. Ele era a pessoa que eu sempre queria ver."[5] Por outro lado, ela recorda seu tempo no abrigo como uma época caracterizada por "sempre estar com fome e medo".

Por fim, ela e sua irmã mais nova voltaram a ficar com os avós (os irmãos mais velhos escolheram ficar com uma tia, perto de Ohio). Exausta após um ano no abrigo e vividamente ciente de que já havia visto aquele filme antes, no início Simone era cautelosa com as pessoas à sua volta. Demorou um pouco para ela relaxar. No entanto, depois de um tempo, passou a ver os pais adotivos (os avós) como seus verdadeiros pais. Hoje, fala de maneira resplendorosa a respeito de seu amor por eles e lhes atribui o fato de a terem ajudado a se formar — por terem-na "feito".

A situação da família de Simone pode ter finalmente chegado a um ponto de equilíbrio, mas seus problemas não haviam acabado. Enquanto estava sob os cuidados da Federação de Ginástica dos Estados Unidos, ela foi vítima de assédio sexual por Larry Nassar, o médico da equipe, que desde então foi condenado por molestar mais de 250 meninas e jovens.[6] Na opinião dela, somado ao trauma estava o fato de que, em vez de priorizar o bem-estar dessas meninas quando saíram as primeiras acusações de má conduta contra Nassar, a Federação de Ginástica dos Estados

Unidos procurou defender a si mesma.[7] Na preparação para os Jogos Olímpicos de Tóquio, que foram adiados, Simone se sentia frustrada por sua associação prolongada a uma organização que ela não podia perdoar.

Suas conquistas foram tão extraordinárias, que vale a pena recordá-las brevemente. Ela ganhou mais medalhas e títulos do que qualquer outra ginasta. Inventou novas manobras que agora levam seu nome: uma na trave, outra no solo. Em 2021, adicionou uma quarta manobra quando realizou o salto Yurchenko Double Pike no cavalo. Agora, ele é conhecido como o *(salto) Biles*. Pessoas do meio reconhecem que ela redefiniu o que é possível realizar na ginástica.

E ela fez tudo isso apesar do trauma infantil, do abuso sexual — sem falar do sofrimento físico (venceu campeonatos nacionais com dedos dos pés quebrados e o Campeonato Mundial quando tinha uma pedra no rim) — e do estresse familiar (seu irmão foi acusado de assassinato e depois absolvido).[8]

Em outras palavras, Simone Biles exemplifica a trajetória da resiliência de que ouvimos falar. Ela não só superou profundamente as experiências negativas, mas de alguma forma as canalizou para alcançar a excelência. Está longe de ser a única desportista a ter feito isso. O jogador de futebol Paul Gascoigne experimentou o trauma de ver o melhor amigo ser atropelado e morto enquanto estava sob seus cuidados. Ele se tornou uma figura icônica para os clubes e para o Reino Unido. A infância da estrela de rúgbi Jonah Lomu foi marcada pelo abuso doméstico praticado pelo pai e por uma cultura local de gangues violentas que matou seu tio e seu primo quando ele tinha doze anos. Ele se tornou o integrante mais jovem dos All Blacks* e uma estrela adorada por milhões de pessoas.⁹

O jogador de tênis Andre Agassi era intimidado a jogar por seu pai emocionalmente distante, fazendo com que ele afirmasse em sua autobiografia: "Eu vivo do tênis embora odeie tênis; odeio com um ímpeto secreto e obscuro, sempre odiei".¹⁰ Ele terminou a carreira tendo vencido o Grand Slam oito vezes, além de ter levado a medalha de ouro das Olimpíadas de 1996. A corredora de média distância Kelly Holmes, que nasceu de uma mãe de dezessete anos e um pai ausente, foi primeiro posta no abrigo (devido à angustia da mãe) e, com frequência, vítima de racismo na escola de seu povoado. Ela ganhou medalhas nos Jogos da Commonwealth e em campeonatos mundiais e europeus. Siya Kolisi, que cresceu no distrito negro de Zwide, em Porto Elizabeth, passou pelos traumas de ver a mãe ser regularmente agredida, a avó morrer em seus braços quando ele tinha dez anos e, dois anos depois, testemunhar um vizinho ser apedrejado até a morte. Em 2019, como o primeiro capitão negro dos Springboks,** ele os levou à vitória na Copa do Mundo.¹¹

Não é só o esporte que tem histórias como essas para contar. Veja Marie Curie — ou Maria Salomea Skłodowska, seu nome de batismo na Varsóvia ocupada pela Rússia —, que continua sendo a única pessoa laureada com Prêmios Nobel em duas disciplinas científicas diferentes. A vida dela foi atingida pela tragédia. Seu pai, suspeito de nutrir sentimentos pró-Polônia, perdeu o emprego como professor, e a família teve de hospedar até vinte estudantes de uma vez para pagar as contas. Havia muito tempo

---

* Equipe neozelandesa de rúgbi. É a seleção com mais títulos, que se tornou referência e até símbolo do esporte. (N. T.)
** Apelido da seleção sul-africana de rúgbi. (N. T.)

que sua mãe convivia com a tuberculose, condição incurável na época. Para proteger as crianças, ela se isolou, evitando abraçá-las ou beijá-las e até mesmo usar os mesmos utensílios para comer, por receio de passar a doença. Ela estava frequentemente ausente da casa da família, passando meses retirada nas montanhas, às vezes acompanhada pela filha mais velha, Zosia, onde esperava-se que o ar fresco e o repouso a ajudassem.

Quando Marie tinha nove anos, suas irmãs Zosia e Bronia contraíram tifo de um dos estudantes. Bronia sobreviveu, mas Zosia faleceu aos catorze. A outra irmã de Marie, Helena, escreveu: "A morte da nossa irmã literalmente quebrou nossa mãe; ela nunca conseguiu aceitar a perda da filha mais velha". Três anos depois, enfraquecida pela tuberculose e torturada pelo desgosto, a mãe também morreu.[12] Marie, que foi uma correspondente ávida ao longo da vida, escreveu em sua autobiografia que a morte da mãe foi "a primeira grande tristeza da minha vida e me jogou em uma depressão profunda".[13] Sua irmã descreveu como a perda devastou a adolescente: "Com frequência, ela se sentava em um canto e chorava amargamente. Ninguém fazia suas lágrimas pararem".

Embora Marie Curie tenha terminado a escola aos quinze anos — o limite obrigatório para meninas —, foi permitido que ocupasse uma vaga na Sorbonne, em Paris, quando estava com 24 anos e casada. Depois, em 1903, aos 36, ela ganhou o primeiro Prêmio Nobel (com seu marido, Pierre Curie, e o físico francês Henri Becquerel) pela descoberta da radioatividade. Ela foi a primeira mulher a receber um Nobel, embora tenha garantido o prêmio somente porque Pierre ameaçou recusá-lo quando descobriu que a intenção era não reconhecer a contribuição de Marie. Três anos depois, seu amado esposo escorregou enquanto atravessava a rua Dauphine em Paris e foi atropelado por uma carruagem puxada por cavalos. A morte dele a deixou inconsolável. Ainda assim, ela ganhou o segundo Nobel em seguida, em 1911.[14]

O psicólogo Mihaly Csikszentmihalyi, mais conhecido pelo seu conceito de *fluxo* como um estado mental positivo, defendeu uma vez que há mais do que coincidência em ação nesses casos, e incluiu outros nomes na mistura para ilustrar um argumento: "Leonardo da Vinci era filho ilegítimo e cresceu quase sem conhecer a própria mãe. O pai de Michelangelo era um fracasso e, aos treze anos, o artista foi aprendiz na loja do artista Ghirlandaio". Ele foi ao extremo para defender uma relação entre o trauma infantil e o desenvolvimento da genialidade, um debate que evoca memórias do ditado atribuído ao filósofo existencialista francês Jean-Paul Sartre de que o melhor favor que um pai pode fazer pelo filho é morrer cedo (um favor que o próprio pai de Sartre lhe havia conferido).[15] Outros concordaram com a opinião de Csikszentmihalyi, e diversos estudos e artigos sobre o tema, revisados por seus pares, apareceram para apoiá-lo.

Talvez o mais ambicioso desses estudos tenha sido um encomendado pela UK Sport, a agência de esportes de alto rendimento financiada pelo governo e responsável por investir em esportes olímpicos e paralímpicos. Até o início dos anos 2000, a agência havia passado por uma grande expansão, mudando de um nível de investimento de 59 milhões de libras em 2000, quando a equipe da Grã-Bretanha ganhou onze medalhas nos Jogos Olímpicos de Sydney, para um orçamento de 265 milhões de libras na preparação para os Jogos Olímpicos de Londres de 2012. Interessada em garantir que aquele dinheiro estivesse sendo gasto onde seria mais eficaz, e ao mesmo tempo ciente do quanto as medalhas trazem um aumento no orgulho nacional, a organização — sob a égide da diretora de desempenho, Chelsea Warr — fez uma publicação em 2009 para buscar a ajuda de acadêmicos, já que procurava assegurar que as futuras participações em Jogos Olímpicos resultassem em medalhas.[16]

Entre aqueles que se candidataram para o financiamento à pesquisa oferecido estavam Tim Rees, professor em esporte na Universidade de Bournemouth, e seu colaborador de longa data, Lew Hardy, um dos primeiros criadores de um curso em ciência do esporte no Reino Unido. Rees ficou surpreso, e de certa forma impressionado, que a UK Sport estivesse pensando em desempenho de elite de uma maneira orientada para os processos. Ele me disse: "O que realmente me chamou a atenção nas primeiras reuniões com a UK Sport é que eles falavam sobre uma corrida a fim de se ganhar medalhas e tentar arrecadar o percentual de mercado".[17] Portanto, ele e Hardy empenharam-se em entender o que se passa nas mentes de atletas profissionais e, especialmente, o que eleva um atleta de um nível que eles chamam de Elite para um nível Superelite.

Os pesquisadores estavam cientes demais de que circulavam diversas teorias a respeito de desempenho de elite — frequentemente anedóticas, escritas a giz em lousas ou mantidas em cadernos de treinadores. "Há vários jeitos de atingir o topo", Tim Rees disse, "e é verdadeiramente importante basear suas decisões em evidências, e não em opiniões, sabedoria popular e desinformação. Geralmente, nós ficamos sabendo que há pessoas gritando e sendo ouvidas, e esse nem sempre é o melhor conselho a seguir." Rees e Hardy adotaram uma abordagem muito mais empírica, compreendendo desde o início que as respostas podem muito bem ser multifacetadas. "Eu sempre penso na máxima de H. L. Mencken", disse Rees. "Para cada problema complexo existe uma resposta clara, simples e errada." A verdade é que cada atleta é único e complexo. Não há nada linear e previsível em suas carreiras. Menos de um quarto dos medalhistas de Jogos Olímpicos e de campeonatos mundiais, por exemplo, havia alcançado os mesmos níveis como juniores.[18] O que os pesquisadores enfrentaram seria como decifrar o código da Enigma* do desempenho individual e de equipe.

Rees e Hardy adotaram uma abordagem de grupo em sua pesquisa, procurando estabelecer as diferenças entre aqueles que eram excepcionais o bastante para chegar às finais dos campeonatos mundiais ou Jogos Olímpicos (eles categorizaram esses finalistas como atletas de Elite) e aqueles que geralmente terminavam triunfando com uma medalha de ouro no pescoço (categorizados como Superelite). Por que, por exemplo, o atleta Superelite Mo Farah havia levado para casa um duplo-duplo — duas medalhas de ouro em dois Jogos Olímpicos consecutivos —, ao passo que muitos daqueles que competiam contra ele não conseguiram executar o que parecia ser um potencial semelhante e voltaram para casa de mãos vazias? Logo, a equipe da pesquisa recrutou dezesseis ex-atletas Superelite do Reino Unido, os quais ganharam ao menos uma medalha de ouro e pelo menos outra (de ouro ou prata) em campeonatos importantes.[19] Eles compararam a vida de cada um e seus recordes com os de ex-atletas Elite de mesma idade e gênero — que competiram nos mesmos esportes, mas não foram tão bem-sucedidos. Foram 260 horas de entrevistas intensivas (e depois anonimizadas) enquanto os pesquisadores buscavam estruturar a biografia com-

---

* A Enigma foi uma máquina eletromecânica de criptografia usada pelos alemães na Segunda Guerra Mundial. Seu código foi quebrado pelo projeto Ultra, criado pela Inteligência Britânica em 1939 em colaboração com Alan Turing, considerado o "pai da computação". (N. T.)

pleta desses desportistas de alto nível. Para criar o cenário mais desenvolvido possível, eles também falaram com os parentes e os treinadores dos atletas.

Quando faziam isso, expunham certas verdades amplamente aceitas como afirmações questionáveis. Uma delas era a "regra das 10 mil horas" — um conceito cunhado pelo psicólogo Anders Ericsson que propunha que, comumente, as realizações em qualquer campo são resultado de 10 mil horas de prática deliberada e cuidadosa.[20] (Vale mencionar que, vinte anos antes de Ericsson, Herbert Simon e William Chase haviam identificado que, para tornar-se um grão-mestre de xadrez, era preciso dez anos de prática dedicada.)[21] Popularizada por pessoas como o escritor canadense Malcolm Gladwell, e no Reino Unido pelo jornalista e autor Matthew Syed, a regra das 10 mil horas se tornou parte da sabedoria popular — sendo a suposição de que seguir um interesse não é suficiente para fazer da pessoa um mestre naquilo: ela deve adotar um foco específico e diligente em aquisição de habilidades e refinamento de talento, se quiser se sobressair.

Rees e Hardy descobriram que — ao menos nas arenas esportivas — a regra das 10 mil horas não faz sentido. Na verdade, muitos dos atletas Elite que eles estudaram alcançaram o topo após terem praticado por metade daquele tempo. O bahamense Donald Thomas foi um exemplo extremo. Ele se dedicou ao salto em altura em 2006. Dois meses depois, terminou em quarto nos Jogos da Commonwealth em Melbourne, chamando a atenção por seu desempenho, porque estava usando os calçados errados, não conseguiu realizar a corrida de aproximação correta e aterrissou desajeitadamente. No ano seguinte, levou o ouro no Campeonato Mundial em Osaka, no Japão. Também ganhou o ouro na Final Mundial de Atletismo da antiga IAAF. Ele alcançou o topo do esporte dezesseis meses após competir pela primeira vez.

Outro mito associado — ou ao menos uma meia-verdade — exposto pelos pesquisadores era a crença (comum entre técnicos profissionais) de que jovens talentos têm de ser capturados e nutridos desde cedo. Um treinador no velódromo em Manchester disse a Rees: "Se não trazemos um atleta até os catorze anos, então não há chance de fazê-lo chegar ao topo". Mais uma vez, Rees, Hardy e sua equipe não encontraram evidências para sustentar essas afirmações. De fato, havia algumas indicações de que tais programas para adolescentes podiam causar mais danos do que benefícios. Foi assim também com o argumento de que, para se sobressair, os jovens devem se concentrar intensamente em uma atividade. Os pesquisadores descobriram que aqueles que seguiam múltiplas paixões tendiam a permanecer mais motivados.[22] A excelência tampouco dependia das ações de mães, pais e cuidadores insistentes. Na verdade, muitos pais tiveram de ser estimulados a reconhecer as transformações pelas quais seus filhos haviam passado. Como disse Hardy: "Frequentemente com os pais (dos atletas, nas entrevistas da pesquisa), havia um momento de percepção de que algo que eles haviam feito em algum ponto da criação dos filhos teve um grande impacto. Alguns atletas choraram na entrevista, mas um grande número de pais também chorou — um momento de percepção, não necessariamente bom ou ruim, sobre o que seu filho ou filha havia se tornado".[23]

Contudo, há um único fator comum que os pesquisadores descobriram e foi arrebatador. Todos os atletas Superelite relataram alguma experiência de vida crucial e negativa em seus anos de formação — que geralmente estava ligada a um acontecimento positivo relacionado aos esportes. No que se refere às definições de experiências de vida negativas, os pesquisadores declararam que incluíram, mas não se limitaram a: "morte (ou doença grave) de um membro importante da família, divórcio dos pais ou problemas sérios na relação, ambiente familiar instável ou perturbado (por exemplo, testemunhar ou passar pela experiência de abuso físico ou verbal), mudanças frequentes de casa (com a subsequente perda de grupos de amigos), a percepção de ser enviado para longe dos pais (para um colégio interno, por exemplo) e dificuldades na escola (como baixo rendimento, bullying e solidão)".[24] E os atletas Elite? Apenas quatro dos dezesseis deles haviam passado por contratempos semelhantes.

Aí estava. Em uma das análises mais completas já feitas sobre o desempenho nos esportes, foram apresentadas evidências claras de que o trauma pode, de fato, acabar em (e levar ao) triunfo. O que não te mata te *fortalece*. A história de Simone Biles não é um caso isolado; ela se encaixa em um padrão. Assim como a história de vida de Marie Curie. Enquanto 25% dos atletas Elite estudados por Rees, Hardy e sua equipe poderiam afirmar que tiveram uma trajetória de vida que os levou do trauma para o triunfo, 100% dos Superelite afirmaram isso. Esse não é o único estudo a revelar as conexões entre as adversidades e o sucesso. Nico van Yperen estudou extensivamente por quinze anos os jogadores de futebol de alto rendimento e descobriu que, no nível júnior Elite, os jogadores profissionais que começaram a atingir o nível Superelite tinham vidas domésticas que envolviam mais de três vezes a taxa de divórcios dos colegas que não chegavam ao topo.[25]

Esses estudos demonstraram a variedade de gatilhos que podem estar envolvidos. A pesquisa de Van Yperen, por exemplo, notou que era mais provável que os melhores jogadores de futebol tivessem um grande número de irmãos e, potencialmente, tinham de superar rivais e competidores dentro de suas famílias. Outro estudo mostrou que é significativamente mais provável que os melhores do remo tenham sido enviados para colégios internos na infância, o que sugere, para alguns, que havia uma necessidade de superar uma experiência que eles achavam isoladora ou estressante.[26] Talvez valha notar, nesse contexto, a observação que o romancista premiado Louis de Bernières fez ao *The Sunday Times* sobre a sua época no colégio interno: "A crueldade me marcou para o resto da vida. Ainda sofro aos 75".[27]

Como já mencionei, o Projeto de Medalhistas da Grã-Bretanha se esforçou para ocultar todos os aspectos de seu relatório. Mas não é difícil encontrar desportistas cujas experiências reproduzem aquelas do estudo: competidores que atingiram um sucesso extraordinário após um sofrimento terrível. Acontecimentos negativos menores podem não causar isso na biografia de um atleta, mas detalhes importantes certamente aparecem nas narrativas de alguns dos nomes mais icônicos no esporte. Um exemplo notável é o de Andy Murray, ex-jogador número 1 de tênis: um dos atletas de tênis mais bem-sucedidos de todos os tempos. Tricampeão de Grand Slam, ele também é o único jogador de tênis — masculino ou feminino — a ganhar dois ouros olímpicos. E certamente também passou por traumas significativos. Aos nove anos, em março de 1996, presenciou um dos maiores tiroteios em massa ocorridos em solo britânico, quando um atirador atacou a escola primária de Dunblane, na Escócia, e matou dezessete pessoas, enquanto Andy e seus colegas tentavam fugir pelo escritório do diretor.

Andy, compreensivelmente, sempre evitou falar publicamente a respeito daquele dia, mas se abriu para a diretora Olivia Cappuccini em 2019 para o que se tornou o filme *Andy Murray: Ressurgindo*, falando não apenas do tiroteio de Dunblane, mas também em uma série de acontecimentos posteriores difíceis em sua vida. "Obviamente, havia aquilo que aconteceu em Dunblane quando eu tinha por volta de nove anos. Tenho certeza de que, para todas as crianças que estavam lá, seria difícil por diferentes motivos. Conhecíamos o cara, frequentávamos o clube dos filhos dele, ele já havia estado no nosso carro, dávamos carona para ele e o deixávamos nas estações de trem etc. E, um ano depois daquilo, meus pais se divorciaram. É um período difícil para as crianças, ver aquilo e não entender direito o que está acontecendo. E, então, de seis meses a um ano depois daquilo, meu irmão Jamie também saiu de casa. Ele saiu para jogar tênis. É claro que nós costumávamos fazer tudo juntos. Quando ele se mudou, também foi um pouco difícil para mim. Naquela época e até mais ou menos um ano depois, eu tinha muita ansiedade, e ela aparecia quando eu estava jogando tênis. Quando estava competindo, tinha problemas respiratórios muito graves. De alguma forma, o tênis é uma fuga para mim, porque todas essas coisas ficam reprimidas, e nós não falamos sobre elas. O tênis me permite ser aquela criança. Por isso é importante para mim."[28]

Mais adiante no filme de Cappuccini, o treinador de longa data de Andy, Jamie Delgado, compartilha uma observação elucidativa. "Nunca me esquecerei da primeira vez que trabalhei com ele, nós fizemos treino intervalado. Chegando ao final da sessão, Andy estava de joelhos, completamente acabado. Eu disse: 'Tudo bem, vamos parar por aqui, já foi suficiente'. Ele me disse: 'Olha, eu não sei o que tem dentro de mim, mas posso continuar, posso superar a dor. Quando você pensar que acabou para mim, pode forçar, porque eu posso continuar'.[29]

Outro atleta Superelite — desta vez, norte-americano — que se abriu sobre a experiência e o impacto do trauma foi LeBron James, quatro vezes Jogador do Ano da NBA, cujas conquistas lhe deram o direito de ser considerado um dos maiores jogadores de basquete de todos os tempos.[30] Entrevistado para o documentário *Mais do que um jogo*, o imponente e atlético astro de dois metros e cinco centímetros descreve os desafios de uma infância vivida sob os cuidados de uma mãe que tinha de enfrentar os próprios demônios. "Ela estava com dezesseis anos quando eu nasci", ele se lembra. "A figura paterna que eu procurava nunca esteve lá, nunca. Nós nos mudávamos constantemente. Dos meus cinco anos até os oito, provavelmente nos mudamos dez, doze vezes. Três, quatro, cinco escolas. A coisa mais difícil era fazer novos amigos. Novas escolas o tempo todo. Era ficar finalmente confortável com um grupo de amigos em uma escola e ter de sair."[31]

Em seguida, ele explica: "[Você] sem dúvida vê coisas na infância que não quer que seus filhos vejam. Violência, abuso de drogas e sirenes de polícia. Independentemente de onde estivéssemos, estar com a minha mãe era a única coisa que importava". Aquele contato constante tão necessário nem sempre podia ser garantido. "Lembro-me de minha mãe me sentar e dizer que, por causa de certas situações, ela poderia ficar longe por um tempo, que eu iria morar com um dos meus treinadores. Foi um desafio. E tudo o que me importava naquela época era se eu acordaria e minha mãe estaria viva ou ainda do meu lado. Porque eu já não tinha um pai e não gostaria de ficar sem pai nem mãe. Com certeza era assustador e difícil."

Se minha mãe estaria viva ou ainda do meu lado — é trágico que qualquer criança passe por essa angústia. Embora a criação de LeBron James tenha sido muito diferente da de Andy Murray, é possível detectar possíveis gatilhos psicológicos semelhantes: a angústia da separação, uma sensação de insegurança. E é sobre o desejo natural do ser humano por segurança que LeBron fala quando descreve o seu talento crescente no basquete na turma de 2003 da escola secundária St. Vincent-St. Mary: "O que eu tinha dentro da quadra e que não tinha fora dela era segurança", ele lembra. "Todos os dias íamos ao ginásio, eu sabia que seria escolhido, que ganharíamos os jogos de basquete, que ganharíamos jogos improvisados, eu sempre disse que era um lar fora de casa para mim."[32]

Um exemplo mais distante bastará. O saltador Tom Daley foi bicampeão mundial da plataforma de dez metros e o primeiro a ganhar campeonatos mundiais da Federação Internacional de Natação quando tinha apenas quinze anos. Ele sofreu a perda precoce do pai, que teve um câncer no cérebro quando Daley estava com doze anos. Ele também sofria bullying na escola, tanto pela fama como por sua sexualidade emergente. Ele passou pela adolescência com medo de ser julgado por ser gay, mas falou como essas experiências negativas impulsionaram seu foco competitivo. Tom disse ao programa *Desert Island Discs*, da BBC: "Até hoje, aquele sentimento de que eu era *inferior* e diferente foi o que me deu o poder e a força para ser bem-sucedido em outras coisas, por querer provar que não era inferior. Você quer provar que é alguma coisa e que é alguém, e eu não vou decepcionar todos quando descobrirem a minha verdade".[33] Ele falou sobre como sua percepção de uma possível desaprovação constante o encorajava: "Quando na verdade aquelas experiências de ser um estranho são o que vai acabar te dando aquela vantagem, aquela pequena energia no seu interior que fará você ser o melhor que puder".[34]

Então, o que está acontecendo aqui? É tentador deduzir que, junto a outros fatores que os pesquisadores por trás do relatório sobre os medalhistas da Grã-Bretanha notaram (personalidade, motivação, compromisso, habilidade de regular as emoções e a pressão, entre outros), os Superelite têm ou adquirem uma resiliência que lhes permite lidar com as fatalidades que lhes acometeram na infância e que essa resiliência é, então, canalizada para o alcance da excelência. Mas não é só isso. As experiências deles parecem empurrá-los para a frente, o que pode ser descrito somente como obsessão e, em muitos casos, obsessão egoísta. Como Tim Rees coloca: "Você vê crueldade e egoísmo, obsessão e perfeccionismo, necessidade de sucesso, desejo de vencer acima de tudo, a importância dos esportes, do foco no resultado e da vitória". Para esses atletas Superelite, a questão não é esporte *e* família ou esporte *e* amigos. É esporte *e* sucesso no esporte. "Você pode pensar que essa pessoa não é necessariamente estável ou tão feliz, e provavelmente você está certo", Tim Rees diz, e acrescenta: "Havia 307 ouros disponíveis nos Jogos do Rio para uma população mundial de bilhões. Essas pessoas são, por definição, anormais, então não poderíamos esperar que elas se enquadrassem em níveis normais de comportamento".

Para os pesquisadores da UK Sport, esse traço de caráter era suficiente para explicar a diferença intrínseca entre os atletas Elite e os Superelite. Como regra, ambos os grupos começaram bem as suas carreiras, mas sempre se chegava a um ponto em que a trajetória ascendente estagnava para os Elite e continuava para os Superelite. Estes eram brutais, e suas mentes eram obcecadas com o sucesso a todo custo. Eles não tinham dúvidas de que o sucesso no esporte era a coisa mais importante — talvez a única coisa — que valia a pena alcançar, e suas vidas eram (geralmente de maneira egoísta) organizadas de acordo com isso. Eles "tendiam a ser figuras muito difíceis", como Lew Hardy disse ao escritor Owen Slot: "Os atletas Superelite são maravilhosos, mas não são necessariamente as pessoas mais estáveis e felizes. Se eles fossem, não fariam o que fazem".[35] Ou como Rees expressa: "Não estou dizendo que atletas de nível mundial tenham um transtorno mental, mas o ponto é que eles podem ser diferentes de outras pessoas, e esse ímpeto pode ser crucial".[36]

Compare isso com as observações de um treinador que falou para o estudo sobre os medalhistas da Grã-Bretanha a respeito de um atleta Elite (menos exitoso): "Na minha opinião, crianças felizes não se tornam grandes desportistas [...]. Por um lado, me sinto muito mal por ser honesto sobre [o atleta com quem ele trabalhou que nunca alcançou níveis altos], porque penso que ele é uma vítima [da sua criação feliz] e que, fundamentalmente, eles [os familiares] são conduzidos pelos princípios muito bons e amáveis de ter uma boa família. Proteger aqueles que você ama, querer mantê-los seguros e proporcionar o melhor são as intenções das famílias que são astronomicamente brilhantes e amorosas, e é algo de que eu adoraria fazer parte".[37]

Se não fosse pelas conquistas marcantes dos atletas Superelite, nós certamente observaríamos que, em vez de modelos a serem seguidos, há algo errado com eles. De fato, eles mesmos reconhecem que não são as pessoas mais fáceis de conviver: catorze dos dezesseis Superelite entrevistados para o relatório sobre os medalhistas da Grã-Bretanha se autodescreveram como cruéis ou egoístas.[38] Por outro lado, apenas dois dos competidores Elite usaram esses termos para se referir a si mesmos. A maioria era muito mais propensa a se descrever como alguém que "gosta de agradar outras pessoas". Um deles disse: "Em situações de competição, eu sentia que não tinha aquela verdadeira agressividade quando estava [competindo] contra eles, a ponto de separar o fato de que éramos amigos. Eu era legal demais [...]. Eu deveria ser mais impiedoso, e aquilo era um assunto recorrente [entre mim e meu treinador]; tentar ser mais implacável, quando, na realidade, eu era bom em fazer o que era melhor para a equipe".[39]

Duas coisas surgem daí. A primeira, como Rees coloca para mim, é que "os atletas Superelite queriam vencer — mas vencer não era suficiente. Isso se tornou uma qualidade definitiva em suas vidas". Depois, ele elaborou: "Os atletas mencionaram pontos de virada significativos em suas vidas; os Superelite apenas pensavam que o esporte era a coisa mais importante, acima de todas as outras. As relações se rompiam. Tudo era descartado em nome da vaga para as Olimpíadas e depois da medalha de ouro". Rees explicou o que isso significava para os atletas Superelite que ele passou horas entrevistando. "É interessante, me parecia (e estava baseado nos dados) que, com os atletas Elite, eles frequentemente tinham escolhas. Suponhamos que não desse certo em uma Olimpíada e que eles tivessem sido retirados do time. Eles pensariam consigo mesmos: 'Tentar por mais quatro anos para, com sorte, fazer parte da equipe nas próximas Olimpíadas?'. Eles tendem a pensar: 'Eu tenho uma vida fora daqui, quero seguir em frente'."

Atletas Superelite, por outro lado, sentiam que, se não tivessem êxito em um campo em que demonstravam um verdadeiro talento, então não teriam nada. A exposição à adversidade traumática os havia transformado. Isso havia criado um vazio que eles usavam para justificar um perfeccionismo implacável, que provavelmente nunca seria satisfeito. Como um Superelite falou sobre outro: "Ele apenas precisava desesperadamente vencer. Eu o observava. Lembro-me do barulho que ele estava fazendo em um Ergo Trainer, aparelho de reabilitação de marcha e fortalecimento muscular, na sala ao lado no último campo de treinamento. Ele estava desesperado para fazer dar certo e repetia 'A qualquer custo, a qualquer custo'. Um indivíduo muito, muito intenso [...]. Francamente, há várias pessoas dentro daquela cabeça. Ela está bastante suja. O esporte faz isso. É algo tão irracional de se fazer, que é estranho testemunhar pessoas que necessitam desesperadamente daquilo mais do que quaisquer outras [...]. Acho que ele pensava que a medalha de ouro [nas Olimpíadas] seria a resposta; que aquilo resolveria tudo.

Só que não resolveu. Então ele só perambulou por aí por alguns anos se perguntando o que fazer".[40]

Isso remete a uma história que o romancista Kurt Vonnegut contou quando Joseph Heller, autor de *Ardil-22*, morreu. Anos antes, os dois escritores haviam se encontrado em uma festa recepcionada por um bilionário em Shelter Island, Nova York. Vonnegut fez um comentário para Heller: "Joe, como você se sente sabendo que, só ontem, nosso anfitrião pode ter feito mais dinheiro do que o seu romance *Ardil-22* fez em toda a sua existência?". Heller respondeu: "Eu tenho algo que ele nunca terá". "E o que seria isso, Joe?" Então, veio a resposta: "O conhecimento de que tenho o bastante". Atletas Superelite são como os bilionários: procuram preencher o vazio pessoal escavado durante a infância com tesouros brilhantes.[41] *A qualquer custo, a qualquer custo.*

A segunda coisa a surgir de tudo isso, um ponto muito mais abrangente, é a visão de que a rigidez, a determinação que os atletas Superelite demonstraram não era imbuída ou encorajada neles por outros. Não era nutrida pelos cuidadores ou técnicos. Vinha de dentro. Era uma decisão pessoal.

Fora do mundo rarefeito do atletismo de elite, foi esse segundo aspecto da resiliência que atingiu proeminência no imaginário popular nos últimos anos. Para algumas pessoas, a noção de que alguém tenha de desistir da felicidade pessoal para atingir coisas grandes é uma ideia desconfortável. Mas a crença de que cabe ao indivíduo ser forte, animar-se quando as coisas dão errado e usar os reveses internos para gerar a força que o impulsionará ao sucesso se tornou amplamente aceita. Não só isso, mas também a convicção de que o que separa os bem-sucedidos dos fracassados é a falta de resiliência ou — como uma geração anterior a categorizaria — a falta de coragem.

Fui lembrado disso quando conheci uma líder sênior de negócios, que chamarei de Aisha, em uma palestra que ministrei para startups em East London. Aos quarenta e poucos anos, ela havia passado duas décadas de sua carreira se especializando e compreendendo o talento da liderança, e aperfeiçoando a arte de equilibrar pratos em uma varejista internacional de roupas para garantir os melhores resultados possíveis. Corajosa, determinada e exitosa, Aisha ficou conhecida por sua sinceridade. Ela certamente tinha opiniões sobre os argumentos que eu expressava e, depois da minha apresentação, veio me dizer isso.

Ao longo da nossa conversa, ficou aparente que sua companhia havia se unido, de maneira um tanto caótica, a um concorrente alguns anos antes.[42] Aisha me disse que imaginava que as coisas seriam difíceis. Os últimos anos não haviam sido fáceis para o mercado varejista. Ela sabia que uma fusão inevitavelmente resultaria em demissões, manobras políticas e drama. O que não esperava era que os empregadores da Hotlooks (como chamarei o ex-concorrente) se provariam "muito menos resilientes" do que os da sua empresa, Ztylish.

Intrigado, localizei Aisha um tempo depois para uma conversa mais longa e pedi a ela para dar mais detalhes de sua experiência. Devo confessar que sou sempre um pouco cético quando alguém me conta que a cultura do seu ambiente de trabalho é "especial" ou que "nosso pessoal é o nosso melhor recurso". Isso me faz pensar em como conseguiram chegar a um processo de recrutamento claramente melhor do que os dos concorrentes (spoiler: não conseguiram). Não é que as culturas das empresas não possam ser diferentes umas das outras, que as organizações não atraiam diferentes tipos de candidatos ou, ainda, que não motivem seus empregados de maneiras diferentes. É evidente, por exemplo, que o anúncio de uma vaga de estágio em um circo provavelmente atrairá candidatos diferentes daqueles que possam estar pensando em se candidatar para um estágio em uma siderúrgica. Mas, a menos que a empresa em questão tenha tomado decisões específicas sobre identificar perfis de empregados específicos, o resultado parece depender mais de uma autosseleção do que de planejamento meticuloso. Caso contrário, seria como dizer "Nosso pessoal é o nosso melhor recurso, independentemente de quem seja". Para o propósito da nossa conversa, entretanto, suspendi minhas dúvidas.

Aisha reiterou sua opinião de que a Ztylish dava mais valor à resiliência do que a Hotlooks. Pedi a ela para me esclarecer o que queria dizer com aquele termo. "Resiliência é a capacidade de reenergizar a si mesmo", ela respondeu. "Nós todos superamos as coisas, mas é a habilidade de recarregar aquela energia que é crucial." Eu sondei um pouco mais, perguntando o que torna uma empresa e seu pessoal resilientes. Ela respondeu: "No fundo, uma das coisas que dão resiliência às pessoas é o propósito. A Ztylish tinha um vasto senso de propósito para além de vender nossas roupas". Aisha reconheceu que não havia nada no processo de recrutamento da empresa que diferisse substancialmente dos seus concorrentes, mas ela estava inflexível em relação à ideia de a cultura da empresa ter uma qualidade única.

Enquanto conversávamos, ela também tocou em algo que um número crescente de pessoas tem feito nos últimos anos. "Veja, eu sei que não é legal dizer isso, mas, fundamentalmente, os jovens não são tão resilientes quanto costumavam ser." Ela sugeriu que esse foi o resultado lamentável de ações bem-intencionadas e argumentou: "Na última década, passamos a valorizar a ideia de que os sentimentos individuais das pessoas importam — o efeito foi que nós minamos sua capacidade de lidar com contratempos". A título de exemplo, ela lançou mão de um acontecimento recente nos Jogos Olímpicos de Tóquio: "É como o que está acontecendo com a Simone Biles nas Olimpíadas: as pessoas mais jovens simplesmente não conseguem lidar com adversidades e com a pressão como costumavam fazer". Na época, claro, a garota-propaganda da resiliência estava em uma espiral descendente, retirando-se primeiro de uma, depois de duas e depois de todas, exceto uma das suas cinco provas nos jogos, citando problemas de saúde mental.

Antes de nos despedirmos, perguntei a Aisha como a equipe de liderança da Ztylish havia procurado — aparentemente com sucesso — manter seu senso de resiliência vivo. "Em parte, passando tempo juntos como uma equipe, estando juntos", ela respondeu. "Às vezes, resiliência é 'espaço', a habilidade de pôr as coisas em contexto. Se você olha para o mar, é difícil se sentir soterrado pelo dia a dia. Nós gastamos tempo para ter essa perspectiva. Fomos a um festival juntos, nos reunimos com nossas famílias. O espaço era vital para nós, era a capacidade de recuar e ter a perspectiva." E de que maneira a Hotlooks se distinguia? "Eles haviam passado mais tempo pensando em logística do que nas dinâmicas humanas. Pensavam que era muita bobagem e perda de tempo. Isso afetou nossa capacidade de integrar as equipes."

Não é difícil detectar certa contradição na visão de mundo de Aisha. Por um lado, ela estava dizendo que as empresas sofrem porque falta ao seu pessoal a resiliência para se adaptar e prosperar em ambientes competitivos e porque os jovens hoje em dia são tão mimados, que não sabem lidar com as adversidades. Por outro lado, o alcance da cultura da resiliência da qual Aisha se orgulha tanto na Ztylish pareceu não ser devido a demonstrações individuais de determinação, mas a um senso de união, de objetivos compartilhados. Pareceu-me que ela estava mentalmente construindo uma ideia de resiliência como um destino em direção ao qual a empresa dela trabalhava coletivamente para seguir, mas então era sequestrada pela visão impensada de que a resiliência era, na verdade, uma decisão individual. Sua posição paradoxal me fez pensar, não pela primeira vez, se a resiliência é tão boa como dizem.

Aisha definiu a resiliência para mim como "a capacidade de reenergizar a si mesmo". Antes de seguir em frente, talvez valha a pena explorar mais profundamente essa ideia e seu desenvolvimento.

O conceito de resiliência tem origem no mundo natural. Ele deriva do pensamento sobre sistemas ecológicos que se concentra em como a vida resiste às perturbações no hábitat e como os ecossistemas absorvem os golpes e se autorrestauram em um estado de equilíbrio. Ele também está presente na matemática e na física, outra vez fazendo referência à capacidade que um sistema ou material tem de retornar ao estado anterior à perturbação ou ao deslocamento.[43] Ambas as aplicações acadêmicas são consistentes com os usos mais populares do termo, que se referem amplamente à capacidade (geralmente de humanos) de se restabelecer rapidamente dos contratempos ou adversidades. A Associação Americana de Psicologia, por exemplo, define a palavra como "o processo de boa adaptação diante de adversidades, traumas, tragédias e, inclusive, fontes significativas de ameaça".[44]

Como eu já havia notado, a resiliência aplicada aos humanos se tornou uma palavra muito comentada nos últimos anos, mas o fenômeno básico que ela descreve é datado do início da nossa história evolutiva e está profundamente enraizado em todos nós. O psiquiatra e professor Steven Southwick nos lembra de que "os humanos são notavelmente resilientes diante de crises, traumas, deficiências, perdas de ligações emocionais e adversidades contínuas. Na verdade, a resiliência ao estresse e ao trauma pode ser a regra em vez da exceção".[45] Talvez seja *porque* os seres humanos tendem por natureza a ser muito resilientes diante do fato de seus pares não serem empáticos quando alguém que sofreu um golpe luta para se levantar outra vez, ou quando outros têm dificuldades de superar os obstáculos em seu caminho — mesmo se estes forem obstáculos com os quais eles mesmos não tenham de negociar. Martin Luther King Jr. apontou muito bem, em 1964, ao revisar a questão da equidade racial: "É obvio que, se um homem é inscrito na linha de chegada de uma corrida trezentos anos depois de outro homem, o primeiro teria de realizar uma proeza impossível para alcançar o colega".[46]

De qualquer forma, boa parte da conversa sobre resiliência envolve o fato de que a responsabilidade por alcançá-la recai sobre o indivíduo. Na verdade, é possível falar, inclusive, sobre uma Ortodoxia da Resiliência a respeito desse assunto. Seu principal defensor e, pode-se dizer, criador é o eminente psicólogo Martin Seligman. Seus companheiros incluem muitos de seus parceiros de pesquisa, especialmente a pupila Angela Duckworth, cujo popular best-seller, *Garra*, é um chamado estridente para o poder vencedor da paixão e da perseverança sobre o talento. Entre os aliados estão Carol Dweck, que demonstra uma filosofia semelhante à da Ortodoxia da Resiliência em seu trabalho na Teoria Incremental da Inteligência, ou, como é mais rapidamente reconhecida, *mentalidade de crescimento*. Sua opinião de que indivíduos que acreditam que desenvolver seus talentos (por meio de trabalho duro, determinação etc.) os fará se saírem melhor na vida do que aqueles que veem seus talentos como dons inatos também carrega um forte senso de resiliência individual em sua essência.

Agora, a influência da Ortodoxia da Resiliência chega a todos os espaços. Ela prevalece, por exemplo, nas salas de aula: uma pesquisa de 2021 com professores de escolas britânicas revelou que eles consideram a resiliência a habilidade que mais queriam que os alunos desenvolvessem.[47] E, como já mencionado, a resiliência se tornou um jogo político, evocado tanto positivamente como algo a ser emulado quanto negativamente como uma abordagem àqueles — especialmente os jovens — que são julgados por não contar com ela.

Talvez a natureza universal da resiliência que mais remeta à panaceia esteja contida na TED Talk de Duckworth sobre o livro *Garra*: "Minha equipe de pesquisa e eu fomos à Academia Militar de West Point. Tentamos prever quais cadetes permaneceriam no treinamento militar e quais desistiriam. Fomos ao Concurso de Soletração Nacional e tentamos prever quais crianças chegariam mais longe na competição. Estudamos professores novatos que trabalhavam em bairros realmente difíceis, indagando quais ainda estariam ensinando lá até o final do ano letivo e, destes, quem seria o mais eficiente em melhorar os resultados de aprendizagem dos alunos. Fizemos parcerias com empresas privadas perguntando: qual desses vendedores continuará no emprego? E qual receberá mais dinheiro? Em todos esses contextos diferentes, uma característica surgiu como um preditor significativo do sucesso. E não era a inteligência social. Não era a aparência, a saúde física, nem o QI. Era a garra".[48]

A partir dessa fala, não é difícil perceber por que a narrativa da Ortodoxia da Resiliência se tornou tão convincente e atrativa.

Antes que sejamos varridos por ela, porém, vale mergulharmos um pouco mais profundamente nessas deduções subjacentes, porque, quando se trata de adversidades e traumas que são o yin do yang da resiliência, as coisas não são necessariamente o que parecem.

2

O QUE NÃO TE MATA (QUASE TE MATA)
O PREÇO DO TRAUMA

QUINZE DE JULHO DE 1976: às dezesseis horas de um dia extremamente quente na pequena cidade de Chowchilla, condado de Madera, Califórnia, o motorista de ônibus Ed Ray, um homem barrigudo na casa dos cinquenta anos, havia buscado um grupo de 26 crianças na piscina do parque aquático da cidade e as estava levando para casa. Enquanto ele dirigia pelas ruas empoeiradas e quietas da cidade, deparou-se com uma van quebrada, uma Dodge 1971 branca, que bloqueava a estrada à sua frente. Ray parou o ônibus para oferecer ajuda e foi confrontado por três homens armados, cujos rostos estavam cobertos por meias, que haviam pulado de trás do veículo aparentemente enguiçado. Eles o instruíram a abrir as portas do ônibus e começaram a embarcar.[1] Larry Park, com apenas seis anos na época, lembra-se, quarenta anos depois, do que aconteceu em seguida: "O primeiro homem subiu no ônibus. Ele estava armado. Ed Ray disse: 'O que está acontecendo?'. O homem respondeu: 'Cale a boca e vá para o fundo'".

Enquanto as crianças menores do ônibus lutavam para compreender o que estava acontecendo, as mais velhas tentavam acalmá-las cantando. Cientes do quão chamativo era o ônibus, os sequestradores logo o abandonaram ao lado da estrada antes de passar os reféns para algumas vans. Por volta de onze horas depois, chegaram a Livermore, a cerca de 160 quilômetros a noroeste de Chowchilla, onde fizeram as crianças, enjoadas da viagem e com sede, andar até um esconderijo em uma pedreira desativada. Ali, um a um, os jovens cativos foram forçados a escalar a portinhola no teto de um caminhão de mudança e se alojar no baú do veículo. O interior do caminhão estava escuro, havia alguns colchões sujos e um estoque de recipientes lacrados de comida e bebida. Alguns sacos de pão estavam espalhados pelo assoalho sujo. Nesse momento, muitas crianças soluçavam de tanto chorar.

Enquanto Ray e as crianças analisavam em volta, os sequestradores fecharam o alçapão no teto e o vedaram com uma chapa de aço. Depois, usaram duas baterias de trator grandes, cada uma pesando 45 quilos, para fazer peso sobre as chapas e as cobriram com pedras e terra. Mais tarde, Ray contou aos jornalistas: "Havia muito choro e pedidos pela mamãe. Eles perguntavam, aos gritos: 'Por que eles fizeram isso com a gente?'".[2] Michael Marshall, uma das crianças pequenas a bordo no ônibus, lembrou anos depois como "estava tudo quieto, logo alguém caía no choro e todo o grupo o seguia".

A quadrilha de sequestradores era formada por três homens: os irmãos James e Richard Schoenfeld e seu amigo Frederick Woods. O plano deles era exigir 5 milhões de dólares (mais de 25 milhões hoje) pelo retorno das crianças em segurança. Entretanto, quando tentaram ligar para a delegacia de polícia de Chowchilla naquela noite, as linhas estavam tão congestionadas de ligações dos pais e da mídia, que eles não conseguiram entrar em contato. Nesse meio-tempo, o teto do caminhão começou a ranger, e depois a desabar, provocando outra onda de pânico.

"Me lembro das crianças apenas gritando e chorando. As laterais do caminhão estavam se encurvando. Eu sabia que iria morrer", recordou Larry Park.

Por fim, Ray e a criança mais velha conseguiram cavar um túnel de fuga para o grupo, sofrendo cortes na cabeça e nas mãos.[3] Então, uma criança se arrastou pelo túnel, chegou ao mundo externo e conseguiu encontrar o vigia noturno da pedreira. Este, por sua vez, avisou as autoridades. Sob hipnose, Ed Ray pôde se lembrar do número da placa da van dos sequestradores. Eles foram localizados e presos alguns dias depois.

Todas as crianças foram resgatadas em segurança. Estavam ilesas fisicamente, mas que efeitos de longo prazo o trauma desse acontecimento teve em suas jovens vítimas?

A psiquiatra Lenore Terr dedicou a vida profissional a responder perguntas como essa. Ela sabia que crianças de até três anos, que podem não ser capazes de expressar em palavras a memória de um acontecimento terrível, ainda assim preservam lembranças disso em suas brincadeiras, muitas vezes demonstram medo e frequentemente têm pesadelos: "Acontecimentos traumáticos são lembrados primeiro como imagens ou, no caso das crianças menores, inclusive como sentimentos", ela escreveu. "Esses registros perceptivos ocorrem muito tempo antes de ser possível registrar quaisquer lembranças em palavras".[4] Ela também sabia que traumas de curto prazo podem ter um efeito duradouro. Lenore, então, concentrou sua atenção nas crianças de Chowchilla.

Talvez não seja surpreendente que muitas das jovens vítimas de Chowchilla tenham passado por crises de pânico ou pesadelos relacionados ao sequestro. Mas eram os efeitos duradouros que chocavam e entristeciam mais. Larry Park continuava sofrendo quinze anos depois. "Aos 21 anos, eu usava metanfetamina e fumava crack", ele contou a uma equipe de TV que estava cobrindo o aniversário do crime. "Quando você passa por algo tão traumático, é difícil ser uma criança normal de novo", disse Jennifer Hyde, outra sobrevivente. Mesmo 25 anos depois do sequestro, as vítimas relatavam efeitos pós-traumáticos, geralmente envolvendo depressão e abuso de substâncias. As cicatrizes mentais eram profundas. Há uma verdade obscura no comentário mordaz do apresentador de TV Conan O'Brien: "A frase famosa de Nietzsche diz: 'O que não te mata te fortalece', mas o que ele se esqueceu de enfatizar é que isso quase te mata".[5]

Desde a época do sequestro de Chowchilla, houve avanços consideráveis tanto na compreensão da natureza do trauma infantil como na variedade de impactos duradouros que ele pode ter nos indivíduos. Pode-se dizer que esses efeitos foram mais bem articulados na metodologia Experiências Adversas na Infância (EAI), organizada por dois médicos, Robert Anda, epidemiologista dos Centros de Controle de Doenças (CCDs), e Vincent Felitti, do Programa de Assistência Médica da Kaiser Permanente, que se uniram por meio de uma série de descobertas não relacionadas, mas simultâneas. Ambos estavam curiosos para identificar como as experiências infantis poderiam ter impactado os pacientes adultos que atendiam. Eles se viram identificando padrões que lhes pareciam tão evidentes, que se perguntaram por que não eram ensinados na faculdade de medicina. Os dois — um trabalhando com veteranos do Exército dos Estados Unidos e o outro gerenciando uma clínica para tratamento da obesidade — chegaram, de forma independente, a conclusões muito semelhantes antes de encontrarem o trabalho um do outro.

No final dos anos 1970, Robert Anda começou começou seu trabalho em um centro operado pela Administração de Saúde dos Veteranos (a maior prestadora de serviços de saúde nos EUA) em Ashton, Wisconsin, uma cidade 241 quilômetros a noroeste de Chicago. Ele foi imediatamente impactado pela incidência de tipos particulares de enfermidades que parecia muito mais alta do que um profissional esperaria ver diariamente. Em seus testes com veteranos da Segunda Guerra Mundial, ele viu "muitos homens morrerem de doenças causadas por tabagismo, doenças crônicas dos pulmões, cânceres de pulmão, doenças relacionadas ao consumo de álcool, e muitos distúrbios mentais".[6] Vícios e condições graves do coração eram especialmente predominantes. Anda, depois, relatou a história de um paciente chamado Ed, que estava praticamente incapacitado pela grave doença pulmonar obstrutiva crônica. "Para Ed, levantar-se da cama e ir até a pia para escovar os dentes era uma experiência de quase morte. Ele levava de cinco a dez minutos para se recuperar." Ainda assim, Ed pegava seus cigarros e ia até a entrada do hospital entreter os outros pacientes com histórias de guerra. Ele tinha uma energia incontrolável para compartilhar as sagas da sua época no serviço militar. Queria levar a sua história para o mundo. Então, Anda começou a trabalhar como epidemiologista nos CCDs dos EUA, onde voltou a notar correlações evidentes entre traumas na juventude e doenças subsequentes — neste caso, entre a depressão resultante de uma experiência ruim e o hábito de fumar, o que pareceu ser uma forma prejudicial de automedicação desenvolvida para lidar com a depressão e outras enfermidades enraizadas, visto que a nicotina é estimulante.

Vincent Felitti, por sua vez, estava em sua própria jornada de descoberta, que havia começado em 1985, quando trabalhava no setor de perda de peso no Hospital da Kaiser Permanente em San Diego — a 3.200 quilômetros de Ashton. Naquele momento, ele tinha um grande sentimento de orgulho pelo sucesso inicial com os 1.500 pacientes atendidos a cada ano, mas também sentiu uma profunda frustração pela alta taxa de desistência. Sua paciente Donna era um caso típico. Aos 53 anos, com diabetes e um problema significativo de peso, ela havia perdido mais de 45 quilos quando estava na clínica, mas, um ano e meio depois, recuperou cada grama em um período de seis meses. (Em termos gerais, Felitti notou que os pacientes que engordavam o faziam muito abruptamente e depois permaneciam estáveis por um tempo; se perdessem peso, recuperariam tudo ou a maior parte com muita rapidez.)

Determinado a descobrir por que Donna e muitos outros caíam dessa maneira, ele levou a cabo pesquisas com novas e aguardadas admissões como se fosse um assistente social canalizando seu detetive interior na intenção de descobrir os mínimos detalhes da vida de um cliente. "Quanto você pesava ao nascer? Quanto você pesava quando iniciou a escola? Quanto você pesava quando entrou no ensino médio? Quantos anos você tinha quando se tornou sexualmente ativo?"[7] E um dia, quando estava fazendo essas perguntas para uma paciente, Felitti teve esta revelação. Ele explicou: "Eu errei. Em vez de perguntar: 'Quantos anos você tinha quando se tornou sexualmente ativa', eu perguntei: 'Quanto você pesava quando se tornou sexualmente ativa?'. A paciente, uma mulher, respondeu: 'Dezoito quilos'". Confuso pelo número ter sido tão baixo, Felitti repetiu a pergunta "mal formulada". A paciente deu a mesma resposta. Em seguida, ela irrompeu em lágrimas: "Foi quando eu tinha quatro anos, com meu pai".

Pouco tempo depois, Patty, uma mulher que pesava 185 quilos, chegou e perguntou se ele e seus colegas poderiam ajudá-la com seu problema de peso. "Nosso primeiro erro foi aceitar o diagnóstico dela de qual era o problema", ele observou ao longo de uma palestra em que discutia esse caso. Felitti havia ajudado a implementar um programa — Jejum Absoluto Suplementado — que poderia, de maneira confiável e segura, remover 136 quilos do peso de pessoas extremamente obesas em um ano. Como era de esperar, em 51 semanas ele havia removido sessenta quilos da mulher que o havia abordado. Ele estava entusiasmado.

Depois, porém, assim como a paciente com quem Felitti havia se expressado mal, o peso dela voltou. "Ela ficou [visitando a clínica] por várias semanas e depois fez algo que eu não havia concebido como fisiologicamente possível — ela recuperou dezesseis quilos em três semanas." Ele conversou com ela em particular. "Eu me lembro de ter perguntado 'O que está acontecendo?', e ela dizer: 'Acho que estou comendo enquanto durmo'. Ela descreveu como ia para a cama deixando a cozinha limpa e organizada, mas, nas palavras dela, quando 'acordava de manhã, as panelas e as louças estavam sujas. Caixas e latas estavam abertas. Era claro que alguém havia cozinhado e comido lá. E eu sou a única pessoa [que mora lá]'."[8]

Patty revelou que era sonâmbula na infância. Mas isso ainda não respondia à pergunta "Por que agora?". Primeiro, ela resistiu às tentativas de Felitti de procurar respostas. No entanto, por fim, mencionou o momento do gatilho. Enfim, reconheceu que isso começou no dia em que alguém do trabalho dela a abordou. Ela trabalha como enfermeira em uma casa de repouso, e um dos pacientes, um homem mais velho, casado, a havia elogiado pela perda de peso. Agora, algumas semanas depois, ele estava se oferecendo sexualmente para ela todas as vezes que a via: "Ei, você está tão bonita! Você perdeu todo aquele peso, Patty, o que acha de você e eu *fazermos aquilo*?".

"E esse foi o dia em que comecei a comer durante o sono", ela explicou a Felitti. Claramente, a proposta havia sido inapropriada e profundamente irritante. Ainda assim, Felitti não podia evitar de se perguntar por que a reação dela havia sido tão extrema. Não levou muito tempo para ele descobrir a verdade. Patty revelou que havia sido sexualmente abusada pelo avô, e isso começou quando tinha apenas dez anos.

Felitti estava plenamente consciente de que o abuso sexual na infância ocorria. Contudo, sempre supôs que isso fosse inacreditavelmente raro. Agora, ele não tinha tanta certeza.[9] Começou a abordar o tema de maneira mais investigativa e logo notou que, para grande parte de seus pacientes, a obesidade e o abuso sexual estavam estreitamente relacionados. Para alguns, era uma experiência da fase adulta: uma vítima de estupro que havia ganhado mais de 45 quilos após o ataque disse a ele tristemente: "O sobrepeso é menosprezado, e é assim que deve ser". Para 55% dos pacientes, a causa do trauma era o abuso sexual infantil.

Ele começou a compartilhar suas descobertas com o mundo da medicina e descobriu que grande parte de seus colegas era cética.[10] Os mais descrentes ainda sugeriam que as alegações de trauma na infância eram meramente cortinas de fumaça para a decepção adulta. "Você precisa entender, dr. Felitti", zombou um colega em um encontro nacional sobre a obesidade em Atlanta, em 1990, "que as pessoas com mais conhecimento nessas questões reconhecem que essas afirmações de pacientes são, em grande parte, fabricações para justificar uma vida fracassada."

Por sorte, no jantar daquela noite, Felitti se sentou ao lado de alguém do CCD que, embora tivesse mais abertura à sua tese, apontou que ele teria de coletar muito mais dados se quisesse ser levado a sério. Felitti contava com um arquivo de 286 casos; precisava de milhares. Seguindo o conselho, embarcou em um projeto para juntar mais dados, e foi nesse processo que encontrou Anda pela primeira vez — em um seminário com pouquíssimos ouvintes ("Acho que oito pessoas apareceram"), recepcionado pelo CCD, no qual Felitti apresentou os principais resultados de suas descobertas até então. "Eu vinha praticando medicina interna por 25 anos e nunca havia ouvido alguém me dizer que havia sofrido abuso sexual, mas [quando comecei a perguntar aos pacientes sobre isso] passei a ouvir quatro vezes por semana."[11]

Pelos dois anos seguintes, ambos revisaram a literatura disponível e perceberam que, apesar de os textos médicos existentes incluírem algumas pesquisas sobre abuso sexual e violência na infância, poucos se debruçavam nas consequências de longo prazo. Desse modo, os dois homens iniciaram a criação — praticamente do zero — do que se tornou o teste de Experiências Adversas na Infância (EAI). Essencialmente, o teste considerava dez categorias de experiências na infância e, atribuindo uma nota para cada, procurava obter um índice de EAI combinadas. O índice geral era o resultado das experiências em cada categoria, não de cada episódio — então, dez episódios de abuso físico receberiam apenas um ponto no índice de EAI. As categorias eram as seguintes:

- Abuso emocional (Felitti esclarece este como "humilhações substanciais recorrentes").
- Abuso físico.
- Abuso sexual (como regra, considera-se o abuso como contato físico em vez de, digamos, atos como mostrar o órgão genital para a vítima).
- Abandono emocional.
- Abandono físico.
- Pais divorciados ou separados (a categoria mais comum, de grande relevância para a "obesidade no início da infância").
- Violência doméstica testemunhada.
- Abuso de substâncias na família.

- Doenças mentais na família.
- Um membro da família na prisão.

As perguntas feitas eram enquadradas da seguinte maneira:

Antes dos seus dezoito anos:

- Seus pais ou os adultos na sua casa já xingaram, insultaram ou humilharam você?
- Seus pais ou os adultos na sua casa já bateram, espancaram, chutaram ou de alguma forma machucaram você fisicamente?
- Você vivenciou algum contato sexual indesejado (como toque, penetração ou relação sexual oral/vaginal/anal)?
- Você sentia que ninguém na sua família amava você nem pensava que você era especial?
- Você sentia que não tinha o bastante para se alimentar, que tinha de usar roupas sujas ou que não havia ninguém para proteger ou cuidar de você?
- Você perdeu um pai ou uma mãe por causa de divórcio, abandono, morte ou outro motivo?
- Seus pais ou os adultos na sua casa já se bateram, deram socos, espancaram ou ameaçaram?
- Você morou com alguém que tinha problemas com álcool ou uso de drogas, inclusive drogas prescritas?
- Você morou com alguém que sofria de depressão, doença mental ou que havia tentado suicídio?
- Você morou com alguém que foi para a prisão?[12]

Uma resposta afirmativa a qualquer uma dessas perguntas receberia um ponto. A soma, entre as dez, resultaria em um índice de

EAI da pessoa entrevistada. (Um benefício dessa abordagem é que ela permitia que as pessoas declarassem o índice para um médico sem ter de se aprofundar em detalhes íntimos e angustiantes.)

Com a estrutura implementada, os dois médicos iniciaram a pesquisa a sério, e entre 1995 e 1997 puderam atender 17.421 pacientes no hospital de Felitti, o Kaiser Permanente de San Diego, para completar a pesquisa. Reconhecidamente, a amostra não representava a população como um todo: a zona de captação do hospital compreendia principalmente adultos brancos de classe média, 70% dos quais cursaram o ensino superior. Entretanto, por mais que eles possam ter sido relativamente privilegiados, uma proporção significativa dos pacientes — na verdade, 67% — relatou ao menos uma experiência adversa na infância. Um em cada oito participantes teve um índice de EAI maior do que quatro: 15% sofreram abusos sexuais e 28% sofreram abusos físicos (é claro que muitos desses casos se referiam às mesmas pessoas).[13] E o que mais chamava a atenção era que, quanto mais alto fosse o índice de EAI de um indivíduo, pior seria a sua saúde na vida adulta. Alguém com índice quatro ou mais, por exemplo, tinha uma probabilidade duas vezes maior de desenvolver doenças do coração ou câncer em comparação com a média da população. Também tinha uma probabilidade 3,5 vezes maior de desenvolver uma grave doença pulmonar obstrutiva crônica.

Correlação, é claro, não é o mesmo que causalidade, e muitas pessoas se mostraram céticas sobre as descobertas de Felitti e Anda. Como Anda explica: "Havia uma sensação de descrença, as pessoas diziam: 'Rob, isso não pode ser verdade. Se fosse, alguém já teria ciência disso e o tema teria sido estudado e publicado, então deve ter algo errado com a maneira como você realizou o estudo'. Então, nós voltamos e verificamos a maneira como havia sido feito — claro, estava tudo correto".[14] Enquanto isso, aqueles menos céticos buscaram se aprofundar no trabalho dos pares, procurando explorar as relações mais distantes entre o índice de EAI e os resultados na vida. Alguns descobriram, por exemplo, que havia uma ligação entre índices elevados de EAI e um desempenho acadêmico ruim, refletindo tanto a hostilidade crescente com a educação, que nasce do desejo do indivíduo de garantir o que é tecnicamente conhecido como "lócus de controle", como os baixos níveis de QI (mais ou menos, oito pontos mais baixo do que a média geral). Por sua vez, Nadine Burke Harris, uma médica que hoje ocupa o cargo de cirurgiã-geral da Califórnia, descobriu que crianças com índice de EAI igual ou maior que quatro tinham 33 vezes mais chance de terem sido diagnosticadas com problemas de aprendizagem e comportamento. De acordo com os pesquisadores, a sobrevivência cobra seu preço.

É possível contestar que, embora os dez fatores categorizados naquela lista inicial de EAI tenham a mesma pontuação, eles não têm o mesmo peso. Um xingamento, por exemplo, é muito menos sério do que uma agressão física. No entanto, o argumento é que muitos dos fatores que formam um índice geral de EAI envolvem humilhação, uma condição que foi descrita como "a bomba nuclear das emoções".[15] O professor James Gilligan, especialista em violência criminal que passou décadas estudando a saúde mental de pessoas em penitenciárias e em hospitais prisionais, escreveu sobre como "todos os homens mais violentos com quem trabalhei ao longo dos anos me descreveram como eram reiteradamente humilhados durante toda a infância", argumentando que a humilhação envolve uma "aniquilação do *eu*" que leva diretamente à criminalidade.[16]

A metodologia do índice de EAI permaneceu, portanto, em grande parte inalterada ao longo dos anos desde que foi inventada. O que alguns médicos mudaram foi a lista em si. Por exemplo, reconheceu-se que, embora crescer sem uma pessoa responsável pudesse ter um impacto negativo, o abandono materno era especialmente traumático, e alguns argumentavam que tiveram de fazer concessões. Então, pesquisadoras como Nadine Burke Harris lançaram mão de evidências das próprias práticas médicas para expandir os fatores de risco reconhecidos do estresse tóxico (também conhecido como estresse tóxico na infância). A própria Harris (à época no Centro do Bem-Estar Juvenil de São Francisco) adicionou as seguintes categorias para crianças:

- Violência da comunidade.
- Desalojamento.
- Discriminação.
- Lares adotivos.
- Bullying.
- Procedimentos médicos repetitivos ou doenças potencialmente fatais.
- Morte do(a) cuidador(a).
- Perda do(a) cuidador(a) devido a deportação ou migração.

Para adolescentes, duas categorias adicionais foram incluídas:

- Abuso verbal ou físico do(a) parceiro(a) romântico(a).
- Encarceramento juvenil.[17]

Até 2022, organizações como o National Scientific Council on the Developing Child [Conselho Nacional da Ciência pela Criança em Desenvolvimento] dos EUA adotaram EAI expandidas que incluíam comunidade, pobreza e fatores baseados em raça. É claro que nenhuma lista que busca captar a experiência humana estará completa. O valor do índice de EAI está na tentativa de fornecer uma lista de alguns dos principais traumas que ocorrem na vida das pessoas.

Entretanto, por mais que a lista de fatores tenha mudado ao longo dos anos e que ainda haja lacunas, a descoberta inicial de Felitti e de Anda permaneceu e é constantemente reafirmada. Essencialmente, um índice de EAI alto e uma saúde ruim na vida adulta estão intimamente ligados. Um índice de EAI alto pode ter consequências psicológicas: depressão, abuso de álcool, aumento no consumo de drogas, tabagismo, gravidez na adolescência e até mesmo suicídio. (Alec Roy, um psiquiatra que trabalha no Departamento de Assuntos de Veteranos dos Estados Unidos, nota que "as pessoas que tentaram suicídio relataram mais traumas na infância do que as que não tentaram" e que "pacientes que tentaram três vezes ou mais tiveram índices maiores de trauma infantil do que pacientes que tentaram duas vezes, os quais tiveram índices maiores do que os que tentaram uma vez, que por sua vez tiveram índices maiores do que os que nunca tentaram".)[18] E esse índice está associado a doenças físicas que variam de doença do coração, AVC, câncer e doença pulmonar a diabetes e Alzheimer.[19] Isso geralmente se intersecciona com essas categorias de saúde. Há uma ligação clara, por exemplo, entre vício e suicídio (até 40% dos pacientes dependentes de cocaína tentaram suicídio em algum momento).

Os números são cruéis e chocantes. Uma criança com índice de EAI quatro ou maior tem 33 vezes mais chances de apresentar problemas de comportamento na escola do que uma com um índice neutro ou mais baixo. Ela também tem três vezes mais probabilidade de tomar medicamentos para TDAH.[20] Quando se trata de problemas de comportamento adulto, de acordo com Anda, "para coisas como alcoolismo, estimamos que quase dois terços dos casos de alcoolismo têm origem em Experiências

Adversas na Infância. Cerca de 80% do uso de drogas, metade da depressão, metade da violência doméstica e quase dois terços dos assédios sexuais parecem se originar nessas experiências e são as consequências neurobiológicas delas".[21] (Gabor Maté, o ex-médico húngaro-canadense que ficou conhecido pelo seu trabalho ativo na correlação entre doenças e dependência química, diz: "Na vida de todas as pessoas que já foram dependentes, ou que ainda serão, sempre há o trauma" — algo que os agentes políticos deveriam levar em conta.)[22]

Quanto às enfermidades físicas, uma pessoa com um índice de EAI três de dez tem o dobro de chances de desenvolver doenças cardíacas ao longo da vida, enquanto outras com um índice de sete ou mais têm três vezes mais chances de contrair câncer de pulmão e 3,5 vezes mais chances de sofrer de doenças do coração.[23] Na verdade, no geral, a pesquisa mostra que a expectativa de vida de indivíduos com um índice de EAI seis ou maior é mais baixa do que a de pessoas sem EAI.[24] Aqui, mais uma vez, fatores interseccionados complexos estão em jogo. Níveis altos de EAI estão ligados à baixa expectativa de vida e à pobreza, e a pobreza por si só está ligada à baixa expectativa de vida (nos EUA, crianças que vivem abaixo da linha da pobreza têm cinco vezes mais chances de ter um índice de EAI quatro ou maior do que aquelas que vivem acima dela).

Parte dos motivos para uma cautela contínua da comunidade médica é o entendimento de que as afirmações da ligação entre traumas na infância e sofrimentos mentais e físicos subsequentes podem ser — e, em alguns casos, são — exageradas. Gabor Maté acredita que condições como a dependência sempre podem ter origem no trauma. Os céticos apontam que podem ocorrer entre pessoas que não têm nenhuma memória de trauma e que, na verdade, podem não ter passado por isso. O cenário real, porém, pode ser bem mais complexo. Bessel van der Kolk, cujo livro *O corpo guarda as marcas* se tornou um best-seller mundial, defende que as vítimas podem de fato não se lembrar dos episódios dos próprios traumas, mesmo quando é possível demonstrar que ocorreram. Criticamente, ele continua, ainda assim seus corpos se lembram dos danos. Ele sugere que terapeutas possam deduzir a história de sofrimento por meio de flashbacks, sentimentos intensos repentinos, comportamentos de afastamento e sonhos.[25] Ele afirma que, além disso, embora incidentes específicos na vida de uma pessoa possam não ser sempre traumáticos o bastante para serem lembrados individualmente, podem atingir uma força combinada que tem um impacto invisível na vítima.

Nesse contexto, vale a pena considerar um estudo do dr. Mark Seery, professor associado da Universidade de Buffalo, e de seus coautores, que consideraram o efeito psicológico dos ataques terroristas do Onze de Setembro. O estudo concluiu que, apesar de o trauma induzido pelo evento ter sido frequentemente a causa subjacente de problemas de saúde posteriores, muitas vezes eventos mais triviais foram o gatilho para problemas físicos ou mentais que se manifestaram depois. Em outras palavras, nem sempre há uma linha reta entre causa e efeito. E, claro, nem todo estresse é vivenciado igualmente. No entanto, como um princípio básico, aparentemente pessoas que, no geral, passaram por níveis elevados de estresse em suas vidas têm maior probabilidade de achar mais difícil lidar com eventos estressantes posteriores do que aquelas cujas vidas atingiram em grande parte algum grau de equilíbrio satisfatório.

***

O caminho do trauma e do estresse para a doença mental e física tem muitos aspectos — uma mistura complexa de fatores sociais, psicológicos e fisiológicos. Especialistas defendem que, no nível social, o trauma rompe o senso de conectividade que é tão vital para os seres humanos (o psiquiatra britânico John Bowlby postulou a Teoria do Apego para descrever esse fenômeno). Nós nos sincronizamos com as pessoas à nossa volta praticamente desde o nascimento. Bebês pequenos espelham os sorrisos ou as línguas para fora de seus cuidadores. Crianças mais velhas compartilham a alegria explosiva da risada coletiva com as pessoas do seu entorno. Mas, como explica Bessel van der Kolk, quando as crianças vivenciam um trauma, "a vergonha se torna a emoção dominante, e esconder a verdade, a preocupação central".[26] Crianças estressadas podem vir a se sentir separadas das pessoas próximas, temendo que, se a verdade sobre o seu sofrimento vier à tona, elas serão rejeitadas por aqueles que as amam. O poeta David Whyte diz que o poder da amizade é ser compreendido pelo outro: é o "privilégio de ser visto por alguém e receber o privilégio de enxergar a essência do outro". O trauma nos bloqueia da experiência de sermos vistos ou compreendidos.[27] Ele nos faz construir paredes mentais entre nós mesmos e os outros. Em outras palavras, ele nos dessincroniza do mundo à nossa volta.

A experiência dominante do trauma é a vergonha. Quando vivenciamos uma memória que poderia mudar nossa relação com nossa família, nossos amigos ou a comunidade, nossa mente trava uma batalha com ela. Pensamos que foi nossa culpa ou a afundamos sob a vergonha, dizendo a nós mesmos que foi devido às nossas ações. Evidências sugerem que, por causa de todas as manobras que a nossa mente cria para lidar com o trauma, nosso corpo está completamente exposto aos danos. Isso dialoga muito com a visão de Freud de que a mente humana tem uma "compulsão à repetição", que prende as vítimas em um loop recorrente, constantemente repetindo o trauma em uma tentativa de superá-lo, mas se separando ou dessincronizando de seu entorno nesse processo.

Essa desconexão pode ter sérias repercussões psicológicas. Defende-se, por exemplo, que o motivo pelo qual pessoas negras britânicas ou estadunidenses têm seis vezes mais probabilidade — e pessoas negras do Caribe, nove vezes mais probabilidade — de desenvolver esquizofrenia do que seus contemporâneos brancos é o fato de que sofrem distanciamento racial. A agressão e a hostilidade que enfrentam têm um efeito tóxico.[28] Gabor Maté sugere que nos EUA há provas de que essa alienação tem uma manifestação física. "Afro-americanos têm mais chance de ter câncer de próstata e de morrer por causa da doença, e não por falta de assistência médica", ele defende. "Talvez haja algo tão estressante no fato de ser uma minoria nessa cultura específica, que chegue ao ponto de perturbar o sistema imunológico".[29]

Críticos de Maté e de Van der Kolk argumentam que suas descobertas são baseadas em amostras não suficientemente grandes, ou que hipersimplificam a neurociência para fundamentar suas afirmações.[30] Certamente, pelo fato de vários profissionais ficarem desconfortáveis em pedir aos pacientes que revelem possíveis abusos sexuais em seu passado (e mesmo aqueles que estão confortáveis e são treinados para isso, usando o questionário de EAI, conseguiram examinar apenas cerca de 40% dos pacientes em um ano), a base de evidências é, na melhor das hipóteses, parcial.[31] Mas a noção de que certas condições não são necessariamente inerentes a indivíduos específicos, mas formadas por fatores externos, está se tornando cada vez mais aceita.

Um pesquisador que adotou essa visão foi Richard Bentall, professor de psicologia clínica na Universidade de Sheffield, que também tem experiência pessoal com os efeitos negativos do trauma e do estresse. Ele contou à BBC: "Uma das coisas mais importantes que me aconteceram na infância foi algo que acabou não sendo muito agradável: fui enviado ao colégio interno quando tinha cerca de catorze anos. Creio que meus pais me mandaram para lá com a melhor das intenções. Eles esperavam que fosse uma porta de entrada para o que podemos chamar de elite. Mas, quando cheguei, senti que não me enquadrava de jeito nenhum. Era uma escola só para meninos, e meus colegas vinham de uma criação muito mais rica do que a minha. Fico ligeiramente envergonhado por dizer que eu estava sempre constrangido quando meu pai voltava para me buscar no final do semestre com seu Ford usado, o que levava meus colegas a me ridicularizarem, e eu meio que passei minha adolescência sem ter muitos amigos".

O professor Bentall refletiu que a própria infância foi caracterizada por "algum nível de depressão subclínica", o que levou a resultados acadêmicos ruins. Entretanto, a experiência do seu irmão mais velho foi muito pior. "A história do meu irmão é a coisa mais angustiante da minha vida. Ele estudava na mesma escola que eu. Ele se encaixava menos do que eu." Enquanto ele lutava para lidar com isso, "roubava dos outros garotos para chamar atenção para seu sofrimento. Ele foi pego e expulso". Depois disso, a vida dele entrou em uma espiral descendente. "Ele se envolveu com drogas e sua vida se desintegrou. Acabou sem nenhuma qualificação, morando no sótão de um prédio em Sheffileld. Ele escolheu se jogar do 14º andar."[32]

O próprio professor Bentall, no início, foi cético a respeito da relação que outros alegavam existir entre o trauma na infância e a psicose. Mas um amigo que estudava o tema mudou seu pensamento. "Eu fiquei maravilhado. Comecei a revisar a literatura e ali estava. Era bem diferente do convencional. A maioria das pessoas não estava interessada naquilo, mas, nos casos em que elas haviam prestado atenção, parecia que as experiências na infância tiveram um grande efeito. Foi um choque para mim. Ainda que eu estivesse praticando TCC (terapia cognitivo-comportamental), geralmente não falava com as pessoas sobre sua infância, sempre era sobre o que elas estavam pensando no momento presente. Então comecei a perguntar aos pacientes."

Ele começou a descrever o ceticismo de seus colegas. "A visão convencional era a de que os transtornos psicóticos eram principalmente o resultado de determinantes genéticos, e algumas pessoas sentiam que as evidências para isso eram tão fortes, que excluíam qualquer possibilidade de os traumas na infância desempenharem algum papel."[33] No entanto, o professor Bentall tinha certeza de que não era só isso. "Nós observamos o abuso sexual, o abuso físico, o bullying pelos colegas na escola e a morte de um pai ou uma mãe na infância, e encontramos um cenário muito claro. Olhamos três tipos diferentes de estudos: estudos epidemiológicos em que grandes quantidades de pessoas haviam sido perguntadas a respeito de sintomas psiquiátricos mais ou menos aleatoriamente; estudos em que os pacientes foram comparados com pessoas saudáveis; e também um pequeno número de estudos prospectivos em que crianças que haviam vivido experiências traumáticas foram acompanhadas ao longo da vida. E o que chamou a atenção foi que os resultados eram os mesmos quando você observava cada um dos três estudos." Corroborando as descobertas de Anda e Felitti, o professor descobriu que "uma criança que vivencia um evento significativamente traumático antes dos dezesseis anos tem um risco três vezes maior de ter psicose na maturidade". "Outra coisa que descobrimos", ele conta, "foi uma relação dose-resposta. Quanto mais severo era o trauma, maior era o risco de psicose."

A própria experiência dele com o irmão enfatizava a veracidade disso; de fato, sua mãe havia dito que ele alegava ouvir vozes.[34]

A referência do professor Bentall a uma relação dose-resposta sugere que o trauma provoca uma mudança química no nosso cérebro. Robert Anda explica o processo nestes termos: "Quando nos estressamos, nossas glândulas suprarrenais liberam adrenalina e cortisol. Esse cortisol é tóxico para o desenvolvimento de redes neurais. Ele dificulta as conexões dos nervos". Visto que o cérebro se desenvolve sequencialmente, anomalias no desenvolvimento se amontoam umas sobre as outras.[35] Os caminhos neurais ficam conturbados e se desenvolvem mal. As crianças afetadas dessa maneira encontram dificuldades em regular suas emoções e se acalmar. Seu termostato emocional foi, por assim dizer, definido incorretamente. O trauma as coloca efetivamente em um estado hipervigilante. Em termos técnicos, isso é descrito como uma desregulação crônica do sistema de resposta ao estresse, o que, por sua vez, leva a uma aniquilação do córtex pré-frontal e a um superestímulo da amígdala cerebral. Em termos leigos, é o estresse tóxico.[36]

Esse estresse tóxico provocado pelo abuso na infância é um gatilho para sintomas internalizados (pensamentos negativos intrusivos), aumentando em três vezes a probabilidade de transtornos de ansiedade e em 2,6 vezes a de depressão. Ele também engatilha sintomas externos, como a propensão à irritabilidade. Um estudo de 2021 mostrou que as EAI justificam uma variância substancial na tendência de indivíduos adultos a ficarem irritados (entre 14% e 50% de vários atos de raiva foram atribuídos a experiências na infância do indivíduo).[37] Isso não é exclusividade dos seres humanos. Cientistas observaram, por exemplo, que abelhas expostas a ambientes de altas agressões quando ainda estão imaturas desenvolvem mais agressividade do que as abelhas "normais". Se a sua colmeia está sob ameaça — talvez por um cão ou urso que a perturba —, então as abelhas guardiãs alertas liberarão altos níveis de feromônios para provocar uma resposta. Abelhas que se desenvolvem em um ambiente mais estressante onde esses conflitos ocorrem com frequência podem acabar ficando incapazes de desligar o termostato da agressão, mesmo depois que as ameaças desaparecem.[38]

O trauma e o estresse têm um efeito agravante. Se o corpo ativa a resposta do estresse com muita frequência (principalmente nos anos de formação), ele perde a capacidade de regular uma resposta adequada para épocas normais. Para as crianças, que são especialmente sensíveis a ativações reiteradas de estresse, isso tem implicações nas ativações hormonais do corpo e do sistema imunológico. No que diz respeito ao desenvolvimento do cérebro, os efeitos são de fato visíveis, como descobriu o dr. Victor Carrión, da Universidade Stanford, que estudou o impacto do trauma no bem-estar de pessoas jovens. Ele escaneou os cérebros de trinta jovens que haviam sido expostos a traumas e exibiam sintomas pós-traumáticos e os comparou com os cérebros de um grupo de controle.[39] Ele descobriu que aqueles com níveis mais altos de estresse tinham um hipocampo — área do cérebro associada à aprendizagem e à memória — menor, e esse quadro permaneceu dezoito meses depois, embora as causas do estresse tivessem sido removidas.[40] Em outras palavras, os cérebros de crianças traumatizadas não se parecem com os cérebros das não traumatizadas.[41] Além de escanear os cérebros das crianças, Carrión também coletava amostras de saliva quatro vezes por dia. Ele descobriu que, quanto mais a criança apresentava sintomas de estresse, mais altos eram os níveis de cortisol em sua saliva.

O trauma também pode levar a uma condição conhecida como alexitimia — uma incapacidade de vivenciar ou expressar emoções de maneira "normal" ou de avaliar como essas emoções estão sendo vivenciadas. Uma pessoa com alexitimia pode achar as relações confusas e frustrantes. Ela pode, portanto, comportar-se da maneira destrutiva que é típica de muitos com índice alto de EAI. Ela também pode buscar esportes de adrenalina alta — como esportes radicais — em uma tentativa de se deslocar da experiência de emoções negativas não específicas, como a ansiedade, para emoções intensas específicas de excitação e medo.

Philippe Petit, um intrépido cujas caminhadas na corda bamba que desafiam a morte se transformaram no documentário premiado *O equilibrista*, oferece um estudo de caso fascinante a esse respeito. O francês alcançou a fama mundial quando, em uma manhã de agosto de 1974, ele e seus cúmplices surgiram de seus esconderijos no topo das Torres Gêmeas de Nova York para instalar um cabo de aço quatrocentos metros acima da pavimentação de Manhattan, o qual Petit cruzou oito vezes. Para a maior parte de nós, isso pode parecer um ato de insanidade total, mas Petit não só foi bem-sucedido como não se estressava ("Não, não, eu nunca fico nervoso", ele disse depois ao *Guardian*.)[42] Ele se abriu a respeito da infância difícil. Narrou que seus pais não eram "uma entidade verdadeiramente existente" em sua vida e que foi expulso de cinco escolas. "Há uma criança dentro de mim que quer sair e fazer algo para surpreender os adultos", ele diz.[43] É difícil não ver a vida e as conquistas dele do ponto de vista da alexitimia. De certo modo, sua atitude dialoga com a do alpinista e *base-jumper* obsessivo Dean Potter, que caiu e morreu em 2015 enquanto realizava um voo de *wingsuit* no parque Yosemite. Alguns anos antes, ele havia dito a um repórter de TV: "Eu quero que corram dentro de mim as emoções que normalmente não sinto no dia a dia [...]. A sensação me domina completamente [...]. Eu gostaria de sentir sem ter de arriscar a minha vida, mas neste momento é a única maneira que tenho de alcançar esse sentimento".[44]

O trauma na infância também pode se manifestar no desejo de controle — uma qualidade que talvez seja a raiz do que torna o senso de motivação dos nossos atletas Superelite tão extraordinário. O professor Kyle Ganson, psicólogo da Universidade de Toronto, explicou-me o processo nestes termos: "Pessoas que passam por traumas podem sentir alguma degradação de sua identidade e, por isso, buscam coisas como o esporte. Elas ajustam sua mentalidade para 'Isso é algo que posso controlar' ou 'Posso treinar duro e chegar a um nível de elite'. Digamos que seja como um assédio sexual ou uma agressão física", ele continua. "É aquele modo *luta, fuga ou congelamento* em que nós meio que entramos. Você não tem de fato muito controle nesses momentos, e seu cérebro sobrevivente começa a agir. Entretanto, seu sistema de resposta e seu cérebro lhe dizem para responder — reagindo a uma total falta de controle — apenas como um mecanismo para tentar sobreviver. Provavelmente um aspecto disso seja as pessoas tentarem achar maneiras de recuperar um pouco desse controle e compensar".

Para os atletas Superelite, não apenas o sucesso é uma forma de controle, mas as estratégias para alcançá-lo também. Como o professor Ganson explica: "Você pode apenas decidir quantas horas por dia se exercita ou treina, ou como você come, o quanto dorme para garantir que esteja cuidando de seu corpo — ou seja, se impor um alto nível de controle. Então, claro, isso poderia fazer as pessoas galgarem as escadas do desempenho e das habilidades atléticas. Acredito que isso pode ser um grande aspecto da formação de identidade".[45] A psicóloga clínica Catherine Haslam e seus coautores expressam isso de forma ligeiramente diferente: "Quando o trauma tem um impacto psicológico adverso, isso ocorre porque ele compromete fundamentalmente o senso social de *eu* da pessoa e sua relação com o mundo como um todo [...]. O trauma tem a capacidade de minar fundamentalmente o senso de *eu* de um indivíduo de maneiras que têm consequências profundas em suas funções sociais e psicológicas".[46] Em resposta à dessincronização devido ao trauma, nós procuramos, se possível, forjar uma nova identidade que podemos controlar.

Se o impacto psicológico do estresse é claramente aparente, os efeitos fisiológicos também parecem ser.[47] Compreendemos que, para manter a vida, é essencial que diversas variáveis fisiológicas — temperatura corporal, composição sanguínea e níveis de energia — sejam mantidas em um estado de equilíbrio, um balanço delicado conhecido como homeostase (o processo pelo qual o corpo passa para manter a homeostase é chamado de alostase). Se o estresse crônico persiste, pode causar aumentos prolongados dos níveis de inflamação, o que por sua vez está ligado à queda na imunidade contra infecções. Pesquisadores observam que maiores cargas alostáticas e inflamações podem criar um desgaste corporal, tornando as pessoas mais suscetíveis a doenças que variam de problemas cardiovasculares a declínio cognitivo. E eles afirmam que nosso DNA também pode prolongar o dano a ponto de envelhecer o corpo. O processo envolve danos nos telômeros, estruturas biológicas microscópicas situadas na ponta de cada fita de DNA e que lembram a capa na ponta do cadarço. Telômeros servem para proteger nossas células e ajudam a determinar como elas envelhecem. Quando eles se encurtam pelo desgaste, reduzem a habilidade da célula de se replicar com saúde — uma deterioração associada ao envelhecimento precoce e ao câncer.

A propósito, não é apenas o trauma infantil que provoca essas mudanças em nosso corpo. Uma pesquisa de 2019 sobre o impacto de longas jornadas de trabalho em um grupo de médicos iniciantes que estava passando pelo ano mais intenso de residência, cumprindo uma média de 64,5 horas de trabalho por semana (em alguns casos, eles trabalhavam mais de oitenta), revelou que o dano em seus corpos era considerável. Os pesquisadores observaram que os telômeros dos médicos encolheram em comparação com os de estudantes que estavam enfrentando um ano estressante. No total, um ano de trabalho intenso envelheceu o corpo do médico residente em seis anos.[48] Se você já observou um amigo com um trabalho implacável envelhecer diante dos seus olhos, há uma razão fisiológica para isso: o estresse está realmente acelerando o envelhecimento do corpo dele.

Essas transformações corporais não são visíveis só em seres humanos. O psicólogo pioneiro Hans Selye descobriu que elas também ocorrem em ratos. Os ratos submetidos a altos níveis de estresse aumentaram as glândulas suprarrenais, encolheram os nódulos linfáticos e ulceraram os intestinos. Seu corpo mantinha os níveis de estresse.[49] Selye, inclusive, foi o homem que "esbarrou com o termo *estresse*, que há tempos era usado, especialmente na engenharia para denotar os efeitos da ação de uma força contra uma resistência".[50] Ele defendeu que o excesso de estresse ocorre quando as demandas de um indivíduo excedem a habilidade razoável que ele tem de cumpri-las — que estresse é a resposta do nosso corpo quando nos sentimos fora de controle. Nos dias atuais, tendemos a usar a palavra *estresse* casualmente quando podemos apenas estar nos sentindo moderadamente irritados ou sob pressão. O verdadeiro estresse — o estresse tóxico — ocorre quando as pessoas passam pela "ativação prolongada dos sistemas de resposta ao estresse".

Estudos em animais também revelaram o impacto que o estresse pode ter holisticamente no amadurecimento e no desenvolvimento. Os experimentos do dr. Tyrone Hayes com sapos são um bom exemplo. Sua hipótese inicial era que induzir o estresse em girinos poderia fazer com que eles amadurecessem mais rapidamente, então poderiam escapar do ambiente aquoso que alojava seu sofrimento. Portanto, ele os expôs à corticosterona (um hormônio do estresse equivalente ao cortisol em humanos), e o que descobriu foi que essa exposição no final do desenvolvimento dos girinos de fato acelerou seu desenvolvimento. No entanto, também teve o efeito oposto: inibiu seu crescimento. Também reduziu a resposta imunológica e o funcionamento pulmonar, enfraqueceu o desenvolvimento neurológico e aumentou a pressão sanguínea.[51] Teve um efeito "desadaptativo", fazendo com que consequências irreversíveis se acumulassem, eliminando os hormônios da tireoide e interrompendo o processo de desenvolvimento. A dra. Nadine Burke Harris notou um fenômeno semelhante em um menino que tratou uma vez em seu consultório em São Francisco. O estresse tóxico havia atrofiado tanto seu crescimento que, aos sete anos, ele tinha a altura de uma criança de quatro. Felizmente, ela pôde reverter parte dos danos.[52]

Para Gabor Maté, todas as formas de estresse reprimido podem levar a um colapso do sistema imunológico, que pode se manifestar como demência, Alzheimer, dependência, TDAH, câncer, asma, artrite e doenças do sistema neuromotor ou hospedar outras doenças.[53] De acordo com ele, a razão é simples: "Se você for com a pele inflamada a um dermatologista, que tipo de remédio ele vai prescrever? [...] Pomada com corticoide. Se você for com uma articulação inflamada a um reumatologista, que medicação ele vai prescrever? Corticoides. Se você for com asma a um pneumologista, que tipo de inalador ele vai prescrever? Corticoides. Se você for com intestinos inflamados a um gastroenterologista, que tipo de medicação ele vai prescrever? Corticoides.

Bem, o que são corticoides? Eles são cópias do cortisol. O que é o cortisol? O hormônio do estresse. Nós estamos tratando tudo com o hormônio do estresse. Talvez devêssemos pensar que o estresse tem algo a ver com o início dessas condições".[54]

Para fundamentar essa alegação, ele cita uma pesquisa com 1.700 mulheres que foi realizada em um período de dez anos. "Mulheres que eram infelizes em seus casamentos e não expressavam suas emoções", ele escreve, "tinham quatro vezes mais chances de morrer do que aquelas que eram infelizes, mas expressavam seus sentimentos. Em outras palavras, não expressar as emoções (e suportar o estresse reprimido) estava associado a um aumento de 400% na taxa de mortalidade."[55] Ele descreveu essas ligações entre a mente e o corpo como o Triângulo das Bermudas da pesquisa — um Triângulo das Bermudas pelo qual, ele teme, a medicina não quer navegar.

Algumas das opiniões de Maté foram contestadas, mas o preceito básico de que as emoções agravadas têm um impacto no nosso bem-estar físico é bem-aceito. Por exemplo, a noção de que há uma conexão entre pessoas que se curaram do câncer e um tipo de personalidade existe há um século. Em 1926, uma médica residente, Elida Evans, reconhecendo que "a medicina tem sido relutante em buscar outras causas que não as físicas", publicou *A Psychological Study of Cancer* [Um estudo psicológico do câncer], no qual usou uma categorização junguiana de tipos de personalidade para avaliar cem pacientes com câncer que ela havia atendido.[56] Sua conclusão foi que pacientes com câncer tendiam a evitar expressar emoções negativas e, em vez disso, demonstravam "gentileza e brandura, a falta de autoafirmação".

Meio século depois, Lydia Temoshok notou uma diferença marcante de personalidade entre os pacientes com problemas do coração e os que sofriam de melanoma. A doença cardiovascular foi encontrada principalmente em indivíduos competitivos, tensos e ansiosos que eram autocentrados (personalidades do tipo A). O câncer ocorria mais em pessoas cooperativas, apaziguadoras e abnegadas, que não tinham sentimentos negativos (personalidades do tipo C).[57] Ela concluiu que pessoas propensas ao câncer haviam adotado durante toda a vida um estilo de enfrentamento que permitia apenas expressões ocasionais de emoções, que seu desejo de controlar as emoções as levava a reprimir as necessidades internas e que essa repressão criava, em último caso, um sofrimento inconsciente, uma "espécie de desespero silencioso — uma forma de desesperança —, que se provou prejudicial ao sistema imunológico". Não era a causa do câncer em si, mas um fator de risco que "pode causar uma deficiência generalizada no sistema de defesa do câncer".

Se isso soa um pouco vago e genérico, vale notar os poderes preditivos de pesquisadores alemães que entrevistaram 56 mulheres que estavam passando por biópsias de mama de rotina. Ao avaliar os tipos de personalidades delas, eles puderam prever o diagnóstico correto de câncer de mama em 94% dos casos envolvendo pacientes com um diagnóstico positivo. O que categorizava essas mulheres era o nível baixo de medo que elas expressavam se comparadas com as que recebiam um diagnóstico benigno.[58] Honestamente, o tamanho da amostra era pequeno. Mas uma meta-análise de 1999, que reuniu 46 estudos diferentes que representavam muitos milhares de pacientes, produziu resultados semelhantes. Os autores de outro estudo da mesma época com pacientes com câncer escreveram que "estavam surpresos por encontrar uma quase completa ausência de raiva nesses pacientes [com um diagnóstico positivo]", enquanto um estudo posterior mostrou os aumentos associados em fatores de risco ligados a "experiências de separação ou perda" e "eventos de vida estressantes".[59] Você pode literalmente adoecer ao reprimir emoções.

Aqui, pois, há um enigma. Por um lado, temos especialistas efetivamente nos dizendo que, quanto mais adversidades conseguirmos superar, mais bem-sucedidos seremos. Por outro lado, outros especialistas nos dizem que a adversidade pode ser debilitante em curto prazo e pode prejudicar nossa saúde física e mental em longo prazo. Certamente, os dois lados podem estar certos. Ou será que há uma área cinzenta entre os dois extremos, uma zona em que nem muita, nem pouca adversidade nos impulsiona para a excelência?

Essa é a pergunta que Mark Seery, junto a Alison Holman e Roxane Cohen Silver, da Universidade da Califórnia, pretendia responder. Ao longo de três anos, eles entrevistaram milhares de pessoas para determinar quais foram os impactos em suas vidas de acordo com a quantidade de adversidades sofridas.[60] O que descobriram foi, de fato, uma área cinzenta.

Figura 1: Adversidade ao longo da vida *versus* satisfação com a vida. Pessoas de qualquer um dos extremos — as que não vivenciaram nenhuma adversidade e as que experimentaram muitas adversidades — relatam os níveis mais baixos de satisfação com sua vida.

"Pessoas que passaram por *poucas* adversidades relataram *melhores* resultados ao longo do tempo do que pessoas que não vivenciaram *nenhuma* adversidade", eles concluíram, ao passo que "*muitas* adversidades ao longo da vida previam *piores* resultados do que *poucas*." Seery sugeriu que há uma espécie de "U invertido" (na verdade, talvez seja mais uma curva em forma de J invertido) na relação entre adversidade e satisfação na vida: "Mais adversidade foi associada a alto estresse global, danos funcionais e sintomas de estresse pós-traumático, assim como menos satisfação com a vida". No entanto, é preocupante o fato de o formato em U não ser simétrico: "Resultados na ponta alta de adversidades parecem mais negativos do que os de nenhuma adversidade".[61] Seery diz que os que passaram por um grau moderado de adversidades tinham níveis muito mais altos de funções emocionais — e satisfação com a vida — se comparados a pessoas com níveis muito baixos ou que excediam os níveis moderados de adversidades. É claro que o desafio é como experimentar as vantagens dos pequenos contratempos sem se deixar ferir pelos que ameaçam nos prejudicar.

A relação entre resiliência e adversidade, então, é complicada. Parece que os contratempos ocasionais podem ajudar a nos fortalecer. Mas você não precisa virar muito a chavinha antes de passar pelos danos físicos e psicológicos que a adversidade pode provocar. Isso está a cargo dos raros — aquelas pessoas, como os atletas Superelite, que conseguem transformar as piores experiências nas maiores conquistas pessoais. O que lhes permite serem essas exceções às regras? Ou não nos contaram toda a história?

Vamos voltar à história de Simone Biles.

3

Sua "única concorrência é ela mesma"
Em busca da resiliência

Se havia uma certeza sobre as Olimpíadas de Tóquio, era que Simone Biles voltaria para casa com uma coleção de medalhas que seriam adicionadas ao seu baú de tesouros. Os norte-americanos imaginavam que a coroação viria para a pequena texana, o pontapé inicial para a turnê *Golds Over America*, que tomaria a forma de um espetáculo que ficaria em cartaz por 35 noites. Simone havia voltado do Rio com quatro ouros e um bronze. Imaginava-se que ela teria um desempenho melhor em Tóquio.[1]

A mídia estava na expectativa. "Biles era a maior certeza de uma medalha de ouro em anos", dizia uma matéria.[2] Você teria de voltar oito anos para encontrar uma ocasião em que ela entrou em uma competição mundial e não ganhou um ouro. "A única concorrência da imbatível Simone Biles nas Olimpíadas é ela mesma", lia-se em outra manchete. Essa manchete acabou prevendo o futuro de uma forma que ninguém esperava.

Havia alguns problemas anteriores a Tóquio e nos primeiros dias dos jogos, mas, como diria um ator, esse parecia ser um caso de "ensaio ruim e boa performance". Em treinos realizados antes dos jogos, às vezes Biles tinha de dar alguns passos para se equilibrar na aterrissagem. Durante a rodada de classificação em Tóquio, ela havia tropeçado, intercalado saltos no tapete em um número de solo e entregado aterrissagens desajustadas na trave e no cavalo. Mas sua confiança estava alta à medida que a primeira final —por equipes — se aproximava. Os EUA não haviam perdido em uma competição por equipes em mais de uma década e, graças a Biles, estavam ganhando competições por pontos inteiros em um esporte normalmente decidido por décimos. No início daquele ano, Tom Forster, diretor de alto desempenho do esporte dos EUA, havia feito o que muitos consideraram uma previsão irrefutável: "Acredito que a vitória em Tóquio não será decidida nos décimos".[3] De qualquer modo, Biles havia alcançado o impossível recentemente. Ela havia sido a primeira mulher a realizar um salto conhecido como Yurchenko Double Pike em uma competição.

A maioria dos ginastas salta em direção ao cavalo com os braços abertos e olhando para a frente. O aperfeiçoamento do Yurchenko — que levou o nome da primeira mulher a realizá-lo — adiciona uma cambalhota; uma volta no trampolim para que a ginasta pegue o impulso nos pés, não nas mãos. Biles adicionou um embelezamento ambicioso: usando o trampolim para impulsionar esse salto apoiado nas mãos sobre o cavalo, ela completou dois saltos mortais para trás (corpo dobrado, pernas esticadas) antes de aterrissar com os pés. A Federação Internacional de Ginástica reagiu com cautela, premiando a ginasta com uma modesta vantagem na tabela de pontuação — um ato amplamente interpretado como algo para desencorajar os competidores menos talentosos a realizar algo tão arriscado. Mas Biles sabia do tamanho de sua conquista e tuitou, extasiada: "Desculpe, mas não acredito que completei um salto duplo no cavalo". Como ela havia dito dois anos antes: "Acho que você nunca deve se acomodar só porque está ganhando ou está no topo. Você deve sempre se esforçar".[4]

Depois de quatro dias nos Jogos de Tóquio, Biles estava se preparando para a final por equipes. Ela havia postado nas redes sociais que sentia "o peso do mundo" em seus ombros e acrescentou: "Eu sei que ignoro e faço parecer que a pressão não me afeta, mas, merda, é difícil, hahaha! As Olimpíadas não são brincadeira!".[5] Enquanto se preparava para fazer a sua corrida de aproximação até o cavalo, ela pode ter demonstrado autocontrole, mas o salto na sequência não foi inteiramente correto: a aterrissagem envolvia um agachamento profundo desconfortável, seguido de um grande passo enquanto Biles tentava recuperar o equilíbrio. "Como saber o que aconteceu? Ou ela se perdeu ou não estava confortável", disse um comentarista.[6] Ela aparentemente mudou de ideia em pleno voo. Tendo declarado sua intenção de completar um Yurchenko com duas voltas e meia, ela acabou completando uma volta e meia e aterrissando desajeitadamente.[7]

Biles ficou com 13,766 pontos, a pior pontuação no cavalo em toda a sua carreira.[8] "Na verdade, é impressionante que uma ginasta com tanta experiência ainda sinta a pressão", disse a ex-ginasta e comentarista da BBC Christine Still. Então, Biles saiu da pista com um dos treinadores da equipe dos EUA, com um moletom por cima do collant. Em questão de minutos, os meios de comunicação estavam relatando que Biles estava abandonando a competição "devido a um problema médico". A equipe dos EUA ainda se apresentou de maneira excepcional, evitando a feroz equipe da China, mas, no fim das contas, teve de se conformar com a medalha de prata, já que as russas levaram o ouro.

Biles foi muito aberta sobre os motivos da decisão que havia tomado: "Eu só acho que a saúde mental prevalece mais agora nos esportes", afirmou em uma coletiva de imprensa; "temos de proteger nossa mente e corpo, e não só fazer o que o mundo quer que façamos". Depois, ela acrescentou que também estava preocupada se acabaria se machucando com números mal executados: "Às vezes, você só tem que recuar. Eu não queria fazer algo estúpido e me machucar".[9] Ela explicou que, em algumas ocasiões, as ginastas são vítimas de uma condição chamada *twisties* — um bloqueio mental que provoca a sensação de desconexão espacial e pode fazer com que a atleta perca o controle e salte muito alto e a uma velocidade extremamente alta. De acordo com ela, em Tóquio, ela sentiu os *twisties* "mais vezes do que [eu] queria".[10] "Minha perspectiva nunca mudou tão rápido entre desejar subir ao pódio e poder ir para casa, sozinha, sem nenhuma muleta", ela contou a uma jornalista da revista *New York*.[11] Entrevistado pela NBC, o nadador Michael Phelps, um gigante — que, com 28 medalhas, é o atleta olímpico mais bem-sucedido de todos os tempos e que foi sincero sobre suas próprias batalhas contra a ansiedade e a depressão —, descreveu como o ocorrido lhe "partiu o coração". Ele acrescentou: "Espero que essa seja uma experiência reveladora [...] uma oportunidade para que possamos nos unir e até mesmo expor ainda mais essa questão da saúde mental".[12]

A solidariedade e o apoio de Phelps nem sempre ecoaram em outros lugares. Notícias de que Biles disse às suas companheiras de equipe: "Me desculpem, eu amo vocês, mas vocês vão ficar bem" provocaram acusações de que ela havia abandonado suas amigas no momento em que mais precisavam.[13] No Reino Unido, o apresentador Piers Morgan, talvez procurando gerar uma controvérsia, mas sem dúvida falando para poucos de sua audiência, perguntou: "Os 'problemas de saúde mental' são agora a desculpa para qualquer desempenho ruim no esporte de elite?".[14] Ele também, inevitavelmente, evocou a palavra com R: "Você pode escutar os flocos de neve do Twitter, @Simone_Biles, ou me escutar. Você é uma grande campeã, e grandes campeãs se levantam quando são derrubadas. Então, volte para os jogos, ganhe o ouro e inspire com o poder da resiliência, não da resignação. Dá teus pulos".[15] Alguns meses antes, Piers tinha saído enfurecido de um programa de TV que coapresentava quando o meteorologista o desafiou por causa das opiniões que Piers havia expressado. Sua falta de resiliência naquele momento, e sua exigência por ela agora, foi uma ironia que não escapou aos usuários do Twitter.

Nos EUA, Matt Walsh afirmou diretamente: "Simone Biles desistiu de sua equipe porque não estava se divertindo. Isso se chama ser uma frouxa. É totalmente vergonhoso e egoísta".[16] O locutor da rádio Fox Sport, Doug Gottlieb, queixou-se: "Por anos, as mulheres diziam 'tudo o que queremos é ser julgadas igualmente'. Geralmente, não temos nenhum tipo de crítica às nossas equipes femininas. Por um lado, vocês querem ser vistas, tratadas e compensadas como os homens, mas, por outro lado, qualquer coisa que vocês façam é um 'não nos critiquem'".[17] O conservador e apresentador de rádio Charlie Kirk rotulou Simone Biles como uma "sociopata egoísta" e disse aos ouvintes: "Estamos criando uma geração de pessoas fracas como Simone Biles". Ele afirmou que a ginasta "acabou de mostrar ao resto da nação que, quando as coisas ficam difíceis, você se estilhaça em um milhão de pedaços".[18]

Nem todos concordaram. Biles teve mais do que seu quinhão de detratores, mas também houve muitos que a elogiaram pela maneira como lidou com a situação. Ela persistiu e foi eleita a atleta do ano pela revista *Time*.[19]

***

Biles está, sem dúvida, longe de ser a única atleta Superelite a tropeçar. No início daquele mesmo ano, Naomi Osaka, a tenista *superstar* nipo-americana, primeiro anunciou que, já que estava sofrendo de depressão, planejava pular as coletivas de imprensa obrigatórias no torneio Aberto da França; e depois, quando a revolta se estabeleceu (especialmente por parte dos organizadores do torneio de Roland-Garros, que ameaçaram expulsá-la), ela decidiu se retirar. Enquanto isso, o jogador de críquete Ben Stokes anunciou que tiraria férias dos campos para se concentrar na saúde mental (e cuidar da recuperação teimosamente lenta da lesão em um dedo).[20] O fenômeno não é recente. Nos anos 1990, por exemplo, o astro futebolista Stan Collymore falou aberta e corajosamente sobre o impacto do diagnóstico da depressão e da ansiedade em sua vida.

O que essas várias histórias sugerem é que mesmo os atletas Superelite — que, como já sabemos, conseguiram o que conseguiram *por causa* do trauma — ainda podem sucumbir aos seus efeitos tóxicos. Seria reconfortante pensar que seus contos de crianças sofredoras têm um final feliz. O começo de vida difícil os tornou resilientes e determinados. Essa resiliência e essa determinação se transmutaram em excelência atlética, medalhas e glória. Mas este está longe de ser o caso. Emily Kaier e uma equipe de pesquisadores em Tulsa, Oklahoma, que realizaram uma análise de EAI com um grupo de 304 atletas profissionais, descobriram que, tipicamente, aqueles que alcançam a excelência não conseguem deixar seus traumas da infância para trás. Atletas com índice 1 de EAI geralmente tinham uma boa saúde física e mental (é possível, como alguns sugeriram, que a atividade física que eles praticavam de fato os ajudasse a manter baixos níveis de estresse).[21] No entanto, aqueles com índices mais altos tinham mais chances de relatar problemas de saúde e uma grande dependência de álcool e medicamentos. "Essas descobertas indicaram que atletas podem não ser imunes aos efeitos negativos de saúde causados pelas adversidades na infância", concluíram os pesquisadores.[22] A fama e o sucesso, ao que parece, não são uma simples rota de fuga de um passado difícil.

A própria busca pela excelência, é claro, pode ter consequências adversas. Eu me lembro vividamente de ver um vídeo (embora não tenha conseguido localizá-lo no YouTube) do ganhador de nove medalhas de ouro Carl Lewis, velocista norte-americano, levando um ouro, se não me engano, nas Olimpíadas de Los Angeles. Após cruzar a linha de chegada, ele continuou correndo, sendo perseguido por repórteres e cinegrafistas ofegantes. Por fim, um grupo o alcançou. Eles o pegaram repetindo um mantra que soava quase como uma auto-hipnose: "Eu trabalhei duro! Eu trabalhei duro!". Uma pressão tão autoimposta está sujeita a ter um preço alto.

Quando os pesquisadores do projeto Medalhistas da Grã-Bretanha (GBM, na sigla em inglês) observaram seu grupo de competidores, descobriram que os atletas Elite geralmente tinham momentos de dúvida e reflexão que faziam com que pegassem um caminho mais seguro. Mas, como apontou Tim Rees: "Esse não era o caso dos atletas Superelite. Eles sentiam que não tinham escolha, que deveriam continuar, que tinham de tentar entrar na equipe. Eles tinham de tentar entrar nas Olimpíadas. Depois, tinham de tentar ganhar o ouro olímpico".[23] Por quê? Talvez o dano causado pelo trauma em sua autoimagem fosse tanto, que a identidade deles era manifestada por suas conquistas. Para Rees, isso ficava evidente quando ele encontrava os indivíduos em questão. *A qualquer custo, a qualquer custo*. Esse comportamento extremo pode tornar a vida difícil para as pessoas próximas dos Superelite. O relatório do GBM cita exemplos de atletas que terminaram relacionamentos e amizades, mas é claro que isso também pode afetar a maneira como cuidam — ou não — de si mesmos.

É interessante, nesse contexto, considerar a questão polêmica do abuso de drogas no esporte — um problema recorrente ao longo das últimas décadas. Podemos pensar, por exemplo, na humilhação sofrida por Ben Johnson, o velocista canadense que derrotou Carl Lewis na prova dos cem metros masculina em 1988, em Seul, e teve o prêmio retirado menos de 72 horas depois. Carl Lewis, cuja medalha de prata foi elevada a ouro após a desqualificação de Ben Johnson, sofreu a própria humilhação quando, alguns anos depois, revelaram que ele havia sido pego em vários testes antidoping nos treinos dos EUA durante os preparativos para os mesmos jogos de Seul. Entretanto, a questão do ponto de vista privilegiado da formação psicológica dos atletas Superelite é: essas pessoas tomam suplementos prescritos puramente para melhorar seu desempenho (a dedução lógica) ou há alguma outra razão para isso? É possível que, ao menos em alguns casos, o consumo de entorpecentes seja uma parte integrante do tipo de personalidade dos atletas Superelite?

Pode-se dizer que esse cenário é ainda mais complexo do que parece à primeira vista. Quando Robert Anda e Vincent Felitti embarcaram em seu trabalho pioneiro com EAI, não só observaram o aumento no uso de drogas ilícitas por aqueles com altos índices de EAI, mas também exploraram o uso que essas pessoas faziam de medicamentos prescritos. O que eles descobriram foi que indivíduos com altos índices de EAI tinham significativamente mais probabilidade de usar medicamentos prescritos do que seus pares com índices baixos. "As EAI aumentam substancialmente o número de prescrições e classes de drogas usadas ao longo de sete ou oito décadas depois de suas ocorrências", eles concluíram.[24] É uma descoberta que corrobora a do professor Kyle Ganson, da Universidade de Toronto, que acredita firmemente que "o trauma e as experiências de vida são as maiores forças motoras dos comportamentos desajustados que cultivamos. Boa parte do meu trabalho está concentrada em transtornos alimentares em geral, mas isso inclui coisas como uso de substâncias para melhorar o desempenho e outros padrões de transtornos alimentares relacionados à massa muscular, como os ciclos de *bulking* e *cutting*, a suplementação direcionada ou a dieta restritiva", ele me explicou. Em outras palavras, ele está interessado em como jovens adultos adaptam suas rotinas de consumo (de comida e drogas) para alterar a aparência. Eles podem, por exemplo, escolher comer apenas carboidratos ou focar o consumo de proteínas, restringindo a ingestão de gorduras e carboidratos. Mas, além disso, ele estuda como também podem recorrer às diversas formas de consumo de drogas.

A pesquisa conduzida pelo professor Ganson e um grupo de pesquisadores sobre o uso de drogas para melhorar o desempenho com 14.322 adultos com altos índices de EAI produziu alguns resultados reveladores. Os homens "cujas necessidades básicas não foram atendidas" quando crianças tinham 3,5 vezes mais chances de consumir drogas para melhorar o desempenho do que aqueles cujas infâncias foram fisicamente confortáveis (a pergunta aqui era "Com que frequência os adultos responsáveis por você não cuidavam das suas necessidades básicas, como higiene, alimentação e vestimenta?"). Os resultados das mulheres eram parecidos, quando não ligeiramente inferiores. Homens que haviam sido fisicamente abusados na infância tinham três vezes mais chances de usar drogas para melhorar o desempenho do que aqueles com um baixo índice de EAI. Quanto aos homens que haviam sofrido abuso sexual na infância, a equipe descobriu que a probabilidade de eles tomarem anabolizantes era nove vezes maior; para as mulheres, a proporção era seis.[25] O professor Ganson me explicou o fenômeno da seguinte maneira: "Em geral, mecanismos como o uso de substâncias destinadas ao aumento da massa muscular poderiam ser uma proteção contra traumas futuros — essencialmente usando substâncias como um meio de proteger a si mesmo".[26] Em outras palavras, as pessoas estavam melhorando e se adaptando na fase adulta para fugir dos traumas de seu passado.

O professor Ganson prosseguiu com a elaboração do que ele e sua equipe haviam descoberto: "Se você teve uma experiência na adolescência, fase que podemos considerar que ocorre dos dez até os 25 anos, sabemos que o cérebro ainda está se desenvolvendo nesse período e é muito significativo para a formação da identidade. Se você tem um trauma em que sente e experimenta a sua identidade sendo destroçada, deslocada ou perturbada durante esse processo de desenvolvimento, é provável que tente encontrar maneiras de se agarrar a outras identidades que o ajudem a reformular e reconstruir o seu senso de *eu*. É claro que passar por um trauma durante esse período fundamental para a formação da identidade tem repercussões significativas: pode levar a comportamentos inapropriados, como beber ou usar anabolizantes, ou outras estratégias para lidar com isso que, no futuro, não ajudam ninguém efetivamente". Simplificando, o uso de anabolizantes frequentemente é devido a uma espécie de trauma na infância — ora físico, ora sexual, ou ambos.

Poucos atletas exemplificam melhor essa tendência do que Marion Jones, uma das atletas mais versáteis que o esporte dos EUA produziu na história recente. Nos Jogos Olímpicos de Sydney, em 2000, seu excelente desempenho nos cem e nos duzentos metros, bem como o salto em distância, já havia lhe garantido campanhas publicitárias e capas de revistas. O que não era tão conhecido era o fato de que isso veio à custa de uma infância rodeada por contratempos e tragédias. O pai biológico de Marion a deixou quando ela era muito nova. Depois, a mãe dela se casou com um carteiro aposentado, Ira Toler, que se tornou um pai presente para Jones e que ela amava ("Ira foi uma figura maravilhosa em minha vida"),[27] mas que morreu em decorrência de um derrame quatro anos depois. Jones ainda não havia completado doze anos quando se tornou órfã de pai pela segunda vez.[28]

A Teoria do Apego nos ensina que as experiências negativas na infância criam dentro de nós uma necessidade inconsciente de evitar aqueles traumas no futuro. Essa necessidade pode ser expressa de diversas maneiras — às vezes como culpa ("É minha culpa, eu deveria ter evitado isso."), às vezes como uma dedicação excepcional ("Se eu me esforçar o bastante, isso não acontecerá de novo."), às vezes como um desejo persistente pelo sucesso ("Eu receberei o amor e a atenção que perdi antes."). Jones preencheu o vazio que havia se aberto em sua vida com a determinação e o talento para o esporte. Inicialmente competindo contra seu irmão mais velho e os amigos dele, Marion Jones descobriu que poderia sobreviver e prosperar se ela se fortalecesse e sobressaísse. Com o tempo, se tornou uma atleta Superelite.

Assim como ocorre com vários atletas Superelite, houve um grau de crueldade inflexível na formação de Jones. Por exemplo, quando seu marido, o atleta de arremesso de peso C. J. Hunter, foi reprovado no exame antidoping durante as preparações para os Jogos de Sydney com níveis de nandrolona mil vezes maiores do que o limite permitido, Jones primeiro publicou uma declaração defendendo o marido, beijou-o publicamente na frente da imprensa mundial em uma coletiva e, um ano depois, pediu o divórcio alegando diferenças irreconciliáveis.[29] Foi um passo que teve um efeito rebote sobre ela. Quatro anos depois, quando Jones se preparava para defender suas cinco medalhas de Sydney (três ouros e dois bronzes) nos Jogos de Atenas, seu ex-marido informou a agentes do FBI que ela havia tomado um coquetel potente de drogas ilegais na preparação para Sydney, declarando sob juramento que a havia visto injetar em si mesma — e que ele mesmo havia injetado nela — uma variedade de químicos que incluíam hormônio do crescimento, insulina, o esteroide THG e a EPO, uma droga para aumento da resistência.[30]

Para o psiquiatra Ian Williamson, que se juntou ao jornalista Paul Gogarty para escrever sobre Marion Jones, o erro dela não foi "mais do que a defesa contra sentimentos de desespero e inadequação". Como eles explicaram: "As perdas e ausências que marcaram os primeiros anos de vida de Marion Jones foram certamente além da sua compreensão, mas, como toda criança, ela teria criado uma explicação para esses acontecimentos [...] muito provavelmente concentrada na parte que cabia a ela mesma na orquestração dos processos. Em outras palavras, o que ela havia feito para que as coisas se desenrolassem dessa maneira?". Eles sugerem que, em seu inconsciente, ela estaria constantemente resmungando perguntas insistentes: "Por que as pessoas que eu amo vão embora (mãe, pai e irmão), morrem (Ira Toler) ou não demonstram interesse em mim (pai)?".

"O sucesso surpreendente dela como atleta", eles concluem, "proporcionou o antídoto para a desvalorização, o desprezo e o desinteresse." O trauma de sua criação demoliu seu senso de *eu*, fazendo com que ela construísse uma nova identidade baseada nos aplausos da multidão que a adorava. "Mas isso era um pacto fáustico; sem a vitória, não havia aplausos. Para ter certeza de que venceria, ela precisava usar drogas, pois, no final das contas, não acreditava verdadeiramente no próprio valor."[31] Fui lembrado da observação que Tim Rees, coautor do relatório sobre os medalhistas da Grã-Bretanha, fez para mim sobre aqueles que experimentam adversidades ou traumas e usam o esporte como válvula de escape. Eles podem ficar tão obcecados pela vitória, que acabam "operando nos limites do que poderia ser considerado jogo limpo".

Na busca pela criação de uma nova identidade, até os Superelite — aqueles que superam as expectativas e transformam o trauma em sucesso — podem acabar pagando um preço psicológico muito alto. Naomi Osaka, uma das melhores e mais celebradas tenistas do mundo, disse à equipe de um documentário em 2021: "Por muito tempo, eu liguei a vitória ao meu valor como pessoa. Qualquer pessoa me conheceria por ser uma tenista. Então, assim, o que eu sou se não for uma boa tenista?".[32] O comentário dela expressa o medo que muitos Superelite devem sentir.

Nesse sentido, um dos tuítes que Simone Biles publicou após se retirar da equipe olímpica em Tóquio sugere um grande progresso ao invés de um recuo. Ela escreveu: "O amor e o apoio efusivos que recebi me fizeram perceber que sou mais do que minhas conquistas e a ginástica, algo em que nunca acreditei de verdade antes".[33]

4

Encaixando as histórias do eu
Construindo camadas de personalidade

Mil aspirantes estão enfileiradas para uma audição de canto, na fila desde o amanhecer, na chuva. Cada uma está rezando para ser arrancada da escuridão e lançada ao estrelato. Ao final de um dia extenuante, uma delas é escolhida para ser a nova Spice Girl. Quando perguntada por um grupo de rivais decepcionadas e invejosas qual era o seu segredo, ela respondeu: "No final das contas, eu só desejei mais". Logo, essa deve ser a resposta, elas dizem a si mesmas. Nós não desejamos o suficiente. Ela, sim. Por isso nos derrotou.

Isso é um exemplo clássico do que se conhece como *viés de sobrevivência*. Quando é apresentado com as histórias de vários indivíduos que calharam de estarem juntos em um momento específico, as pessoas ficam mais interessadas em tentar tirar lições do destino de um ou dois que se destacam do que dos vários que não se destacam. Elas farão especulações sobre o que torna aqueles indivíduos especiais. Analisarão quais passos eles deram para garantir o sucesso. Não pararão para pensar que talvez os vencedores apenas tiveram sorte — que estavam no lugar certo na hora certa. E elas certamente não considerarão que um estudo a respeito daqueles que não foram exitosos poderá lançar uma luz diferente nos processos.

Em resumo, aqui reside o perigo da história de resiliência que sempre nos contam. Olhamos para os poucos milagrosos e ignoramos os muitos menos afortunados. Não só isso, mas tiramos conclusões sobre aqueles sobreviventes que, como sugere o nosso estudo dos menos afortunados, estão apoiadas em bases extremamente instáveis. E estamos tão determinados a permanecer com essas conclusões, que fazemos vista grossa para os fatos inconvenientes a respeito dos poucos sortudos, caso eles não se encaixem na narrativa que criamos para nós mesmos.

O que eu espero ter mostrado até agora é que adversidades e traumas não são simples gatilhos para as conquistas, como geralmente alegam. O fato é que, quando um Superelite atingir o topo, ele terá vivido mais de 7 mil dias. Em qualquer um desses dias, toda uma série de fatores terá moldado seu pensamento, suas atitudes e seus sentimentos. E, embora claramente seja muito importante ter a capacidade de superar contratempos, ela não pode ser considerada a única razão nem o ingrediente mágico. De qualquer forma, a capacidade de superar traumas na infância e transformá-los em conquistas é uma faca de dois gumes. A superação pode ajudar a alcançar a excelência, mas as adversidades precoces também podem custar um preço alto. Compreendido como uma das lentes pelas quais se pode enxergar o mundo, o viés de sobrevivência é uma lente distorcida.

Mas há um aspecto proveitosamente revelador do viés de sobrevivência: a própria existência dele nos oferece uma janela interessante para a psicologia humana, porque mostra como a criação de narrativas é importante para nós. Constantemente contamos histórias a nós mesmos e fazemos isso para dar sentido ao mundo complexo à nossa volta — um processo por vezes chamado de "fome de explicação". Como diz o psicólogo Robyn Daws, que dedicou sua carreira ao estudo das tomadas de decisões e do julgamento humano: os seres humanos são "os primatas cuja capacidade cognitiva é desligada com a ausência de uma história". Essa compulsão por contar histórias — a respeito do mundo e de nós mesmos — pode nos desviar, oferecendo narrativas aparentemente convincentes e reconfortantes que diferem da realidade do mundo que nos cerca. No entanto, visto que é um aspecto tão fundamental da maneira como funcionamos, isso tem implicações significativas na verdadeira natureza da resiliência.

A noção de que o *eu* não é uma entidade fixa, mas uma criação narrativa que nós montamos com o passar do tempo, não é nova. Ela teve início ao menos um século atrás com o filósofo norte-americano George Herbert Mead e sua crença de que "o *eu* é um processo social". Uma versão mais recente da mesma ideia vem de um colega do dr. Robert Anda nos Centros de Controle de Doenças: "O *eu* é uma construção". Ele não aparece magicamente. Nós o construímos.

Dan McAdams, psicólogo da Universidade do Noroeste em Illinois, oferece um modelo simples para compreender como a experiência é traduzida em personalidade. Esse processo envolve três camadas. A primeira é feita dos *traços disposicionais* do indivíduo, as consistências gerais no comportamento que poderíamos considerar o lado inato do debate natural *versus* adquirido. Na segunda camada, ele designa as *adaptações características*. Elas são as metas e os valores que lutamos para alcançar. A terceira camada é a *identidade narrativa* — em outras palavras, como utilizamos as histórias que contamos sobre nós mesmos para nos ajudarem a dar sentido às nossas vidas. Cada indivíduo, diz McAdams, desempenha três papéis: o de *ator* (disposicional), o de *agente* (adaptações) e — decisivamente — o de *autor* (identidade narrativa).[1]

É válido explorar esses papéis um pouco mais profundamente. Primeiro, vamos considerar o indivíduo como um *ator*, representando seus traços disposicionais. Hoje, o consenso é que a individualidade é construída a partir de blocos identificáveis de traços de personalidade, que podem ser avaliados e medidos. Frequentemente nomeados como Cinco Grandes Fatores de Personalidade, ou modelo OCEAN (na sigla em inglês), esses traços englobam abertura (a experiências), conscienciosidade, extroversão, agradabilidade e neuroticismo.

Medir a abertura de alguém envolve avaliar até que ponto essa pessoa exibe uma mente aberta e curiosa em contraste com uma mente fechada e prudente. A escala da extroversão vai de extrovertido e energético de um lado a introvertido e contido do outro. Agradabilidade, como o termo sugere, denota o quanto uma pessoa é atenciosa e simpática, enquanto neuroticismo determina o quanto ela é nervosa e sensível. Conscienciosidade é o comprometimento diligente de uma pessoa para cumprir suas metas. Uma pesquisa recente sugere que essas categorias são mais fluidas do que seus proponentes originais defendiam, mas, ainda assim, oferecem uma maneira útil de ver e avaliar traços de caráter que formam o alicerce da individualidade e que podem ser identificados e medidos desde a infância.[2] Alguns defenderiam que os Cinco Grandes Fatores de Personalidade podem ser tão preditivos quanto o QI e a classe social para determinar resultados em áreas da vida como conquistas profissionais, expectativa de vida e sucesso conjugal.[3]

Os traços disposicionais, porém, não nos mostram tudo quando estamos tentando entender a essência da individualidade — e é aqui que entram as outras duas camadas de que McAdams fala. O nível das *adaptações características*, quando estamos atuando como *agentes*, representa as coisas que fazemos e pensamos diariamente que refletem nossas motivações. São as ambições e os valores que nos impulsionam a agir. Sim, nós podemos ser extrovertidos por natureza, mas qual é precisamente o motivo da nossa dedicação? Quais são as nossas metas e os nossos planos? O que valorizamos? Dan McAdams e seu parceiro de escrita Bradley Olson explicam essas adaptações da seguinte maneira: "Conceitos de personalidade que tratam diretamente de questões como essas tendem a colocar a agência humana no centro das indagações da personalidade".[4] Em outras palavras, eles envolvem as ações que estamos motivados a realizar e moldam como os outros nos percebem. Nos esportes, por exemplo, é a determinação persistente de "vencer a todo custo" dos atletas Superelite que os diferencia dos rivais Elite e demonstra suas adaptações características particulares.

A terceira camada de personalidade envolve a ideia do indivíduo como *autor* da história da própria vida — o principal ator em sua própria narrativa. Contamos histórias sobre nós mesmos para nós mesmos a fim de dar um senso de significado e consistência à nossa vida e para aumentar o senso de autoestima. É claro que também divulgamos essas histórias para outras pessoas (hoje em dia, as redes sociais nos permitem fazer isso com especial eficiência), já que buscamos nos conectar com elas. À medida que fazemos isso, invariavelmente garantimos que estamos apresentando uma versão altamente favorável de nós mesmos: somos os heróis das nossas próprias histórias. Escolher quem somos e o que defendemos é uma preocupação constante. Jia Tolentino, escritora da *New Yorker*, articulou como o advento das plataformas de mídias sociais representou uma evolução na maneira como mantemos uma representação pública de nós mesmos: "Mais do que qualquer outra entidade, o Facebook solidificou a ideia de que a individualidade existe na forma de um avatar com bom desempenho".[5] Essa projeção de quem alegamos ser é essencial para nós como seres humanos, especialmente porque é por meio dessa expressão exterior que procuramos forjar a conexão com os outros. George Mead escreveu: "Nossa controvérsia é o fato de a mente nunca encontrar expressão, e não poderia existir de maneira alguma que não nos termos de um ambiente social".[6] Nós precisamos nos sentir parte de um grupo. Sim, um skatista pode dizer: "Eu uso roupas largas porque gosto delas", mas também é "o que os skatistas fazem". Alguém vestindo uma camiseta da turnê do Harry Styles não só demonstra um gosto pessoal, mas faz uma declaração que possibilita a afiliação com pessoas de opinião semelhante e grita: "Eu estava lá! Eu o vi em Wembley!", ao passo que alcança e convida outros fãs de Harry Styles para se conectarem.

Então, como essas três camadas de personalidade atuam no mundo dos Superelite e outras pessoas que obtêm grandes conquistas? Bem, primeiro, claro, os atletas chegam à cena com *vantagens disposicionais*: eles têm um certo talento para o esporte e um foco e uma disciplina naturais que os impulsionam a seguir em frente. Do mesmo modo, grandes músicos geralmente têm uma facilidade natural com um instrumento musical específico. Para algumas pessoas é "fácil" pintar ou escrever. Outras têm uma afinidade natural com números, ideias abstratas ou conceitos científicos.

O que possivelmente faz essas pessoas se destacarem são as *adaptações características* que demonstram: "A qualquer custo, a qualquer custo", disse o atleta Superelite no Ergo Trainer. E é aqui que a dificuldade ou o trauma infantil geralmente desempenha um papel importante. Eles armam as pessoas com um nível de motivação que, para os menos comprometidos, pode parecer obsessivo. Elas ganham uma visão de mundo diferente da norma — uma visão que envolve a formação de uma nova perspectiva. Quando os psicólogos especialistas em trauma Rodica Ioana Damian e Dean Keith Simonton falam sobre pessoas criativas, eles descrevem como, "para atender os critérios de originalidade e surpresa, a pessoa deve ser capaz de ver as coisas de modos não convencionais e ir contra as maneiras tradicionais de ver o mundo. Portanto, ela deve aprender a relaxar as restrições impostas pela sociedade sobre processo mental e imaginar o impossível".[7] Eles acreditam que o trauma pode criar um senso de desconexão necessária para "empurrar as pessoas para fora do campo da 'normalidade'". Essa frase condiz com o comentário de Jean-Paul Sartre que mencionei antes de que a melhor coisa que um pai pode fazer pelo filho é morrer jovem. Também se relaciona com a descoberta de um estudo pós-guerra com escritores em que 55% deles haviam perdido o pai ou a mãe antes dos quinze anos.[8]

Mihaly Csikszentmihalyi, o psicólogo que cunhou o termo *fluxo*, descreve desta maneira: "Crianças que crescem em circunstâncias difíceis tentarão escapar da situação dolorosa imergindo em interesses incomuns, geralmente solitários. Essa motivação, por sua vez, leva a um investimento pleno de energia psíquica na área de talento, frequentemente acompanhado de um forte desejo pelo sucesso. Como Einstein observou, a ciência e a arte são as formas mais elevadas de escapar da realidade".[9]

Por outro lado, Martin Lloyd-Elliott, psicoterapeuta que estuda as adaptações mais frequentes em adultos muito bem-

-sucedidos, acredita que pessoas notáveis são "guiadas por um desejo consciente e inconsciente de compensar um ego que foi ferido pelo trauma".[10] E dois cientistas desportivos radicados na Grã-Bretanha, David Collins e Áine MacNamara, que tiveram um espaço para responder à pesquisa sobre os medalhistas da Grã-Bretanha nas páginas do mesmo volume do periódico em que ela foi publicada, dizem que "há um reconhecimento crescente de que enfrentar e superar um grau de desafio é desejável para atletas aspirantes à Elite e, assim, isso deveria ser reconhecido e empregado".[11] Eles afirmam: "Propomos que o talento *precisa* de algum grau de desafio para se desenvolver de maneira ideal, e, portanto, os caminhos para alcançá-lo precisam otimizar o desafio em vez de simplesmente fornecer suporte ininterrupto". (Entretanto, é importante chamar a atenção para o fato de que eles adicionam uma qualificação muito significativa. O trabalho deles sobre o que chamam de *Quases* — os atletas que eram bem-sucedidos na infância, mas que nunca chegaram ao topo — mostrou que esse grupo não Elite na verdade demonstrava mais traumas do que os que estavam no pódio: o fato de que nunca chegaram ao topo sugeria que talvez tivessem sido derrotados pelo trauma e estivessem presos na área perigosa da curva em formato de J invertido de Mark Seery, ver páginas 82–83).[12]

Aqueles que esperam cumprir desafios extremos podem muito bem se comportar de maneiras consideradas antissociais por outros. "Somos seres humanos síncronos", diz Bessel van der Kolk. "A fonte do prazer em nossas vidas é estar em sincronia uns com os outros." Se não nos sentimos em sincronia — se a "vergonha", que é "a experiência dominante do trauma", como Van der Kolk coloca, sai na frente —, podemos escolher revitalizar nossa identidade de maneiras que quebram as normas sociais aceitas (porque deixamos a sincronia para o segundo plano) ou podemos adotar comportamentos desadaptativos como beber ou usar drogas para mascarar o sentimento de vergonha. Essa preocupação com a revitalização da identidade é a razão pela qual atletas Superelite geralmente são interpretados como egoístas e obcecados por si mesmos e por que, em sua própria visão, estão dispostos a reconhecer — diferentemente dos Elite — o egoísmo e a crueldade de sua parte.

Talvez seja a última camada de personalidade — a identidade narrativa — que tenha a maior capacidade de desequilibrar pessoas que estejam explorando a natureza das conquistas extraordinárias. Aqui, como acabei de descrever, os indivíduos criam as histórias que explicam a sua vida e dão sentido a ela não somente para si mesmos, mas para os outros. Eles contam narrativas que decifram suas experiências.

Os relatos potentes que contamos a nós mesmos sobre nós mesmos são o que os pesquisadores Tilmann Habermas e Susan Bluck chamam de "raciocínio autobiográfico", que descrevem como "um processo de pensamento ou fala autorreflexivo sobre o passado pessoal que envolve a formação de ligações entre os elementos da vida e o *eu* em uma tentativa de relacionar o passado e o presente". Eles explicam como isso é vital para nós quando estamos tentando dar sentido a experiências aparentemente desconexas que ocorreram ao longo de nossa vida. "O raciocínio autobiográfico indica a evolução de uma perspectiva autobiográfica que enquadra a individualidade em termos de uma história específica de desenvolvimento. Ele se apoia em memórias autobiográficas, mas vai além delas, melhorando a compreensão por meio da criação ativa de coerência entre os acontecimentos e o *eu*". Como Habermas explica, "tanto filósofos como linguistas sugeriram que a coerência explanatória ou causal é crucial para as narrativas de vida, pois sem ela o narrador não pode se apresentar como alguém que viveu uma vida razoável". Histórias são imensamente persuasivas — para os outros, para nós mesmos. Como diz o romancista norte-americano Richard Powers: "Os melhores argumentos do mundo não mudarão uma única mente. A única coisa que pode fazer isso é uma boa história".[13]

Quando contamos histórias, editamos o que não "se encaixa", removendo inconsistências e narrativas contrárias. Jovens adultos podem procurar explicar ações históricas mencionando as lições que aprenderam na adolescência. Adultos mais velhos tendem a se referir a eventos graves que acreditam terem sido pontos de virada em suas próprias histórias. Os doutores Habermas e Bluck observam que estamos tão inconscientemente familiarizados com a estrutura narrativa, que fazemos mímicas quando explicamos nossas próprias experiências. Certas memórias podem ser revisitadas porque "corroboram mitos familiares, revelam o personagem atual de quem narra ou supostamente determinam o curso de vida posterior do narrador". O psicólogo Daniel Stern, que foi a primeira pessoa a abordar a ideia de um "eu narrador", falou sobre tecermos "uma variedade de experiências passadas e presentes [...] em uma narrativa coerente".[14] Pode ser um processo mais aparente do final da adolescência em diante, mas é interessante perceber que crianças de até quatro anos expostas a um alarme de incêndio poderiam se lembrar do acontecimento sete anos depois se tivessem formado uma história em torno dele.[15]

Pelo fato de que o que está envolvido aqui serem *histórias*, em vez de conjuntos de fatos objetivos, é fácil que elas sejam mal interpretadas tanto por quem as conta como por quem as ouve. Um atleta excepcional, ao recontar a própria história de vida, pode muito bem escolher um momento que considerou transformador. É claro que o acontecimento pode ter sido um ponto de virada, mas também é perfeitamente possível que tenha se tornado isso com as narrações subsequentes. O competidor pode contar a si mesmo que seu comportamento extremo, às vezes irracional, foi o caminho para o sucesso e para a adulação, reinterpretando os acontecimentos de modo que se encaixem na história que faz sentido para ele.[16] Os autores do relatório sobre medalhistas da Grã-Bretanha dizem: "Essa narrativa internalizada permite aos atletas Superelite justificarem seus comportamentos (como egocentrismo e preparação obsessiva) e se comprometerem com o alto desempenho e o domínio no esporte a níveis compulsivos".[17]

A consistência interior é crucial para essas narrativas. Jennifer Pals, psicóloga especialista na compreensão das identidades narrativas, fala da "construção de um final positivo e resolvido para que o acontecimento não continue perturbando o *eu*". Ela também enfatiza a importância da coerência nas narrativas que criamos. "De fato", ela defende, "se uma história é incoerente e formada por um conjunto de peças aparentemente aleatórias, desconexas ou completamente contraditórias de informações sobre o passado, então não é uma história e ocorrerá uma falha em extrair dela um senso significativo de identidade."[18] Em certas circunstâncias, não ser capaz de reconciliar os elementos discordantes da nossa própria narrativa interna causa um sentido confuso de identidade. Pals explica que às vezes procuramos inserir o trauma que passamos nas histórias que contamos, mas somos desafiados quando nos sentimos incapazes de encarar a vergonha gerada pela adversidade. Como explica Bessel van der Kolk, é assim que o trauma pode nos levar à desconexão: "A vergonha se torna a emoção dominante, e esconder a verdade, a preocupação central".[19]

Os Superelite frequentemente ficarão obcecados com suas identidades narrativas — com a aura que projetam, a maneira como montam sua história em um arco em direção ao triunfo. Os melhores competidores falam com frequência ardorosamente sobre serem obrigados a deixar certas experiências para trás para garantir que não sejam mais definidos por elas. Mas esse é um território altamente subjetivo, como apontam David Collins e Áine MacNamara. Aqueles atletas Superelite que publicam suas autobiografias, por exemplo, podem ser todos facilmente propensos a confundir o que foi genuinamente formador com o que foi uma justificativa útil subsequente. Ambos citam um atleta Superelite que reclamava das "porras de livros de esportes [...] nos quais pessoas contam suas histórias para fazer parecer que são boas"[20] (ou, nas palavras de uma análise de memórias de esporte menos emotiva, "autobiografias não enfatizam fatos, mas experiências pessoais e vidas pessoais como construções culturais").[21] Os drs. Collins e MacNamara citam outro atleta Superelite que se referiu de maneira ácida a alguns de seus pares: "Eu vivi as competições sobre as quais eles escrevem e com certeza não vi o que eles viram!". O fato de que uma pessoa muito bem-sucedida indique um momento particular como transformador em sua vida é significante pelo próprio fato de ela dizer que foi. Mas isso não é o mesmo que dizer, julgando objetivamente, que aquilo de fato foi transformador.

As histórias que contamos a nós mesmos são, em outras palavras, entidades incertas. Não são invenções, mas tampouco são afirmações feitas sob juramento. Elas são os combustíveis para os nossos tanques — as motivações, as justificativas e as explicações para o que fizemos e para o que pretendemos fazer. Não constituem casos verificáveis de causa e efeito. São as interpretações após os fatos que nos ajudam a compreender o ruído e a confusão de uma vida em desenvolvimento. Em nossos relatos, invariavelmente nos posicionamos como o protagonista justificado; em nossas próprias histórias, somos invariavelmente *os mocinhos*.

Há uma outra dimensão da contação de histórias que precisa ser levada em consideração e que envolve o que é tecnicamente chamado de "estilo explicativo": nossa tendência de aplicar um filtro otimista ou pessimista ao interpretar o que pode ser toda uma variedade discrepante de acontecimentos. O professor Martin Seligman, que gerencia o Centro de Psicologia Positiva na Universidade da Pensilvânia, passou os 35 anos de sua carreira explorando essa área da psique humana. Suas descobertas se tornaram amplamente reconhecidas.[22]

Para medir o impacto que uma perspectiva pessimista ou otimista pode ter na vida de uma pessoa, o professor Seligman primeiro procurou categorizar como as pessoas enquadram as adversidades. No início, isso envolvia a criação de três eixos. Com o tempo, esses eixos se tornaram os *Três Ps* da resiliência emocional, cada um representando uma "armadilha cognitiva" na qual caímos quando confrontados por contratempos:

- *Permanência* [*Permancence*]: nosso cérebro em estado de medo nos diz que qualquer adversidade que tenhamos vivenciado é irreversível e duradoura. Não conseguimos imaginar uma época em que superaremos isso. Nossos colegas nunca se esquecerão dos nossos lapsos alcoólicos durante a festa de confraternização do escritório.
- *Onipresença* [*Pervasiveness*]: nosso instinto é acreditar que as adversidades permearão todas as áreas da nossa vida. Aquele tuíte mal formulado será visto por todos e nos cau-

sará uma desgraça social. Seremos vaiados por idosos nos ônibus.
- *Pessoal* [*Personal*]: deduzimos que qualquer adversidade que nos tenha ocorrido é nossa culpa. "Tudo isso aconteceu comigo. Eu sou o problema."

O professor Seligman, junto a outros pesquisadores aplicaram essas métricas a 99 membros fisicamente saudáveis da Universidade Harvard para chegar à medida da natureza de seus estilos de atribuição. Quando confrontados com um contratempo ou acontecimento adverso, eles o consideraram como permanente, onipresente e pessoal? Ou eles conseguiram assumir uma postura mais estoica e comedida, culpando a circunstância e a má sorte? A equipe da pesquisa acompanhou esses voluntários ao longo de suas vidas. O que descobriram foi que aqueles que consideraram os eventos ruins como permanentes, onipresentes ou pessoais eram invariavelmente menos saudáveis fisicamente anos mais tarde. Eles escreveram: "Acreditamos que demonstramos a ambiguidade de que uma variável psicológica — estilo explicativo pessimista — prevê doenças físicas duas e três décadas mais tarde.[23] Quanto mais desesperada a pessoa se sentir diante de uma adversidade, mais ela sentirá que foi a responsável e mais o seu bem-estar sofrerá. Em contrapartida, aqueles que adotaram uma perspectiva mais otimista usufruíram de uma saúde geral melhor: eles conseguiam 'de alguma forma alcançar o interior e fortalecer o corpo'.[24]

Certamente é possível que sejamos pessimistas a respeito de alguns aspectos de nossa vida e otimistas a respeito de outros. Mas, geralmente, um pessimista considerará um acontecimento negativo apenas assim — um acontecimento negativo —, enquanto um otimista poderá enxergá-lo como um ponto de virada, um "trampolim" que explica uma transformação subsequente. Daniel McAdams se refere a esses momentos como "sequências de redenção".[25] Nossa inclinação para o otimismo ou pessimismo, então, tem um efeito material em nossa vida. E ela adiciona outra camada complicada à nossa identidade narrativa, moldando a nossa interpretação dos acontecimentos do passado para explicar o presente e olhar para o futuro.

Então, aonde tudo isso nos leva na busca pela verdadeira natureza da resiliência? Bem, em primeiro lugar, deveríamos ser cuidadosos com a perspectiva de que uma adversidade deve ser vista simplesmente como um ponto de inflexão que nos direciona para o sucesso. Como observou Jennifer Pals, podemos ser imensamente seletivos no que escolhemos identificar como pontos cruciais de virada em nossa vida — ela cita como evidência para isso uma paciente que descreveu seu divórcio como um momento central de transformação em sua vida, mas não conseguiu citar a morte do filho na própria história de desenvolvimento pessoal.[26] As histórias podem ser uma forma de autoilusão. Elas têm uma qualidade alucinógena, nos convidando a imaginar cenários, construir avatares alternativos de pessoas, criar episódios extras em extrapolações aparentemente lógicas. As lições das fábulas simples podem ser úteis para nós, mas elas são reducionistas por natureza.

Mas nossa obsessão pela contação de histórias também fornece uma importante dica de resiliência. Se, como disse Bessel van der Kolk, o trauma "interrompe o enredo", o que é necessário superar é — nas palavras de Jennifer Pals — "a construção de um final positivo e resolvido para que o acontecimento não continue perturbando o *eu*".[27] Em outras palavras, nós deveríamos evitar focar o fato de uma adversidade ou a experiência de um trauma e nos concentrar na natureza das técnicas que podemos usar para construir uma história positiva para nós mesmos. As experiências dos atletas Superelite que superaram eventos adversos fornecem algumas dicas úteis (embora, como vimos, ainda possam pagar um preço alto por isso), mas elas são apenas uma parte da equação.

Desse modo, é hora de deixar para trás os mitos acumulados sobre as figuras heroicas que usaram as adversidades para se alavancar em direção ao sucesso e olhar mais profundamente para aquilo que o trabalho que tem sido feito sobre resiliência individual tem a nos ensinar.

PARTE II

As origens da força interior

5

A INDÚSTRIA BILIONÁRIA DA RESILIÊNCIA
Explorando a Ortodoxia da Resiliência

SE HÁ UM CAMINHO da vida em que a resiliência é reiteradamente posta à prova é no serviço militar. O soldado médio pode não entrar em combate todos os dias, nem mesmo com frequência, mas ele sabe que concordou com uma carreira em que, em algum momento, poderá ser chamado tanto para colocar a própria vida em risco como para matar outras pessoas. O estresse a que os soldados são submetidos está bem documentado, seja na forma do trauma de guerra sofrido pelas tropas durante a Primeira Guerra Mundial, seja na reformulação mais recente dessas pressões como o transtorno de estresse pós-traumático (tept). Também é visível que, embora o ato de quebrar o principal tabu humano — matar outra pessoa — possa ser sancionado pela sociedade quando ela está em guerra, o indivíduo paga um preço alto por isso.

Estudos com exércitos ao longo dos últimos dois séculos revelaram que, em guerras de grande escala, os soldados que foram recrutados para preencher as fileiras de tropas regulares podem ter dificuldades até mesmo para abrir fogo. Como o historiador holandês Rutger Bregman me explicou: "Temos muitas evidências, a partir de guerras históricas, de que, se você convoca soldados e os envia para a linha de frente, a maioria deles apenas não consegue. Eles simplesmente não conseguem atirar para matar". Ele cita o trabalho pioneiro realizado pelo militar e historiador norte-americano S. L. A. Marshall, que concluiu que "apenas cerca de 15% a 25%" dos soldados estadunidenses que lutaram no Pacífico e na Europa durante a Segunda Guerra Mundial "estavam de fato atirando no inimigo".[1] Ele também descreve como as gerações anteriores de soldados muitas vezes evitavam atirar, atiravam para o ar ou recarregavam suas armas apenas quando sabiam que estavam sendo observados. Após a Batalha de Gettysburg em 1863, durante a Guerra Civil Norte-Americana, descobriu-se que muitos dos mosquetes coletados no campo de batalha não haviam sido carregados uma vez, como era correto para armamentos de tiro único, mas duas. "Esses soldados foram muito bem treinados", diz Rutger. "Eles sabiam que não se põe duas balas no mosquete." O que estava acontecendo? "Naquela época", ele explica, "levava muito tempo para realmente carregar a arma: isso representava 95% de todo o trabalho. Então, o que você faz? Você só recarrega, recarrega e recarrega. E, dessa forma, você pode se safar de não atirar no inimigo sem que seus superiores realmente percebam."

Hoje, as guerras tendem a ser travadas por bandos menores e mais compactos de soldados de carreira. Mas isso não significa que as agonias mentais que claramente afligem os soldados ("Eu atiro ou apenas tento fazer parecer que estou atirando?") não existam mais. Pelo contrário, elas podem muito bem ter piorado. No passado, aqueles que analisavam o custo psicológico da guerra tendiam a se concentrar no impacto da exposição à violência. Hoje em dia, os especialistas acreditam cada vez mais que são os atos que os soldados cometem, e não a violência a que estão expostos, que têm maior potencial para criar traumas.² Com seu armamento de alta tecnologia de precisão, os soldados modernos têm muito mais probabilidade de atingir seus alvos do que antigamente — e, dado o que sabemos sobre o sofrimento mental das gerações anteriores, também é muito provável que sofram mais as consequências. Tirar a vida de outra pessoa, mesmo a de um adversário, pode desencadear fortes sentimentos de culpa e infligir o que é frequentemente referido como "dano moral". Testemunhar a morte de um amigo em combate também pode cobrar um preço enorme: um estudo que explorou a dor persistente que os soldados experimentam com a perda de um camarada descobriu que a morte de um companheiro de combate trinta anos antes pesava mais para eles do que, digamos, a morte recente de seus cônjuges.³ O impacto de ser responsável pela morte de outro ser humano pode ser de longo prazo e debilitante. A experiência pós-guerra de um veterano recente representa a de muitos: "Tudo o que eu sabia é que estava ferido por dentro e não sabia por quê, sabe? Eu não sabia por que deveria me sentir tão mal se não havia feito nada de errado. Eu não era um assassino de bebês. Eu não estava... eu fiz o meu trabalho. Fiz o que todo mundo fazia. Mas sempre ficava aquela pergunta incômoda: por que eu sofro assim?".⁴

Sem dúvida, é por esse motivo que os soldados geralmente evitam falar sobre a morte. "Recrutamos pessoas para matar", diz Pete Kilner, um tenente-coronel aposentado do Exército dos EUA que lecionava na Academia Militar de West Point. "Nós treinamos pessoas para matar [...]. Contudo, depois do fato, não falamos sobre matar. Falamos sobre destruir, engajar, derrubar, empacotar — você não ouve a palavra matar."⁵

Há outra dimensão na guerra moderna que pode servir para agravar esse trauma. No passado, quando os soldados iam para a guerra, o contato com a antiga vida era reduzido a uma carta ocasional. Hoje, graças às tecnologias digitais, como e-mail, redes sociais e FaceTime, as complexidades dos dois mundos colidem constantemente. Antes havia um isolamento protetor entre duas realidades totalmente divididas. Agora os soldados podem estar fisicamente no campo de batalha, mas também em casa, simultânea e virtualmente. Como disse o coronel Darryl Williams ao psicólogo Martin Seligman: "Esta é a primeira guerra em que você tem um celular e pode ligar para sua esposa da linha de frente". O deslocamento mental que uma vida tão bifurcada pode causar é considerável. "Grande parte da depressão e da ansiedade que nossos soldados têm é a respeito do que está acontecendo em casa", disse o coronel Williams.[6] Portanto, não surpreende que a saúde mental dos combatentes (tanto no passado como no presente) seja frequentemente muito ruim. De acordo com uma pesquisa de 2010, a ocorrência de tept entre os veteranos do Exército dos EUA foi mais do que o dobro do nível da população em geral — 16% contra 6,8%.[7] Um estudo britânico descobriu que, ao retornar da ativa, um em cada oito soldados foi responsável por uma agressão física.[8] Em casos extremos, a violência se transforma em assassinato. Em Thousand Oaks, na Califórnia, por exemplo, em novembro de 2018, treze pessoas foram baleadas e mortas por um ex-fuzileiro naval dos EUA, que depois apontou a arma para si mesmo. Comentando sobre a tragédia, o presidente Trump disse que o fuzileiro "viu algumas coisas muito ruins, e muitas pessoas dizem que ele tinha tept", acrescentando que as pessoas que voltaram da ativa "nunca mais foram as mesmas".[9]

A epidemia de problemas de saúde mental entre militares e veteranos dos EUA tem se espalhado tanto, que os militares chamaram psicólogos para ajudar e procuraram o professor Martin

Seligman em particular. "Não queremos que nosso legado seja as ruas de Washington cheias de veteranos mendigos, transtorno de estresse pós-traumático, depressão, vício, divórcio e suicídio", ele ouviu do pessoal sênior.[10] Assim, eles o contrataram para criar um programa que pudesse prevenir esses desastres.

Por ser um estudioso que dedicou a carreira à pesquisa de saúde mental e bem-estar, Seligman foi uma escolha hábil para os militares. Ele estabeleceu sua reputação na década de 1960 com seu trabalho sobre "desamparo aprendido": ele defende que é um estado de passividade que os indivíduos assumem quando passam a esperar que não terão controle sobre o mundo ao seu redor. (Seligman demonstrou essa proposição mostrando que, se os cães receberem choques elétricos imprevisíveis e inevitáveis, eles acabarão desistindo de tentar evitá-los.) A partir disso, ampliou seus estudos para o que é conhecido (um tanto superficialmente) como "psicologia positiva", uma disciplina que procura melhorar o bem-estar de todos, e não apenas desse subconjunto da população que sofre de doenças, desajustes e aflições. Ele também estudou os estilos de atribuição discutidos no Capítulo 4.[11] Eleito para o cargo de presidente da Associação Americana de Psicologia pelo maior período de sua história, Seligman também afirma ser um grande jogador de bridge, declarando uma vez que sua filosofia no jogo é: "Em desempates, ofereça menos e exagere".[12] Em contrapartida, é justo apontar que há alguns que são céticos sobre aspectos de seu trabalho. O escritor de ciência Jesse Singal, por exemplo, ao descrevê-lo como "icônico", também diz que ele "divide opiniões".[13]

Foi o trabalho de Seligman no Programa de Resiliência da Penn (PRP) que chamou a atenção dos militares. Essa é essencialmente uma intervenção que, assim como a terapia cognitivo-comportamental (TCC), é projetada para ajudar as pessoas a gerenciar seus problemas, auxiliando-as a mudar a maneira como pensam e se comportam. O psicólogo diz que seus conhecimentos foram forjados por suas experiências pessoais como "depressivo e pessimista", e que ele testa intervenções em si mesmo antes de experimentá-las em outras pessoas.[14]

Com o tempo, o PRP evoluiu para incluir uma série dos seus exercícios aprovados — ministrados em um ambiente de grupo que envolve geralmente entre cinco e quinze participantes — por um instrutor que não é necessariamente obrigado a ter uma base formal na disciplina. O programa normalmente se estende por uma série de sessões que totalizam cerca de vinte horas. Nesse período, os participantes serão apresentados a técnicas para ajudá-los a aprimorar qualidades pessoais que incluem a autoconsciência, a força de caráter, a capacidade de se conectar com outras pessoas e o poder de se concentrar nas áreas da vida sobre as quais eles realmente têm controle e, em seguida, tomar a ação "proposital" apropriada. Eles também terão a oportunidade de praticar essas técnicas e podem, por exemplo, ser convidados a documentar "três coisas boas" a cada dia ou a identificar como usar seus "pontos fortes de uma nova maneira". O site do programa afirma que as pessoas acabarão com um "conjunto de habilidades práticas que podem ser aplicadas na vida cotidiana para navegar na adversidade e prosperar em ambientes desafiadores". Ele também afirma que "está comprovado que o programa ajuda a construir a resiliência, o bem-estar e o otimismo".[15]

Tamanha era — e continua sendo — a popularidade de seu programa de resiliência, que em 2003 Seligman fundou o Centro de Psicologia Positiva na Universidade da Pensilvânia. Cinco anos depois, ele e sua equipe receberam uma generosa doação de 2,8 milhões de dólares para realizar uma avaliação controlada de uma nova intervenção do Currículo de Psicologia Positiva voltada para crianças em idade escolar, nomeada em homenagem a Strath Haven, uma escola da Filadélfia usada como teste-piloto. E foi naquele ano que o Exército dos EUA contratou o centro para criar um programa de resiliência que o ajudaria a superar os níveis crescentes de tept e suicídios entre o pessoal em serviço. "Lemos seus livros e queremos saber o que você sugere para o Exército", disseram-lhe.[16] Seligman acreditava que, mesmo em soldados, o *crescimento* pós-traumático era "muito mais comum do que o transtorno de estresse pós-traumático", e propôs aos líderes militares que ele "moveria toda a distribuição para o crescimento".[17]

O PRP original foi construído para ajudar alunos de escolas a lidar com o estresse do desenvolvimento da adolescência e exigiria adaptação para reduzir a depressão e o trauma no pessoal em serviço. Portanto, a equipe de Seligman começou a criar o programa de Aptidão Abrangente para Soldados (CSF, em inglês), um esquema que treinou mais de 1 milhão de militares até agora e, por isso, representa o maior programa de resiliência da história. Sua ambição era refletida no orçamento. O contrato original com o Centro de Psicologia Positiva foi anunciado pelo valor de 31 milhões de dólares, mas o jornalista investigativo Jesse Singal sugere que, ao final, o contrato com os militares "provavelmente custou aos contribuintes mais de 500 milhões de dólares".[18]

A missão de Seligman era treinar todo o pessoal do Exército para que estivesse pronto para a resiliência, e não apenas aqueles que já haviam sofrido traumas. Ele descreve o conteúdo do programa em termos simples sob o objetivo abrangente "ensinamos resistência mental às pessoas" e a visão fundamental de que "as emoções não caem do nada sobre você: há sempre um pensamento ativador". Os que passam pelo treinamento recebem dicas de como evitar "armadilhas de pensamento", como "detectar icebergs", como colocar "acontecimentos ruins em perspectiva" e como desenvolver habilidades de resolução de problemas sob estresse. Efetivamente, eles são convidados a dar sentido aos eventos negativos e, como resultado, alcançar o crescimento pós-traumático. Jesse Singal descreveu alguns dos materiais usados no curso. "Pessoas resilientes balançam, não quebram", diz um slide de uma sessão do CSF. Abaixo da frase, duas imagens: "Você", sobre uma bola de tênis, e "Não é você", sobre um ovo quebrado com gema escorrendo. As tropas, diz ele, são exortadas a "buscar as coisas boas" da vida para se tornarem mais fortes.[19] Seligman é muito otimista sobre as realizações do programa, enquanto um documento oficial do Exército concluiu que "efeitos positivos significativos são sustentados e o desempenho dos participantes costuma melhorar".[20]

Seligman está longe de ser a única figura a trabalhar no campo da resiliência individual. Duas outras peças-chave precisam ser mencionadas aqui, juntamente com os conceitos que criaram: garra e mentalidade de crescimento. Garra é uma criação da ex-assistente de pesquisa de Seligman, Angela Duckworth. Mentalidade de crescimento é um conceito desenvolvido pela professora de psicologia de Stanford Carol Dweck. Eles diferem um do outro em suas ênfases e detalhes, mas, tal qual o programa de resiliência de Seligman, são movidos por uma ideia central comum: a maneira como enquadramos os desafios é fundamental para alcançar maior resistência mental, e a estratégia de enquadramento pode ser ensinada e aprendida. É a interconexão dessas ideias que me levou a me referir a elas coletivamente como Ortodoxia da Resiliência. Se você fizer alguma vez um treinamento de resiliência, é provável que seja baseado em uma vertente ou agregação do trabalho que vem do campo da Ortodoxia da Resiliência.

Os insights da dra. Duckworth alcançaram um público internacional com a publicação do livro *Garra*, em 2016. Com o subtítulo "O poder da paixão e da perseverança", ele se baseia em uma pesquisa que a dra. Duckworth realizou com Seligman sobre o desempenho acadêmico de alunos em idade escolar para sugerir que, quando se trata de realizações, o talento natural conta consideravelmente menos do que a capacidade de mostrar determinação diante de contratempos (o artigo original de Duckworth e Seligman foi intitulado "Self-Discipline Outdoes IQ in Predicting Academic Performance of Adolescents" [A autodisciplina supera o QI na previsão do desempenho acadêmico de adolescentes]).[21] Duckworth defende que basta juntar resiliência com paixão pelo que se faz para exceder muito as conquistas daqueles que são apenas "talentosos". Ela ilustra essa afirmação abordando estudos com crianças que se destacaram em áreas tão diversas como música e soletração (aquela tradição exclusivamente norte-americana que fica em uma linha tênue entre a nerdice performativamente precoce e a traumatização infantil), argumentando que essas crianças alcançam desempenho de elite não porque sejam gênios naturais, mas porque demonstram uma atitude disciplinada. "A garra", ela conclui, "deixa outros preditores de sucesso 'no chinelo'."[22]

Alguns argumentam que a "garra" de Duckworth é essencialmente a mesma qualidade de consciência que compõe um dos Cinco Grandes Fatores de Personalidade da psicologia (os outros são abertura, extroversão, agradabilidade e neuroticismo). Mas, para Duckworth, há uma diferença entre os dois. "A garra se sobrepõe a aspectos de realização da consciência", ela argumenta, "mas difere ao enfatizar a resistência de longo prazo em vez da intensidade de curto prazo."[23]

O conceito paralelo de mentalidade de crescimento floresceu na esteira do enorme sucesso comercial do livro de Carol

Dweck, *Mindset*, publicado em 2006. Assim como Duckworth, a hipótese de Carol Dweck é de que o sucesso ou o fracasso acadêmico das crianças é moldado pela atitude, e não pela habilidade bruta. A intenção consciente é tudo: é a determinação diante dos contratempos que distingue os que têm sucesso dos que ficam para trás. Como Dweck explicou mais tarde, ela ficou fascinada ao descobrir "por que algumas crianças murcham e recuam diante dos desafios e desistem diante dos obstáculos enquanto outras buscam avidamente os desafios e investem cada vez mais diante dos obstáculos".[24]

Para explicar isso, Dweck essencialmente faz uma distinção entre dois tipos de mentalidade. A primeira é a *fixa*: opera com base na suposição de que nossas inteligência e capacidade não mudam nem podem mudar. A segunda é a *mentalidade de crescimento*: ao contrário da fixa, esta é alimentada por uma crença de que a inteligência e a personalidade são de fato maleáveis, que podem ser cultivadas e que o desenvolvimento e a adaptação trazem realizações em seu despertar. Isso vai além da ideia de estilos de atribuição de Seligman. As mentalidades fixa e de crescimento oferecem outra maneira pela qual podemos entender a complexidade do mundo ao nosso redor. Há também um elemento poderoso do pensamento de resiliência: a crença de que o que importa é o que você faz e como responde aos desafios e contratempos, não o que você é intrinsecamente.

Os primeiros trabalhos de Dweck com sua companheira de pesquisa, Claudia Mueller, mostram as duas abordagens mentais em ação.[25] O estudo de 1998 descreve como elas pediram a um grupo de alunos de sexto ano (entre dez e doze anos) para resolverem dez problemas cognitivos não verbais, muitos deles envolvendo a identificação de um padrão em uma matriz de desenhos geométricos, e todos foram qualificados para os alunos como sendo de "dificuldade moderada". As crianças que tiveram bom desempenho foram elogiadas por sua inteligência ("Você deve ser inteligente") ou por seu esforço ("Você deve ter trabalhado duro"). Depois, todos receberam um desafio muito mais difícil, desenvolvido para terminar em fracasso, após o qual receberam um retorno negativo sobre seu desempenho. Eles foram instruídos a preencher um questionário que perguntava se queriam continuar com perguntas desafiadoras semelhantes ou se preferiam que o próximo conjunto de problemas fosse menos desafiador. Também foram solicitados a sugerir a que atribuíam seu fracasso. Para encerrar, as crianças receberam um terceiro e último conjunto de dez perguntas.

O que as dras. Dweck e Mueller relataram foi que aquelas crianças que foram elogiadas pelo esforço após a primeira tarefa passaram a escolher problemas mais desafiadores, demonstraram maior persistência na tentativa de resolvê-los e registraram melhores resultados do que aquelas inicialmente elogiadas por sua inteligência. O contraste de atitude e realização entre os dois grupos era gritante. Das crianças elogiadas pelo esforço, 67% escolheram resolver os problemas mais desafiadores; das que foram elogiadas pela inteligência, apenas 8% o fizeram.[26] Para Dweck, a lição foi clara: "Em uma mentalidade fixa", ela escreveu, "os alunos acreditam que suas habilidades básicas, sua inteligência, seus talentos, são apenas traços fixos. Eles têm uma certa quantidade e é isso [...]. Em uma mentalidade de crescimento, os alunos entendem que seus talentos e habilidades podem ser desenvolvidos por meio de esforço, bom ensino e persistência".[27] As pessoas de mentalidade fixa têm uma visão fatalista de que você joga com as cartas que lhes são dadas. As pessoas com mentalidade de crescimento acreditam que é possível se esforçar para obter cartas melhores. Essencialmente, trata-se de promover um senso de autoestima e, claro, de resiliência. Ao se deparar com um desafio ou uma adversidade, você não permite que isso o defina. Você se empenha na superação e, portanto, colhe as recompensas.

Essas mensagens aparentemente autocapacitadoras são amplamente bem-vindas. Agora, treinamentos e cursos de resiliência e mentalidade de crescimento são onipresentes. O modelo Garra foi até descrito como "uma obsessão nacional" nos EUA[28] e superelogiado em, entre outras publicações, um relatório de noventa páginas do Departamento de Educação dos EUA de 2013 intitulado "Promoting Grit, Tenacity, and Perseverance: Critical Factors for Success in the 21st Century" [Promovendo a garra, a tenacidade e a perseverança: fatores cruciais para o sucesso no século XXI].[29] Em 2013, a Casa Branca organizou uma reunião internacional para celebrar a importância de "mentalidades acadêmicas" no sistema educacional dos EUA, parte de um esforço declarado para tornar a pesquisa sobre a mentalidade uma "prioridade nacional da educação".[30] No Reino Unido, o sistema educacional foi inundado pelo pensamento de mentalidade de crescimento. A escola primária Eleanor Palmer, em Kentish Town, credita aos criadores do conceito a formação de seu etos: "Em vez de simplesmente elogiar o sucesso, elogiamos o esforço e a persistência".[31] A Highgate Wood Comprehensive, a alguns quilômetros de distância, afirma que "a mentalidade de crescimento é a pedra fundamental do nosso etos de aprendizado". A Eton College oferece um curso que ensina a resiliência por meio da mentalidade de crescimento.[32] Da Inverness, na Escócia (onde o manual da escola secundária se gaba de que a instituição ensina mentalidade de crescimento "para permitir que os alunos entendam mais sobre sua capacidade de aprender"),[33] à Swansea, no País de Gales (onde a mentalidade de crescimento é mencionada na página sobre o etos do site da Escola Fundamental Católica St. Joseph),[34] à Irlanda do

Norte (onde 4% do currículo comum estabelecem a base da mentalidade de crescimento para a aprendizagem),[35] as formas de filosofia da resiliência tomaram o centro do palco.

A Ortodoxia da Resiliência também definiu uma posição estratégica nos negócios. Muitas organizações levam em consideração as evidências de mentalidade de crescimento ou garra ao entrevistar candidatos a empregos. O departamento de inovação do governo do Reino Unido aconselha que as empresas britânicas contratem pela mentalidade de crescimento. A equipe de liderança da Google afirmou que procura evidências de mentalidade de crescimento nos candidatos. A Textio, empresa que desenvolve software para reformular ofertas de emprego em uma linguagem mais inclusiva, informa às empresas que os anúncios de vagas que se referem à mentalidade de crescimento preenchem as posições oito dias mais rápido do que aqueles que não o fazem.[36]

Ficou bastante claro, então, que a Ortodoxia da Resiliência está em toda parte. A questão que essa onipresença levanta é: ela funciona?

Vamos começar com a experiência do programa do Exército dos EUA. Silenciosamente, o treinamento de resiliência de Seligman teve sua parcela de críticas. Algumas eram objeções compreensivelmente levantadas quanto a pegar uma metodologia projetada para crianças em idade escolar e aplicá-la às Forças Armadas.[37] Outras apontaram que o programa fundado superficialmente foi introduzido sem o grupo de controle comum esperado em projetos como esse. ("Nós estimulamos o Exército a conduzir experimentos controlados e aleatórios para testar a eficácia do programa antes da sua implementação", escreveram dois psicólogos na edição de 2011 da *American Psychologist* em que Seligman descreveu o programa.[38] Justiça seja feita, Seligman disse que "defendia explicitamente estudos-piloto controlados antes de seguir adiante", mas o pedido foi "indeferido").[39] E o fato é que, ao longo de mais ou menos uma década desde que o programa foi lançado, a adesão tem sido baixa. Ele deveria cobrir uma mão de obra de mais de 1 milhão de indivíduos. Mas em 2011 — após dois anos — quase um terço do pessoal em serviço que havia recebido o treinamento para ajudar a ministrar cursos para seus colegas soldados relatou que não havia conduzido nenhuma aula.[40] Seligman promoveu o programa extensamente, mas raramente comentou sobre a sua eficácia desde a publicação do livro *Florescer*, em 2011. Todos esses fatores devem ser considerados em qualquer tentativa de interpretar os dados lançados pelo Exército. Ainda assim, é possível chegar a uma ou duas conclusões provisórias do que já se sabe.

A ambição declarada do programa CSF não era explicitamente ajudar os militares a superar as taxas crescentes de TEPT e reduzir as taxas de suicídio em veteranos (apesar de esses problemas aparecerem fortemente nos relatos de Seligman sobre os desafios que ele foi chamado para resolver),[41] mas "criar um Exército que seja apto tanto psicológica como fisicamente".[42] A própria pesquisa de Seligman o convenceu de que cerca de 75% daqueles que passam por experiências terríveis são capazes de canalizar o estresse que os acompanha para o que é conhecido como crescimento pós-traumático (CPT) — isto é, eles são capazes de transformar momentos de tristeza e medo em uma maior valorização da vida, maior empatia ou talvez um senso de propósito renovado. No entanto, 25% dos indivíduos se encontram lutando e sucumbindo aos efeitos debilitantes do trauma. Assim como Seligman, o eminente psicoterapeuta Donald Meichenbaum sugere que um fator que determina de que lado os indivíduos se encontram é a natureza da narrativa pessoal que eles criam após o evento. "As histórias que os pacientes contam", ele defende, "carregam uma poderosa influência sobre suas memórias, seus sentimentos, seu comportamento e sua identidade e moldam seu futuro. Não só os pacientes contam histórias, mas suas histórias os relatam também."[43] Até agora, tudo bem — em teoria. No entanto, quando se trata de medir o impacto do programa CSF no mundo real, evidências limitadas sugerem que os exercícios de reformulação do esquema ajudam a mitigar os pontos críticos extremos da experiência de combate.

Os dados do Exército não são publicados rotineiramente, e Seligman diz que os resultados do programa "não foram revisados por pares, porque o Exército opta por usar avaliadores independentes", mas os dados compartilhados foram recebidos com ceticismo em muitos setores.[44] Um artigo hesitante da *American Psychologist* concluiu, após uma revisão dos resultados do programa, que "não está claro se a ocorrência do treinamento antes, durante ou após o desdobramento pode estimular o crescimento pós-traumático entre o pessoal do Exército".[45] Inclusive aqueles que trabalham no programa expressaram preocupações, como um resumo daqueles que implementam a iniciativa concluída em 2013: "O Aptidão Abrangente para Soldados não é uma panaceia para nada". Os autores escreveram: "O programa não acabará com problemas comportamentais com uma taxa básica baixa como o suicídio ou os crimes violentos dentro do Exército. Não curará o TEPT. Ele não resolverá o número alarmante de soldados do Exército que recebem prescrição de medicamentos psicotrópicos para problemas comportamentais de saúde. Não curará nenhum tipo de vício [...]. Não impedirá que um divórcio aconteça nem fará de um soldado um ótimo pai".[46]

Certamente, as estatísticas disponíveis não são animadoras — e os próprios militares parecem estar cientes disso. Uma análise concluída por seis líderes militares seniores e publicada na revista *Military Psychology* em 2013 relatou que, quando o curso de CSF se tornou voluntário, ninguém se inscreveu para participar.[47] Claramente, os militares em serviço não acreditavam que isso os ajudaria. No mesmo relatório, um estudo com o pessoal atualmente em serviço no Afeganistão que realizou o treinamento de resiliência de Seligman concluiu: "Apesar do treinamento, tanto o pensamento resiliente como o moral diminuíram durante o período de implantação". Simultaneamente, foi observado que, no período em que o treinamento foi obrigatório, o uso de medicamentos prescritos para ajudar as pessoas a dormir aumentou 84%.[48] Os soldados podem ter sido estimulados a "buscar as coisas boas", mas eles preferiram correr atrás dos remédios para dormir. *Nós as buscamos, mas não estavam lá, senhor.*

As taxas de suicídio entre os veteranos permanecem obstinadamente altas. De acordo com um artigo de 2019 no *New York Times*: "Mais de 45 mil veteranos e membros do serviço ativo se mataram [nos seis anos entre 2013 e 2019]". "Isso é mais de vinte mortes por dia — em outras palavras, mais suicídios a cada ano do que o total de mortes de militares norte-americanos no Afeganistão e no Iraque".[49] De fato, entre o pessoal da ativa, a taxa de suicídio aumentou um terço entre 2013 e 2018, enquanto, entre os veteranos, aumentou 80% entre 2005 e 2016. Em 2016, um militar aposentado tinha uma vez e meia mais chances de se matar do que alguém que não havia servido às Forças Armadas. Nick Brown, um psicólogo britânico que questionou o que considera descobertas de pesquisas exageradas, desafiou abertamente o trabalho de Seligman nas páginas da *American Psychologist*. Ele escreveu: "A ideia de que as técnicas que demonstraram, na melhor das hipóteses, efeitos marginais na redução dos sintomas depressivos em crianças em idade escolar também poderiam prevenir o surgimento de uma condição associada a algumas das situações mais extremas com as quais os seres humanos podem ser confrontados é uma ideia notável que não parece ser sustentada por evidências empíricas".[50] Na mesma linha, Jesse Singal concluiu concisamente após um exame exaustivo que a intervenção de Seligman era uma "bagunça" e que "não há nenhuma evidência de que o CSF, programa obrigatório do Exército por mais de uma década, faça *qualquer coisa* para ajudar os soldados".[51]

Se os estudos revisados por pares sugerem que o treinamento de resiliência não ajudou os soldados, ele teve algum impacto nas crianças em idade escolar? Há razões para sermos igualmente cautelosos quanto às reivindicações a esse respeito. A cocriadora do Programa de Resiliência da Penn (PRP), Jane Gillham, que realizou uma meta-análise de dezessete implementações do curso, concluiu que ele teve, sim, um impacto na redução dos sintomas depressivos em crianças, embora reconhecesse que os efeitos foram pequenos. No entanto, mesmo essa afirmação qualificada está aberta a objeções. Ela foi baseada em uma comparação com grupos de controle que não receberam nenhuma intervenção. Quando alguma forma de intervenção ocorreu, nenhuma diferença mensurável pôde ser observada entre o grupo de controle e o experimental. Como o próprio artigo de Jane Gillham reconhece por fim: "Os dados não mostram nenhuma evidência de que o PRP seja superior às condições de controle ativas".[52]

Um estudo australiano de 2001 chegou à mesma conclusão, afirmando que "não havia evidências de que o PRP teve qualquer impacto nas variáveis medidas ao final do programa ou na avaliação de acompanhamento de oito meses".[53] Da mesma forma, uma meta-análise de nove experimentos na Austrália, na Holanda e nos EUA quinze anos depois, que envolveu 4.744 adolescentes, não encontrou "nenhuma evidência de que o PRP reduz a depressão ou a ansiedade e melhora o estilo de atribuição". "A implantação do PRP em larga escala não pode ser recomendada", afirmava a análise.[54] Intervenções de resiliência podem estar ocorrendo em escolas de todo o mundo. Isso não significa que elas funcionem.

O próprio Seligman parece ambivalente. O site que promove publicamente seu trabalho afirma que o programa de resiliência escolar "cria força de caráter, relacionamentos e significado, além de aumentar a emoção positiva e reduzir a emoção negativa".[55] Mas um artigo revisado por pares no qual ele contribuiu, publicado por um jornal em 2009, lançou uma nota mais cautelosa: "O programa de psicologia positiva não melhorou outros resultados que medimos, como relatos dos alunos sobre seus sintomas de depressão e ansiedade, força de caráter e participação em atividades extracurriculares".[56] As frases "pequenos, mas estatisticamente significativos" e "efeitos pequenos, mas significativos" aparecem algumas vezes em seu trabalho recente. A primeira aparece em seus comentários sobre a descoberta de que seu programa militar reduz os casos de depressão, síndrome do pânico ou TEPT de 5,07% dos soldados para 4,44%. A segunda pode ser encontrada na avaliação de uma meta-análise de seu programa escolar, na qual ele acrescenta que, quando os efeitos foram reavaliados algum tempo após as intervenções, eles foram considerados "maiores que zero para sintomas de depressão (mas não de ansiedade)".[57]

Essa foi a contribuição de Seligman para a Ortodoxia da Resiliência. E quanto à garra? Outra vez, existem algumas ambiguidades nos dados e como eles devem ser interpretados. Em um estudo de 2020 cujo título revela sua conclusão — "In a Representative Sample Grit Has a Negligible Effect on Educational and Economic Success Compared to Intelligence" [Em uma amostra representativa, a garra tem um efeito insignificante no sucesso educacional e econômico em comparação com a inteligência] —, os autores questionaram aqueles que haviam apoiado anteriormente as alegações sobre a garra argumentando que as amostras a que recorreram não eram representativas. Outros jogaram um balde de água fria nos números inventados pelos defensores da garra. Logo após o lançamento do livro de Angela Duckworth, Marcus Credé, pesquisador da Universidade Estadual de Iowa, publicou uma análise rigorosa de todos os dados utilizados no livro, mergulhando em quase noventa estudos sobre o tema. Sua conclusão foi que, quando se tratava de números brutos, o efeito da garra parecia exagerado ou não era dada a devida atenção às especificidades de como os resultados eram expressos. Por exemplo, Duckworth afirmava que, entre os cadetes do centro de treinamento militar de West Point, aqueles com pontuação alta em garra tinham "99% mais chances de concluir o treinamento de verão". O problema com esse número, apontou Credé, é que negligenciou o fato de que a taxa geral de conclusão do curso Beast Barracks [Quartel das Feras] é de 94%. Apesar de ser impressionante que 98% dos candidatos mais corajosos tenham passado, e um aumento de quatro pontos no sucesso certamente não ser insignificante, também é um tanto enganoso apresentar os resultados de maneira tão atraente.[58]

Jesse Singal, por sua vez, apontou para os perigos de olhar para grupos concentrados de dados em vez de toda a sua gama (uma questão conhecida nos círculos de pesquisa como *restrição de escopo*): seria, diz ele, imprudente, por exemplo, extrapolar estatísticas gerais de altura a partir de "uma amostra aleatória de jogadores da NBA".[59] As próprias interpretações de Jesse Singal dos dados de Angela Duckworth (removendo outros preditores de desempenho, como notas educacionais e pontuações de desempenho militar) o levaram a concluir que "a garra corresponde, na melhor das hipóteses, apenas a 0,8% da variância". Ele defende que "isso sugere que a garra não é um instrumento especificamente útil para medir o sucesso acadêmico em West Point".

É comum haver disputas sobre dados e interpretação na pesquisa acadêmica. De fato, os rigores da revisão pelos pares são uma parte crucial do processo de pesquisa — o sistema é projetado para provocar o desafio, o escrutínio e o desacordo. Mas, dada a onipresença do etos da Ortodoxia da Resiliência, as verdadeiras dúvidas expressas sobre ela devem ser motivo de preocupação — não só porque sugerem que possa ser menos eficaz do que o anunciado, mas também porque, ao gastar energia perseguindo-a, as pessoas podem se distrair de buscar intervenções que se mostrem mais úteis. Também é possível que ela esteja causando mais malefícios do que benefícios.

Certamente há aspectos preocupantes da resiliência, da garra e da mentalidade de crescimento. Veja o fenômeno dos concursos de soletração de Duckworth, por exemplo. Ela afirma que o caminho para esse mundo bastante peculiar de realização é a "prática deliberada e solitária". O prazer e a diversão, diz ela, não têm vez. Mas, se estes estão ausentes, o que dizer para encorajar uma criança a buscar uma vida sem alegria adornada por uma realização um tanto bizarra em vez de sugerir que ela deveria, digamos, desenvolver seus poderes de curiosidade pelo simples fato de aprender? De qualquer forma, não temos a verificação ortográfica hoje em dia?

Duckworth é enfática ao dizer que garra significa fazer "uma coisa específica na vida e escolher desistir de muitas outras para fazê-la [...]. A criança que se apega a um instrumento está demonstrando garra". Sua própria criação lhe deu alguma experiência dessa abordagem em ação, embora ela tenha escrito sobre isso de maneira um tanto ambivalente. Seu pai, Ying Kao Lee, trabalhou por 35 anos na DuPont Company, inventando uma laca que impedia que a pintura do carro desbotasse com a luz do sol.[60] "Meu pai dizia literalmente coisas como 'você não é uma gênia' para mim", lembra a filha. "Mas ele também dizia coisas para minha mãe, uma pintora amadora, como 'você não é nenhum Picasso'. Ele dizia para minha irmã e para mim: 'Vocês nunca vão ganhar um concurso de beleza'."[61] Ela disse a um jornalista como foi quando disse ao pai que o sentido da vida era lutar para ser feliz. "Ele olhou para mim surpreso e intrigado e disse: 'Por que você quer ser feliz? Eu quero ser realizado'." As próprias palavras dela parecem ter uma dívida com o etos de seu pai: "Talvez seja mais divertido tentar algo novo", ela disse a um repórter, "mas altos níveis de realização exigem uma certa obstinação".[62] Como aponta o educador Alfie Kohn, Angela Duckworth explicitamente não tem tempo para entusiastas da música cuja curiosidade exploratória os faz passar frivolamente de um instrumento para o outro.[63] É difícil não concordar com a visão do professor de educação de Harvard Jal Mehta de que a garra é construída sobre "uma visão fortemente empobrecida da motivação humana; no longo prazo, a maioria das pessoas não persevera nas coisas porque são boas em perseverar, elas perseveram porque encontram coisas nas quais valha a pena investir".[64]

Outro problema da contribuição de Durckworth para a Ortodoxia da Resiliência é que ela é, pode-se afirmar, inadequada para os tempos em que vivemos. O falecido educador sir Ken Robinson fez uma campanha famosa contra o consenso predominante na educação. "Temos um sistema de educação modelado no interesse do industrialismo e na imagem dele", afirmou. "As escolas ainda são organizadas em linhas de produção — sinos tocando, instalações separadas, especializadas em disciplinas separadas. Ainda educamos crianças em lotes."[65] Ele perguntou:

essa é a melhor maneira de atender às demandas de um mundo que muda com rapidez, onde a capacidade de resolver problemas será muito mais valiosa do que a habilidade de trabalhar roboticamente e aprender coisas por repetição? Um relatório que Duckworth cita para promover a visão de que o desempenho acadêmico é uma função da autodisciplina revelou que os alunos que prosperaram em um estudo "não estavam particularmente interessados em ideias ou em atividades culturais ou estéticas".[66] Ela também menciona outro cujo argumento é que o autocontrole (que proporciona a resiliência corajosa) está significativamente correlacionado com notas altas — mas também com a conformidade e a aversão a correr riscos. Essas qualidades podem ter sido adequadas à era industrial. Como sir Robinson argumentou, porém, é questionável se são particularmente desejáveis hoje.

Há também um aspecto fisiológico da garra que precisa ser considerado. Quando o corpo detecta uma lesão ou infecção, nosso sistema imunológico se prepara para lançar uma resposta inflamatória a fim de eliminar os patógenos responsáveis e reparar qualquer lesão tecidual. Essa resposta pode ser medida avaliando-se o nível de uma molécula inflamatória conhecida como proteína C-reativa (PCR) em nosso corpo. Evidências sugerem que, embora a inflamação seja uma resposta vital e saudável a uma ameaça, em excesso ela pode ter um efeito negativo, contribuindo para doenças graves, como doenças cardíacas, diabetes e osteoporose. Inclusive, foi associada a certas formas de câncer[67] e parece estar ligada à nossa longevidade: aqueles que atingem a idade madura de cem anos geralmente têm níveis de inflamação consistentes com os das pessoas na casa dos sessenta.[68] Em geral, essa inflamação não é observada até a meia-idade, apesar de a patologia subjacente começar na infância.[69]

Com esse impacto inicial em mente, dois pesquisadores canadenses, Gregory Miller e Carsten Wrosch, mediram os níveis de inflamação em um grupo de adolescentes ao longo de um ano. Eles descobriram que os alunos que eram incapazes de "se desvincular" — isto é, de se afastar — dos objetivos que haviam estabelecido para si mesmos, cuja busca poderia prejudicar sua saúde mental ou física, apresentavam níveis de inflamação acentuadamente aumentados. Como os pesquisadores colocaram: "A taxa de aumento da PCR foi duas vezes mais rápida entre as mulheres com baixas tendências de desvinculação do que entre as mulheres na média da amostra". Obviamente, eles não argumentaram que as mulheres deveriam, portanto, ir ao extremo oposto e assumir uma atitude descontraída e casual em relação ao sucesso, mas defenderam "uma perspectiva mais equilibrada sobre a persistência". Trabalhar duro por algo que está ao nosso alcance ou um pouco além oferece recompensas potencialmente ricas. Esforçar-se para atingir metas excessivamente ambiciosas ou inalcançáveis nos deixa mal. Os pesquisadores fizeram referência ao refrão de Kenny Rogers: "Você deve saber quando segurá-los/ Saber quando envolvê-los/ Saber quando se afastar/ E saber quando correr".[70] Demonstrar garra diante de possíveis fracassos é um conselho que pode prejudicar a sua saúde. A persistência no que você gosta e no que você é bom é um mantra muito mais saudável.

Quanto à garra entre as crianças em idade escolar, há um grande ponto de interrogação pairando sobre uma afirmação que Duckworth fez em uma TED Talks sobre crianças do ensino médio em Chicago. Ela disse que as crianças corajosas eram mais propensas a se formar "mesmo quando eu as comparava em todas as características que podia medir". Seu próprio artigo sobre o assunto sugeriu uma variação de 0,5% e não mediu outros traços, como a consciência. Enquanto isso, um estudo britânico de grande escala que analisou o desempenho acadêmico previsto de alunos de dezesseis anos chegou à conclusão de que era a consciência que importava (ela representava 6% da variação nas notas do GCSE, exame de qualificação do ensino médio no Reino Unido) e que a garra não acrescentava nada.[71] A própria Duckworth reconheceu que a influência da garra no sucesso acadêmico pode ser de "pequena a média".[72] Outros procuraram reequilibrar o debate educacional apontando que não podemos ignorar o papel da inteligência no desempenho acadêmico. Os autores de "In a Representative Sample Grit Has a Negligible Effect on Educational and Economic Success Compared to Intelligence" [Em uma amostra representativa, a garra tem um efeito insignificante no sucesso acadêmico e econômico em comparação com a inteligência] acreditam que "a inteligência contribui de 48 a 90 vezes mais do que a garra para o sucesso educacional e treze vezes mais para o sucesso no mercado de trabalho".[73]

Colocada sob um microscópio crítico, a mentalidade de crescimento também parece ser bem menos do que seus defensores pensam. A noção de que trocar as palavras "você se esforçou muito" por "você é inteligente" tem um efeito transformador no desempenho é muito interessante. Entretanto, as descobertas impressionantes de Dweck não foram replicadas pelos pesquisadores que a seguiram. Alfie Kohn também levanta a preocupação de que as abordagens que condicionam recompensas ou elogios a crianças que nos impressionam sejam "interpretadas pelo destinatário como manipulação" no final das contas. Em última análise, ele nos diz, as crianças se tornam sagazes para a manipulação: "A literatura de pesquisa substancial mostrou que as crianças geralmente acabam menos interessadas em tudo pelo que foram recompensadas ou elogiadas porque agora seu objetivo é apenas receber a recompensa ou o elogio".[74] O fato de as intervenções de Dweck terem ocorrido no laboratório e não na sala de aula pode ter algo a ver com isso. De qualquer forma, quando Yue Li e o professor Timothy Bates, da Universidade de Edimburgo, tentaram várias vezes reproduzir os resultados de Dweck com crianças de dez a doze anos, descobriram que "o elogio à inteligência não teve efeito significativo no desempenho cognitivo". "As próprias mentalidades das crianças", continuaram, "não mostraram relação com QI, notas escolares ou mudança nas notas ao longo do ano letivo." Eles concluíram que havia "pouco ou nenhum apoio à ideia de que mentalidades de crescimento são benéficas para as respostas das crianças ao fracasso ou às conquistas escolares".[75] "Agora, estamos conduzindo um terceiro estudo na China, com duzentas crianças de doze anos", disse o professor Bates ao escritor científico Tom Chivers. "E os resultados são nulos. As pessoas com mentalidade de crescimento não lidam melhor com o fracasso [...]. Crianças com mentalidade de crescimento não estão obtendo notas melhores, nem antes nem depois de nosso estudo de intervenção."[76]

Enquanto isso, um estudo de 2018 com uma vasta amostra de 365.915 participantes descobriu "que a correlação geral entre mentalidade de crescimento e desempenho acadêmico é fraca". "Além disso", disseram os pesquisadores, "essa [já baixa] correlação foi moderada pela idade [...]. A relação entre mentalidade e desempenho acadêmico foi mais forte para crianças e adolescentes do que para adultos."[77] Brooke MacNamara, que esteve envolvida em duas análises que, no total, cobriram o desenvolvimento acadêmico de mais de 400 mil alunos, observou: "As evidências de intervenções de mentalidade de crescimento que melhorem o desempenho acadêmico não são fortes".[78]

Os números alarmantes de Dweck — 67% das crianças elogiadas pelo esforço escolhendo resolver os problemas mais desafiadores em comparação com apenas 8% daquelas elogiadas pela inteligência — também receberam alguma atenção crítica. O altamente influente blog de ciências Slate Star Codex descreveu o estudo definidor de mentalidade de crescimento como "muito estranho", acrescentando: "Tudo é tipo 100% em um grupo *versus* 0% em outro". E continuou: "Ou algo está muito errado aqui ou esse pequeno teste que separa crianças orientadas para a maestria de crianças indefesas produz constantemente os efeitos mais fortes em toda a psicologia e nunca está errado".[79] "Normalmente, eu suporia que esses resultados foram falsificados", concluiu o autor, "mas procurei todas as formas usuais de falsificar resultados e não consigo encontrar nenhuma."

Há uma espécie de aprofundamento em ambos os lados do debate. De sua parte, Dweck sugeriu que aqueles que procuram replicar suas descobertas falharam em implementar corretamente as intervenções que ela propôs. Na trincheira oposta, Russell Warne, doutor em psicologia educacional e membro do conselho editorial de vários periódicos da área, que examinou atentamente os argumentos e contra-argumentos feitos, escreveu: "Descobri a única característica presente nos estudos que apoiam a teoria do mindset e que falta em todos os estudos que contradizem a teoria: *Carol Dweck*. Dweck é coautora de todos os três estudos que mostram que ensinar uma mentalidade de crescimento pode melhorar o desempenho escolar dos alunos. Ela também não é coautora de todos os estudos que lançam sérias dúvidas sobre a teoria do mindset".[80] Eles relataram que, "mesmo quando o procedimento original usado no experimento de Mueller e Dweck foi seguido, [os alunos] não foram influenciados pelo tipo de elogio (ou seja, mindset) a que foram expostos".[81]

Outro grande debate precisa ser levado em consideração ao pesar os prós e contras da abordagem da Ortodoxia da Resiliência. Sua implicação clara é que a resiliência, a garra — como queira chamá-la —, é essencialmente uma escolha pessoal. Ou você supera o que a vida joga em você ou se submete a isso. Você decide. Seligman, especificamente, tem sido duramente crítico em relação à tendência ao longo do século passado de olhar além do indivíduo ao tentar explicar comportamentos individuais. Para ele, a grande linha divisória veio em 1886. Naquele ano, ocorreu um motim na praça Haymarket, em Chicago, durante o qual uma bomba caseira foi lançada contra a multidão, levando a polícia a abrir fogo. Em cinco minutos, sete policiais e ao menos quatro civis morreram. Na época, o desastre foi atribuído ao suposto mau caráter dos imigrantes envolvidos na manifestação. Quatro deles, todos trabalhadores de "classe baixa" que mal sobreviviam com os salários de fome que recebiam, foram enforcados. Mas uma mudança radical varreu a sociedade norte-americana. Houve uma percepção crescente de que os perpetradores também eram, à sua maneira, vítimas. "A grande ideia afirmava que não era um mau caráter, mas um ambiente maligno que produzia o crime", argumentou Seligman. "Teólogos e filósofos adotaram esse clamor, e o resultado foi a 'ciência social', uma disciplina que demonstraria que o ambiente, em vez do caráter ou da hereditariedade, é uma explicação melhor para o que as pessoas fazem."[82]

O próprio trabalho de Seligman sobre resiliência oferece uma narrativa muito diferente. "Em geral", disse ele a um entrevistador, "quando as coisas dão errado, agora temos uma cultura que apoia a crença de que isso aconteceu com você por alguma força maior em vez de você mesmo ter causado esse incidente por seu caráter ou suas decisões." É, diz ele, "uma receita para a passividade, a desistência e o desamparo". Ele acredita que vivemos em um clima de "vitimologia generalizada".[83] Ele vê em Duckworth uma alma gêmea intelectual: "A proposta de Angela de que o fracasso escolar pode resultar em parte do caráter dos alunos reprovados, não apenas do sistema que os vitima, apelou para o psicólogo positivo em mim. Aqui estava o tipo certo de dissidente, alguém com credenciais intelectuais muito altas e uma educação excelente, mas não domesticado o suficiente pela política para impedi-lo de fazer pesquisas sérias sobre as forças de caráter dos alunos bem-sucedidos e os déficits de caráter dos alunos reprovados".[84]

Seligman e Duckworth dizem que sua primeira pesquisa foi conduzida em uma "escola pública de chamariz socioeconômico e etnicamente diverso em uma cidade do Nordeste". Como a base deles é a Universidade da Pensilvânia, na Filadélfia, e Seligman realizou outras intervenções em escolas da cidade, parece justo supor que foi lá que realizaram os estudos. Então, já que Duckworth menciona a diversidade socioeconômica da escola, vamos examinar o que isso realmente envolve.

A Filadélfia é incrivelmente pobre. Com um quarto de seus residentes declaradamente vivendo na pobreza em 2020, é, estatisticamente, a cidade grande mais pobre dos Estados Unidos.[85] Nos EUA como um todo, 12% da população estão em "insegurança alimentar" — isto é, sem comida suficiente para viver uma vida saudável. No norte da Filadélfia, o número é superior a 30%. Já temos a noção de um índice de EAI (ver Capítulo 2) e que crianças com índice de EAI superior a quatro têm 33 vezes mais chances de apresentar problemas educacionais ou comportamentais do que aquelas com índice mais baixo. Em 2013, um estudo sobre EAI expandido da Filadélfia descobriu que 40% das pessoas da cidade tinham uma pontuação de quatro ou mais. "O baixo desempenho entre os jovens norte-americanos costuma ser atribuído a professores ineficientes, livros didáticos enfadonhos e turmas grandes", concluíram Duckworth e Seligman em seu primeiro artigo. "Sugerimos outra razão para os alunos ficarem aquém de seu potencial intelectual: a incapacidade de exercitar a autodisciplina." Dados os problemas sociais muito reais da Filadélfia, não é possível que outros fatores também possam estar em jogo?[86]

Do outro lado do Atlântico, em 2012, Chris Cook, um analista de dados do *Financial Times*, reuniu todos os resultados nacionais do GCSE para alunos do 11º ano em 2010 e os traçou em relação à pobreza relativa dos bairros dos alunos.[87] Não sou estatístico, mas acredito que o gráfico que ele criou oferece o que os estudiosos podem chamar de *correlação*.

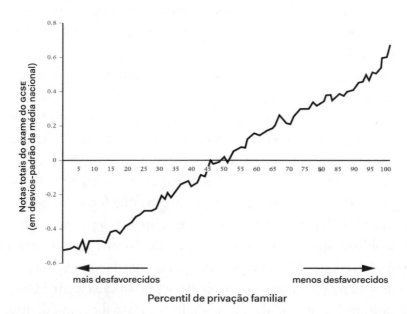

Figura 2: Os resultados do GCSE dos alunos do Reino Unido (2012) foram traçados em relação às suas origens socioeconômicas. Existe uma clara correlação entre desvantagem social e notas baixas nos exames.

O modelo Garra pressupõe uma sala de aula harmoniosa onde tudo se resume à aprendizagem. Não faz nenhuma tentativa de se envolver com os desafios da pobreza, questões domésticas, angústia adolescente e ansiedade que afligem aqueles que estão sentados em suas carteiras. Como disse um importante pesquisador educacional, "as escolas formam um emaranhado de relações sobrepostas e interconectadas" que desafiam a categorização clara e dificultam a identificação de tendências.[88] Ignorá-las é ignorar muito do que professores e alunos enfrentam todos os dias.

Assim como os atletas Superelite que encontramos na parte I, mesmo aqueles que são considerados garotos-propaganda do movimento da garra não são necessariamente tudo o que parecem. Gene Brody, da Universidade da Geórgia, que esteve envolvido em vários estudos com adolescentes negros, examinou atentamente as crianças afro-americanas com baixo nível socioeconômico que demonstraram altos graus de autocontrole e autorregulação. "A literatura sobre a resiliência", diz ele, "é caracterizada por uma suposição generalizada de que, se crianças e jovens estão indo bem em termos de comportamentos externos — por exemplo, se eles se destacam academicamente e demonstram altos níveis de autoestima —, foram bem-sucedidos em negociar grandes adversidades."[89] Infelizmente, ele argumenta, não é tão simples assim. Aqueles jovens negros que foram capazes de demonstrar altos níveis de autocontrole, apesar de terem crescido na pobreza abjeta do que ele chama de *Faixa Preta* (Carolina do Sul, Geórgia, Alabama, Mississippi e Louisiana) — "os jovens [que foram] chamados de resilientes porque sua competência se desenvolve apesar da adversidade contextual" —, podem ter prosperado contra as probabilidades, mas pagaram um preço por seu aparente sucesso. Por um lado, ao serem capazes de demonstrar maior controle pessoal, eles são capazes, aos vinte anos, de atingir níveis mais elevados de sucesso acadêmico do que seus pares e de serem menos propensos ao abuso de álcool e drogas.

Mas, na mesma idade, eles também apresentam mais obesidade e sofrem de pressão arterial mais alta e níveis mais elevados de hormônio do estresse. A análise do envelhecimento epigenético sugere que seus corpos também estão mostrando mais sinais de desgaste. Eles podem ter esmagado a dor com que cresceram, mas ela ainda deixou sua marca.

A política educacional ortodoxa não leva em consideração as implicações do estudo de Brody e de outros que fazem reivindicações semelhantes. David Johnson, psicólogo clínico que trabalha no Centro de Estresse Pós-Traumático da Universidade Yale, observa que "muitos programas rígidos de reforma escolar têm essa política de 'sem desculpas'. Sim, você pode estar vivendo na pobreza; sim, você pode estar sujeito ao racismo; sim, você pode estar sendo espancado todas as noites, mas isso não é uma desculpa para não render na escola".[90] Mas, para especialistas como Brody e Jack Shonkoff, diretor do Centro do Desenvolvimento Infantil da Universidade Harvard, essa é uma resposta lamentavelmente inadequada. Shonkoff explica sua objeção nestes termos: "Não dizemos às pessoas que têm câncer: 'Por que você não aceita isso e age como a pessoa que não teve câncer?'. Mas, quando vemos problemas na escola, problemas de comportamento, dizemos para as pessoas: 'Por que você não aceita isso e faz como aquele outro cara que está indo bem na escola e não está usando drogas?'". Shonkoff acredita que somos erroneamente "cativados pela pessoa que venceu por esforço próprio" e que esse foco no sucesso individual nos leva a ignorar os fardos que se amontoam sobre tantas pessoas. "Você consegue aprender a lidar com conflitos de forma construtiva quando cresce ouvindo seus pais gritarem um com o outro todas as noites? Você consegue aprender a focar sua atenção quando mora em um bairro onde ouve sirenes e tiros? Você consegue controlar seus impulsos quando nunca sabe se seu pai alcoólatra vai ficar furioso? Você consegue adiar seu lazer quando todos os seus amigos estão usando drogas? Você consegue planejar o futuro quando é difícil atravessar um único dia?"[91] Ele conclui: "A resiliência não é apenas uma questão de coragem e determinação".

Diane Ravitch, uma experiente historiadora da educação que atuou como secretária adjunta de Educação no governo do presidente Barack Obama, coloca desta forma: "A ideia de que crianças pobres podem superar a fome, a falta de assistência médica, o desabrigo e o trauma se empenhando e persistindo sempre foi estúpida e impiedosa", acrescentando que isso parece não vir da academia, mas é "exatamente o que você esperaria ouvir de Scrooge, ou dos irmãos Koch ou de Betsy DeVos".[92] (Para ser justo, Ravitch está prestando um grande desserviço para Ebenezer Scrooge, que, afinal, mudou seus hábitos e se tornou um segundo pai para Tiny Tim. No entanto, o ponto principal ainda permanece.) Jal Mehta, professor de educação em Harvard, está igualmente preocupado com as acusações que parecem estar ocorrendo aqui. "A crítica mais proeminente", diz ele, "é que a ênfase na garra é uma forma de 'culpar a vítima' — em vez de abordar questões mais amplas de justiça social, econômica e racial: se as crianças mais desfavorecidas tivessem ao menos 'um pouco mais de garra', elas poderiam se dar bem na vida."[93]

Talvez a última palavra sobre esse assunto em particular devesse ir para Hazim Hardeman, aluno com alto desempenho que foi contatado pelo jornal de sua cidade após se tornar o primeiro aluno criado no carente *"North Philly"* [Norte da Filadélfia] a se juntar às fileiras de Bill Clinton, Susan Rice e do senador Cory Booker como um bolsista da Rhodes. A história dele era aparentemente uma história clássica de garra. Ele cresceu em um bairro dilacerado pela violência armada e pela pobreza. No entanto, agora ele estava estudando em Oxford. Mas Hardeman discordou do jornal local quando eles decidiram traçar o perfil de suas realizações. "Não fiquem felizes por eu ter superado essas barreiras", ele lhes disse. "Fiquem furiosos por elas existirem, em primeiro lugar."[94]

Devemos, então, ser céticos em relação às grandes alegações da Ortodoxia da Resiliência, mas eu advertiria contra perder algo bom ao descartar algo ruim. Afinal, há muito a ser dito sobre falar às pessoas — crianças, em particular — que elas têm arbítrio sobre suas vidas e que sua atitude pode ter um impacto positivo. Além do mais, pesquisas recentes sugerem que isso pode funcionar em um nível modesto. Em 2019, a revista *Nature* publicou um relatório de 25 pesquisadores, incluindo Carol Dweck e Angela Duckworth, com base em uma amostra representativa de 12.490 adolescentes norte-americanos. Todos eles ouviram "que o cérebro é como um músculo que fica mais forte e mais inteligente quando passa por experiências rigorosas de aprendizado" e foram convidados a refletir sobre como poderiam fortalecer seu próprio cérebro por meio do trabalho e como usariam seus conhecimentos para ajudar um colega em dificuldades. A conclusão a que os pesquisadores chegaram foi que uma intervenção de cinquenta minutos "reduziu em três pontos percentuais a taxa entre os adolescentes nos Estados Unidos que estavam fora do caminho para a formatura no final do ano". Reconheceu-se que o ambiente escolar era um fator importante aqui ("ambientes em que os pares não se apoiavam corriam o risco de pagar um preço social por enfrentar desafios intelectuais na frente de colegas", especularam os pesquisadores) e que os alunos de alto desempenho tendiam a não ser particularmente afetados pelo programa. No entanto, em todo o grupo de alunos, houve uma melhoria de

0,1 ponto no sistema de classificação escolar GPA, que calcula a média ponderada dos estudantes.

Isso pode parecer um número pequeno, mas, se um exercício de cinquenta minutos pode melhorar o desempenho, mesmo que uma fração dele, isso poderia representar a diferença entre o sucesso e o fracasso para alguns alunos. Por sua vez, o pequeno grupo de estudantes em risco de não concluir a escola poderá ver algum benefício nessa breve lição de vida. Ainda assim, é importante não nos enganarmos. Esse efeito relativamente pequeno (que não foi observado consistentemente por outros) é um pouco como os benefícios que advêm de aprender um estilo diferente de revisão, fazer anotações ou ser encorajado a ser um pouco mais construtivo. Não é a transformação de um jovem em um guerreiro carregado de resiliência.[95]

Indiscutivelmente, tudo isso se resume à distinção que os psicólogos fazem entre um traço e um estado. Um traço é uma característica de longo prazo; faz parte da personalidade de um indivíduo. Um estado, ao contrário, é algo mais temporário. Os defensores da escola de pensamento da resiliência parecem considerar o treinamento que oferecem como um meio de desenvolver um novo traço de caráter. Talvez o que eles estejam realmente fazendo seja promover um estado — útil, talvez, mas não algo que automaticamente se torne intrínseco à perspectiva e à personalidade de alguém.

Um dos argumentos mais moderados que ouvi vem de Adrian Bethune, professor especialista em Hertfordshire que é um forte defensor de abordagens progressivas de aprendizado lideradas pelo aluno. Perguntei a ele o que achava de estratégias como a mentalidade de crescimento. "Existe uma boa pesquisa por trás disso", ele respondeu. "O problema é que na educação as pessoas procuram soluções rápidas e implementam mal as coisas, de modo que não obtêm os efeitos desejados." Ele me indicou os relatórios mais positivos que sugeriam que a mentalidade de crescimento havia alcançado efeitos pequenos, mas mensuráveis, no aprendizado das crianças. A conclusão de Bethune foi pragmática: "Nuance é a chave e muitas vezes falta na educação. É uma arena tão extrínseca, focada em resultados e movimentada, que as escolas querem soluções rápidas e não se aprofundam nos detalhes".[96]

Ao considerar os argumentos e contra-argumentos a respeito da resiliência, perguntei-me o que Seligman pensa agora de tudo isso. Seu trabalho pode ter sido bastante elogiado, e suas sugestões, amplamente aceitas, mas também recebeu muitas críticas, que ele parece ter levado a sério. Portanto, entrei em contato com ele, expliquei o que estava fazendo e perguntei qual caminho tomar. Ao apertar o botão *Enviar*, senti que estava sendo bastante presunçoso. Para minha alegria, uma resposta apareceu em seis minutos — uma resposta de onze palavras em fonte tamanho 20:

Qua, 27 de maio, 15:16
Seligman, Martin E. P.
****@****.edu
Procure no Google os dez últimos anos de pesquisa de Kubzansky.

A professora Laura Kubzansky leciona ciências sociais e comportamentais em Harvard e, como descobri rapidamente, sua abordagem da resiliência é bem diferente da de Seligman. Para ela, a resiliência não é uma característica com a qual nascemos ou que pode ser inculcada (nisso ela concorda com a especialista em resiliência dra. Ann Masten, que diz que "resiliência — potencial ou manifestada — não deve ser interpretada como um traço, embora muitos traços pudessem influenciar a resiliência"[97] e que a resiliência é um tipo de "magia comum").[98] Kubzansky também é altamente cética em relação ao etos individualista que permeia a Ortodoxia da Resiliência: "Se tudo virar uma questão do indivíduo e o indivíduo não se elevar de alguma forma acima das coisas e alcançar algo heroicamente", ela escreve, "isso se torna um ponto de discussão realmente fácil e talvez até uma distração. Porque, com foco no indivíduo, entidades maiores e estruturas sociais não precisam assumir responsabilidades. Isso resulta no pensamento de que não é trabalho do governo, não é trabalho de uma organização, não é trabalho de uma comunidade, pensar sobre por que as pessoas não estão se saindo melhor".[99]

Kubzansky prossegue pontuando que mesmo aquelas pessoas que são capazes de enfrentar a adversidade com resiliência pagam um preço no que se refere à saúde física (nossos atletas Superelite e os alunos da Faixa Preta vêm à mente neste caso): "Encontramos consistentemente um efeito residual da exposição à adversidade na saúde física", ela diz, "logo, os indivíduos psicologicamente resilientes não têm resultados de saúde subsequentes tão bons quanto os indivíduos que não enfrentaram adversidade". Em outras palavras, a adversidade dói — haja uma recuperação ou não. "Isso nos sugere que você não pode desfazer, desenrolar ou reverter totalmente os efeitos potencialmente prejudiciais da exposição à adversidade; pode mitigá-los, mas pode não conseguir fazê-los desaparecer."[100]

O que o trabalho de Kubzansky me sugere é que não devemos pensar na resiliência como algum tipo de traço pessoal natural ou como uma injunção para nos fortalecer um pouco. E certamente não devemos considerá-la um estado mental permanente. Na verdade, é um termo que deveríamos tratar com muito cuidado. Como destacou o professor Haslam, que mencionei anteriormente, parece que passamos de uma discussão sobre o estresse e como lidar com ele, que veio à tona nos primeiros anos deste século, para a crença de que "o verdadeiro problema aqui é que as pessoas simplesmente não são resilientes o suficiente". Isso, por sua vez, desencadeou a noção de que existem pessoas por aí que podem, como diz Haslam, ser "consertadas com alguma intervenção útil, como um pouco de reestruturação cognitiva ou alguma ajuda com o enquadramento de reavaliação", ou ouvir "vá fazer uma massagem" se essas técnicas não funcionarem.[101] Nesse sentido, a Ortodoxia da Resiliência tornou-se uma distração dos problemas mentais muito reais que confrontam as pessoas todos os dias.

Dado que os modelos atuais de resiliência foram tão claramente avaliados e considerados deficientes, vamos deixá-los para trás e, em vez disso, explorar um modelo muito diferente de comportamento humano em geral e de resiliência em particular — um modelo muito mais convincente, a meu ver, que leva em conta as muitas objeções que foram expressas sobre resiliência, garra e mentalidade de crescimento.

Em 1966, o psicólogo David Bakan observou que a motivação humana (e, portanto, nossa capacidade de responder à adversidade) era fundada nos princípios de "agência e comunhão".[102] "A agência", escreveu ele, "manifesta-se na formação de separações; a comunhão, na ausência de separações. A agência se manifesta em isolamento, alienação e solidão; a comunhão, em contato, abertura e união. A agência se manifesta no desejo de dominar; a comunhão, na cooperação não contratual." Em outras palavras, nossa existência tem uma qualidade yin-yang: operamos como indivíduos quando mostramos agência individual, mas também contamos com os outros para nos dar uma sensação de comunhão e contato.

Mais ou menos uma década depois, surgiram os primórdios do que, em sua forma completa, seria conhecido como Teoria da Autodeterminação. Da década de 1970 até a década de 1990, os psicólogos Richard Ryan e Edward Deci se propuseram a desvendar os segredos da motivação humana e por que, diante da mesma situação, pessoas diferentes se comportam de maneira tão diferente umas das outras. Em uma situação social, por exemplo, alguns entrarão com ansiedade e entusiasmo em uma sala; outros entrarão devagar, irradiando desconfiança ou mesmo hostilidade. Quando se trata de trabalho, alguns abordam uma tarefa com motivação e desejo de aprender; outros a farão com relutância, sua motivação sendo praticamente imperceptível. Algumas crianças estão ansiosas para aprender; outras mal podem esperar para sair da sala de aula.

A conclusão de Ryan e Deci foi que as qualidades "essenciais para facilitar o funcionamento ideal das propensões naturais para crescimento e integração, bem como para desenvolvimento social construtivo e bem-estar pessoal", eram três: autonomia, competência e relação.[103] Autonomia é a habilidade para exercer um lugar de controle.[104] É o tipo de coisa sobre a qual Dan Pink fala em seu best-seller *Motivação 3.0*, quando sugere que a motivação se resume a autonomia, domínio e propósito; ou à qual David McClelland, psicólogo de Yale e criador da Teoria das Necessidades, refere-se em seu modelo de alavancas de motivação, que ele define como poder, realização e afiliação. Competência envolve sentir-se "confiante e eficaz em relação a tudo o que você está fazendo". Relação descreve a necessidade de se sentir cuidado pelos outros, de sentir que pertence aos grupos que são importantes para você. Como mostra a tabela a seguir, as diferenças entre McClelland na década de 1950 e Deci e Ryan na década de 1990 são em grande parte de terminologia.

As Três Necessidades – David McClelland (anos 1950)	Teoria da Autodeterminação – Deci e Ryan (anos 1990)
Poder	Autonomia
Realização	Competência
Afiliação	Relação

O que esses modelos sugerem é que olhar para a resiliência como um traço pessoal é perigosamente redutor. Somos motivados por uma série de fatores e forças, tanto internos como externos. Concentrar-se estritamente em um ou dois, excluindo o terceiro, é nos enganarmos sobre o que realmente motiva os seres humanos.

Nesse contexto, vale a pena considerar brevemente um influente estudo que a dra. Emmy Werner empreendeu na ilha havaiana de Kauai por um período de quarenta anos, de 1955 a 1995. Ao longo dessas quatro décadas, ela acompanhou as vidas e experiências de um grupo completo de habitantes locais desde o nascimento, seguindo a vida de cada ilhéu nascido em 1955. Sua ambição era entender como o complexo mosaico de suas experiências de vida afetava seu bem-estar em longo prazo. Refletindo a natureza da população de Kauai como um todo, dois terços dos participantes eram provenientes de famílias consideradas estáveis, e um terço, de origens classificadas como de "alto risco". Alguns, observou Werner, foram capazes de transcender os contratempos inevitáveis da vida; outros os acharam difíceis de negociar. Em casos extremos, o resultado da adversidade se manifesta na forma de desafios, como dificuldades de aprendizagem, delinquência, gravidez na adolescência ou problemas de saúde mental, ou uma combinação de vários desses fatores.

A conclusão de Werner foi que aqueles que conseguiram superar a adversidade tinham certas qualidades em comum. Tinham um senso claro de identidade e controle, ou, como ela disse, "ao se formarem no ensino médio, os jovens resilientes desenvolveram um autoconceito positivo e um lócus interno de controle". Além disso, eles conseguiam procurar os outros para ajuda e apoio: "As crianças resilientes também encontraram apoio emocional fora de suas próprias famílias. Elas tendiam a ter pelo menos um e geralmente vários amigos íntimos, especialmente as meninas. Elas contavam com redes informais de parentes e vizinhos, colegas e pessoas mais velhas".[105] É a validação do mundo real, então, daquela abordagem tripartida do comportamento humano defendida por McClelland e Deci e Ryan. E validação particular para o fator que o pensamento de resiliência convencional ignora totalmente: comunidade. Como explica Alex Haslam, "resiliência é algo que, quando você olha para o mundo, não é uma manifestação de indivíduos como indivíduos. É uma manifestação de grupos e de indivíduos como membros dos grupos. Resiliência é algo que só ocorre em e para grupos". De fato, é essa ênfase na força coletiva que é fundamental. Para dar a ele o que lhe é devido ao longo dos anos, o próprio Martin Seligman reconheceu a importância vital da *relação* na formação do bem-estar dos indivíduos, mas isso é algo subestimado quando se trata dos princípios da Ortodoxia da Resiliência. A conexão social é crucial para todo o nosso bem-estar.

Assim, vamos deixar a resiliência, a garra e a mentalidade de crescimento para trás e explorar as verdadeiras origens da força pessoal. Para evitar confusão com as associações atuais da palavra "resiliência", vou denominar o fenômeno *fortaleza* e, nos capítulos seguintes, quero apresentar uma abordagem de identidade social para explicar como ela funciona. Primeiro, quero examinar as qualidades pessoais envolvidas. Depois, considerar os aspectos sociais da fortaleza. Os termos que escolhi para os três pilares da fortaleza são extraídos dos pesquisadores anteriores, mas também são sutilmente diferentes, como mostra a tabela a seguir.

Fortaleza (uma explicação socioindentitária da resiliência)	Teoria da Autodeterminação – Deci e Ryan (anos 1990)	As Três Necessidades – David McClelland (anos 1950)
Controle	Autonomia	Poder
Identidade	Competência	Realização
Comunidade	Relação	Afiliação

Vamos começar pelo controle.

6

CONTROLE
O alicerce da fortaleza

Em uma lanchonete nos arredores do Brooklyn, em Nova York, Christine Miserandino, de vinte e poucos anos, e sua melhor amiga estavam comendo uma ceia tardia de batatas fritas, mergulhando-as no molho enquanto fofocavam sobre vários assuntos de interesse: seu dia, estudo, meninos. Enquanto comiam, Christine pegou alguns comprimidos e, como era sua rotina noturna, começou a colocá-los na mesa à sua frente. A amiga a encarou e em seguida fez uma pergunta: "Christine, como é ter lúpus?".

    O lúpus é uma doença autoimune da qual Christine sofre desde a infância. Se não for controlado, leva o sistema de defesa do corpo a atacar erroneamente o tecido saudável. Christine foi amplamente capaz de mantê-lo sob controle, seu único sinal visível para a maioria das pessoas que a conheciam era a bengala que ela usava de vez em quando, mas que, mesmo assim, causava um grande impacto. A amiga a acompanhava às consultas médicas, viu Christine se curvar e vomitar por causa da dor que o lúpus pode causar; ela se familiarizou com médicos e estranhos dizendo a ela: "Mas você não parece doente". O fato, porém, de que mesmo depois de tudo ela tivesse de perguntar como era o lúpus era desconcertante e frustrante. "Se eu não posso explicar isso para minha melhor amiga", Christine pensou, "como eu poderia explicar meu mundo para qualquer outra pessoa?" Ela decidiu que "tinha que pelo menos tentar".

Christine começou a pegar cada colher na mesa, além de várias das mesas vazias ao seu redor. Depois, pressionou todas as doze colheres nas palmas das mãos da amiga. "Aqui está, você tem lúpus", disse ela.[1] Enquanto o metal frio batia nas mãos de sua amiga, ela explicou que o que distingue as pessoas doentes das saudáveis é que as doentes precisam tomar decisões sobre recursos e escassez nos quais seus colegas saudáveis raramente param para pensar. "Pessoas saudáveis têm o luxo de uma vida sem escolhas", ela explicou mais tarde, "um presente que a maioria não valoriza". Uma pessoa saudável tem um suprimento praticamente ilimitado de "colheres". No entanto, quando se tem lúpus, você tem um suprimento esparso e finito e precisa decidir com muito cuidado a cada dia como alocar cada colher. Mesmo assim, "isso não garante que você não perderá algumas pelo caminho".

Christine pediu à amiga que descrevesse um dia comum. Primeiro, disse sua amiga, ela se levantaria e tomaria café da manhã. Christine a interrompeu brevemente para pegar uma colher e depois continuou a contar: "Tomar banho custa uma colher [...]. Ir para cima e para baixo logo cedo de fato custaria mais de uma colher. Mas percebi que deveria pegar leve. Não queria assustá-la imediatamente". Vestir-se seria outra colher. Antes que a amiga percebesse, havia gastado seis colheres — e ainda nem havia chegado ao trabalho. Christine explicou que lidar com o lúpus exige esse nível de atenção consciente porque, uma vez que as colheres acabam, elas desaparecem. Às vezes, ela disse, você pode pegar as colheres de amanhã emprestadas, mas é sempre possível que o amanhã traga desafios que você não previu, e, nesse caso, você enfrentará um déficit perigoso. O que aconteceria, por exemplo, se você pegasse um resfriado ou passasse mal? Estar preparada para qualquer eventualidade é um elemento-chave no controle do lúpus.

"Christine, como você faz isso? Você realmente faz isso todos os dias?", perguntou a amiga dela, começando a chorar. Christine explicou que havia dias bons e dias ruins, mas nunca poderia escapar de ter que contar suas colheres. Ela entregou uma que estava escondendo. "Aprendi a viver a vida com uma colher a mais no bolso, reservada. Você precisa estar sempre preparada."

Nas duas décadas desde que Christine Miserandino articulou pela primeira vez sua Teoria da Colher, ela se tornou uma metáfora empregada globalmente. Ela ajuda aqueles que sofrem ou se recuperam de uma doença a expressar seus sentimentos e explicar os desafios que enfrentam todos os dias. Minha energia é finita e limitada — tenho de usá-la com cuidado. Os afortunados o suficiente para serem saudáveis e em boas condições podem parecer ter uma energia infinita em comparação a pessoas como Christine, mas a metáfora também é relevante para eles. Eles podem acreditar que têm um número infinito de colheres à sua disposição. O fato, porém, é que negociar o cotidiano e exercer o controle constante que ambos exigem cobra um preço, seja consciente ou inconsciente.

O preço tem de ser pago porque um senso de controle pessoal é o alicerce da fortaleza. Na verdade, é parte integrante do que é ser humano. O senso de controle sobre nossos próprios destinos garante uma sensação de autoestima e um sentimento de poder. Ele nos protege contra a depressão. Ajuda a afastar doenças físicas. Até nos torna pais e mães melhores.

Ele também reduz os níveis de estresse — e não apenas em humanos. Em um experimento, ratos foram privados do senso de controle por meio de uma injeção de Botox, que congelou seus músculos e limitou sua mobilidade. Uma medida de controle, no entanto, foi devolvida a alguns deles na forma de pedaços de madeira que podiam mastigar. Os pesquisadores descobriram que os níveis de estresse daqueles ratos capazes de exercer algum controle sobre sua vida por meio da mastigação não ultrapassaram a linha de base anterior. Entre os que tiveram esse grau de controle negado, por outro lado, os níveis de estresse aumentaram sete vezes em relação ao nível anterior.[2] E, claro, mastigar é uma cura conhecida para o estresse —, em humanos, bem como em roedores (a explicação técnica para isso, de acordo com os pesquisadores, é que "previne tanto a resposta hipertensora como a secreção induzida pelo estresse do hormônio adrenocorticotrófico"). Da próxima vez que você se deparar com alguns pacotes de chiclete durante o dia, considere que não é no sabor de menta fresca que você deveria estar pensando, mas em qualquer estresse pelo qual possa estar passando.[3] Os ratos não são os únicos do reino animal que respondem à presença ou ausência de controle. Macacos que receberam ou tiveram o poder sobre aspectos de sua vida negado (como quando a comida e a água lhes eram entregues) mais tarde mostravam, respectivamente, mais ou menos confiança.[4]

Quando se trata do impacto fisiológico do controle, na verdade Martin Seligman foi um dos primeiros a demonstrar sua importância crucial. Já mencionei a experiência com cães que levou à sua teoria do desamparo aprendido. Em outro experimento, ele e sua equipe injetaram em ratos um tumor cancerígeno com uma taxa de letalidade de 50% (ou seja, metade dos animais injetados dessa maneira não sobreviveria). Depois, os pesquisadores colocaram os ratos aleatoriamente em um de três ambientes. No primeiro, foram administrados 64 choques levemente dolorosos durante um período, que os ratos poderiam evitar se aprendessem a pressionar uma barra. No segundo, era dada a mesma série de choques, mas os ratos não tinham como evitá-los. O primeiro grupo de ratos, então, aprendeu a controlar seu ambiente; o segundo teve de suportar o que Seligman descreveu como um estado de desamparo. O terceiro grupo — ao qual não foram dados choques elétricos — foi o grupo de controle.

Como previsto, metade dos ratos do grupo de controle morreu do câncer com o qual foram injetados. Mas os destinos dos dois grupos que receberam choques elétricos seguiram caminhos bem diferentes. Entre os ratos que não tiveram controle da punição elétrica aplicada a eles, 63% morreram. Entre os que aprenderam a exercer controle sobre seu ambiente, a taxa de mortalidade foi de 25%. Seligman explicou o resultado nos seguintes termos: "A baixa taxa de rejeição do tumor não foi uma função do choque *per se*, mas resultou da falta de controle dos animais sobre o choque. A falta de controle em outros aspectos de sua vida afetou diretamente a resposta holística de seus corpos à ameaça". Ele e seus pesquisadores concluíram que o sistema imunológico do corpo desempenha um papel na prevenção da propagação do câncer "e há evidências de que o sistema imunológico é suprimido após eventos aversivos incontroláveis". Administrar choques elétricos em roedores pode parecer uma maneira extrema de testar o desamparo e não ter paralelos na vida normal. Entretanto, é interessante notar que o estresse por ruído demonstrou afetar adversamente o sistema imunológico de ratos, interrompendo sua produção de células T e B.[5] O controle tem muitas manifestações, mas a falta de controle leva ao mesmo resultado.

Assim como acontece com os ratos de laboratório, acontece também com os humanos, como vários estudos têm demonstrado desde a década de 1950.[6] Tem-se observado, por exemplo, como os meditadores zen e os mestres iogues — indivíduos capazes de exercer poderes de controle espantosos, a ponto de conseguirem manipular seus batimentos cardíacos — podem suportar níveis extraordinários de dor sem registrar uma resposta mensurável. Em uma série de experimentos na década de 1960 que podem levantar dúvidas éticas hoje, os iogues foram fechados em caixas herméticas por dez horas e tiveram suas mãos mergulhadas em água supergelada. Todos demonstraram domínio extraordinário da resposta de seu corpo aos choques, sugerindo um alto nível de controle sobre o que antes era considerado respostas automáticas a estímulos.[7] Uma imagem semelhante surge — em um nível menos sobre-humano — de um experimento conduzido por James Averill e Miriam Rosenn na Universidade de Berkeley na década de 1970. Aqui, os voluntários foram instruídos a se preparar para um choque elétrico, mas puderam escolher os fluxos de áudio para ouvir enquanto esperavam: um era um fluxo constante de música de fundo, o outro era um tom monótono e sombrio que deu lugar a um sinal de alerta cinco segundos antes de o choque elétrico ser administrado.[8] Embora o que eles ouviram não tenha tido impacto no desconforto que sentiram, as medições de "condutividade da pele" revelaram que aqueles que receberam um aviso sonoro do choque que estava por vir experimentaram menos estresse psicológico. Como Averill observou, "a provisão de controle pessoal, mesmo que apenas ilusória, é uma dessas intervenções; e seus efeitos benéficos às vezes são drásticos".[9] Descobertas semelhantes surgiram de um experimento de choque elétrico conduzido por Ernest Haggard em 1943. Voluntários que administraram um choque em si mesmos experimentaram menos estresse do que aqueles que o receberam de terceiros.

Nosso desejo de estar no controle é tão forte, que, quando pensamos que não estamos, nossas mentes nos enganam para sugerir que na verdade talvez estejamos.[10] Foi demonstrado, por exemplo, que pessoas privadas de um senso de controle realizarão todos os tipos de ginástica mental para se persuadir de que, de fato, elas têm o controle.[11] Elas inventarão ou imaginarão histórias de conspiração que ofereçam o falso conforto de que há uma explicação para eventos que podem, na realidade, ser simplesmente aleatórios. Um estudo descobriu que elas acreditam que podem detectar padrões em imagens aleatórias, pálidas e estáticas exibidas em uma televisão que não foi sintonizada em um canal específico.[12] Outro estudo estabeleceu que as pessoas que se colocavam em uma situação inicial em que sentiam que não tinham controle, depois, mostravam uma maior disposição para percorrer um longo caminho até chegar a uma sorveteria que oferecia uma seleção de quinze sabores do que para percorrer a curta distância até uma que oferecesse apenas três.[13] Não é nem que o controle em jogo nesses cenários seja uma questão de vida ou morte. O simples ato de dizer a alguém que a resposta que ele acabou de dar a uma pergunta está incorreta, quando na verdade está correta, é suficiente para desorientá-lo e fazê-lo sentir que não tem o controle que pensava ter.[14]

Se esses vários experimentos mostram o impacto do controle no curto prazo, existem muitos outros que revelam seus efeitos no longo. As descobertas dos professores Snehlata Jaswal e Anita Dewan são um caso interessante. Os dois pesquisadores avaliaram 139 meninas que estudavam em uma faculdade de Chandigarh. As meninas que sentiam falta de senso de controle pessoal ficavam presas em um círculo vicioso de depressão: quanto menos controle sentiam que tinham, mais deprimidas ficavam.[15] Não só isso: quanto menos controle acreditavam ter, mais provável era que elas acreditassem que suas vidas eram controladas pelos caprichos do acaso e do destino.[16] Em última análise, essas pessoas ficam presas em uma condição às vezes chamada de "paradoxo depressivo": sentem tanto que os eventos estão além de seu controle como que elas são as culpadas pelo próprio infortúnio.[17] Em termos um pouco mais técnicos, se os indivíduos com um alto lócus interno acreditam que têm controle autônomo sobre sua vida (e podem, portanto, também ter mais impacto em seu ambiente), essas pessoas têm um lócus externo de controle que as leva a sentir um grau de impotência sobre as circunstâncias e o resultado de sua vida.

Nesse contexto, é preocupante notar que nos Estados Unidos, por exemplo, há uma tendência crescente entre os adolescentes de acreditar em um lócus de controle externo — ou seja, de acreditar que seu destino está fora de seu controle. Jean Twenge, psicóloga da Universidade de San Diego, que se tornou uma das maiores especialistas em desenvolvimento juvenil, examinou atentamente a longa pesquisa Monitorando o Futuro (MTF, sigla em inglês) conduzida pela Universidade de Michigan que, desde 1975, rastreia as atitudes e os estilos de vida de adolescentes estadunidenses em todo o país. Em 1977, ela observa, cerca de 54% dos alunos do 12º ano (com dezessete ou dezoito anos) concordavam que "as pessoas que aceitam sua condição na vida são mais felizes do que aquelas que tentam mudar as coisas". Em 2015, a proporção de alunos do ensino médio que aceitavam essa proposta fatalista havia subido para mais de 68%. Em 1977, 44% dos alunos do 12º ano concordavam com a afirmação "Toda vez que tento progredir, algo ou alguém me impede". Em 2015, 56% dos jovens acreditavam nisso — um aumento de mais de 25%.

O acadêmico Jonathan Haidt interpretou esses dados como reflexo das consequências de um estilo parental novo e mais restritivo, segundo o qual as crianças são tão rigidamente gerenciadas e limitadas em suas brincadeiras, que não sentem nenhum controle sobre a tomada de decisão independente. Scott Galloway, professor da New York Stern, por sua vez, acredita que esse declínio no senso de controle pessoal levou a uma espécie de resistência à liberdade de expressão nos campi universitários. "Tenho certeza de que existem estudos sobre as pessoas que superam a injustiça, que são resilientes, que se esquivam dos golpes. Um dos principais componentes desse tempo de resiliência é que eles acreditam que têm um lócus de controle." Galloway alega que, quando os alunos sentem que seus pensamentos estão sendo policiados, eles não sentem que têm a agência — o controle — para expressar o que acreditam.[18]

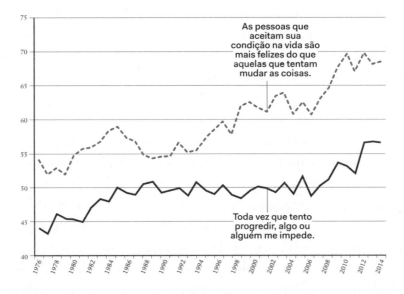

Figura 3: O crescente fatalismo dos alunos do 12º ano, conforme mapeado na pesquisa de longa data Monitorando o Futuro, realizada pela Universidade de Michigan.

Se a ausência de controle tem repercussões psicológicas, assim como acontece com ratos de laboratório, também tem repercussões fisiológicas. O estresse reprimido derivado de não se sentir totalmente no controle pode retardar o tempo de recuperação para tudo, de lesões a doenças. Estudantes de odontologia que receberam feridas perfurantes no palato duro, na parte superior de suas bocas, levaram 40% mais tempo para cicatrizar durante a temporada estressante de exames do que durante as despreocupadas férias de verão.[19] Vítimas de câncer com baixo senso de controle provaram-se mais propensas a sofrer uma recorrência da doença ou a morrer dela.[20] Para Gabor Maté — o homem que acredita fortemente que a mente e o corpo são sistemas intimamente inter-relacionados —, a lista de problemas de saúde física que podem ser associados à falta de controle é quase infinita. "Quando somos impedidos de aprender a dizer 'não', nosso corpo pode acabar dizendo por nós", escreve ele. "Na minha prática com pacientes particulares, observei esses mesmos padrões em pessoas que tratei com esclerose múltipla, doenças inflamatórias do intestino, como colite ulcerativa e doença de Crohn, síndrome da fadiga crônica, doenças autoimunes, fibromialgia, enxaqueca, doenças de pele, endometriose e muitas outras condições. Em áreas importantes de suas vidas, quase nenhum dos meus pacientes com doenças graves aprendeu a dizer 'não'."[21] Sua lista também poderia incluir doenças cardiovasculares. Não deveria ser surpresa que a "liberdade para controlar a própria vida" seja um dos seis "preditores" que o Relatório Mundial da Felicidade usa para ajudar a determinar os níveis de felicidade ("bem-estar subjetivo") em países ao redor do mundo (os outros são PIB per capita, expectativa de vida saudável, corrupção, assistência social e doações para caridade).[22] Como muitos pesquisadores demonstraram, a "liberdade para controlar a própria vida" também tem implicações na saúde.

O controle pode soar superficialmente como um dos pilares de um modelo de resiliência padrão. É sobre agência, sobre empoderamento, sobre pessoas assumindo o comando de seus próprios destinos. Mas, na verdade, há outra dimensão — uma que a forma de pensar da resiliência não permite acessar. A Ortodoxia da Resiliência, como vimos, foca o indivíduo. Certamente, o controle é uma força interna e pessoal, mas também possui um aspecto externo e interpessoal significativo. Buscamos o controle de nossos próprios destinos, mas a medida de sucesso ou fracasso é moldada por fatores externos a nós e, muitas vezes, além do nosso alcance imediato.

Um desses fatores é o status. Essencialmente, quanto mais alto o seu status, mais controle você sente; quanto mais baixo o status, maior é a sua sensação de impotência. A clínica Nancy Adler mostrou como esses estados atuam no que se refere à saúde física em um estudo com mulheres residentes em São Francisco. Ela pediu a cada uma que considerasse qual dos dez degraus achava que ocupava, em uma escada de dez degraus, a Escala MacArthur de Status Social Subjetivo. Ela, então, usou a autoavaliação, juntamente com outras medidas de estresse e saúde, para formar julgamentos sobre a vitalidade relativa de suas pacientes. O que ela descobriu foi que a posição dessas mulheres na escala de status social provou ser um melhor preditor de sua saúde do que sua renda, sua educação e outras medidas mais objetivas de posição social. Quanto mais alto uma mulher se colocasse na escala de status, menor seria sua relação cintura-quadril (uma medida de obesidade, entre outros elementos de bem-estar); o mais baixo seria seu nível básico do principal indicador químico de estresse, o cortisol; e menos sensível ela seria ao efeito do cortisol.[23] Como ela estava menos estressada e se *sentia* menos estressada, era menos provável que recorresse a hábitos escapistas ou atenuantes do estresse, como beber ou assistir a filmes compulsivamente, do que as mulheres que consideravam a si mesmas como sendo de status inferior. Quanto mais alto as mulheres de Adler se colocavam na escada, maior a probabilidade de dizerem que se sentiam no controle de suas vidas e de dizerem que encaravam os problemas.

Esse não é um estudo isolado. Muitas vezes presumimos que são aqueles em cargos de alto status que experimentam mais estresse e os vários males que o acompanham. Na verdade, descobertas e mais descobertas de pesquisas mostram exatamente o contrário. Uma delas é a do professor Michael Marmot, um dos intelectuais fundadores da epidemiologia social — a disciplina que examina como nossa posição na sociedade impacta nossa saúde —, que mostrou em seu estudo sobre o Serviço Civil do Reino Unido que, entre funcionários públicos do sexo masculino entre 40 e 64 anos, "quanto mais alto o posto no serviço público, menor o risco de morte". Sejamos claros: nenhum dos servidores públicos analisados pelo estudo poderia alegar estar passando por uma privação material real — eles tinham bons empregos; eles não estavam com refeições em falta. Ainda assim, em virtude do fato de terem menos controle sobre o trabalho e, portanto, sentirem mais estresse, os que estavam mais abaixo na hierarquia se saíram pior em termos de saúde do que aqueles mais acima.[24]

Marmot concluiu que a noção desgastada de que "é difícil no topo" é falsa: "Não, a chave para a síndrome do status está no cérebro. É o estresse decorrente da incapacidade de controlar nossa vida, de recorrer aos outros quando perdemos o controle ou de participar plenamente de tudo o que a sociedade tem a oferecer. O mito de que é mais estressante estar no topo da pilha do que no fundo deveria há muito tempo ter dado lugar aos fatos. Uma forma de estressar um animal, da variedade humana ou não humana, é remover o controle. Isso é verdade quer o animal ou a pessoa seja de status elevado ou baixo, mas, quanto mais abaixo na pilha você se encontra, mais comum é o baixo controle".[25]

Em relação ao impacto na saúde do status relativo e do senso de controle que vem com ele, Marmot disse o seguinte: "O estresse crônico de baixo grau, agindo através do cérebro, mobiliza hormônios — cortisol, adrenalina e noradrenalina — que levam a profundas mudanças biológicas. Entre elas provavelmente está a síndrome metabólica, ligada à resistência à insulina, que aumenta o risco de diabetes e doenças cardíacas". Quanto mais alto o status de um indivíduo, por mais tempo ele desfrutará de uma boa saúde; quanto mais baixo, mais provável que sua saúde seja prejudicada por úlceras, perda de peso muscular e diminuição do sistema imunológico.[26]

E, embora riqueza e status não sejam exatamente a mesma coisa, o fato é que as pessoas mais ricas vivem mais do que as mais pobres. No Reino Unido, a diferença na expectativa de vida entre ricos e pobres é de nove anos.[27] Na Austrália, um relatório sugere que pode chegar a dezenove anos.[28] Entre esses dois extremos há um gradiente. Catherine Haslam e seus coautores argumentam que "a saúde das pessoas na faixa de renda dos 5% superiores é melhor do que a daquelas na faixa de renda logo abaixo deles", e o mesmo efeito é observado gradualmente na distribuição de renda da sociedade. Eles observam que, "mesmo para aqueles grupos para os quais todas as necessidades econômicas ou financeiras básicas são bem atendidas e no qual é improvável que existam diferenças substanciais na educação ou nos principais serviços de saúde, descobrimos que as diferenças de riqueza e renda são importantes para a saúde e o bem-estar". Obviamente, há um fator prático aqui, pelo menos nos extremos: os pobres podem ter de se contentar com moradias insalubres, por exemplo, mas o fator realmente fundamental é o psicológico.

Não é difícil ver por que pessoas economicamente desfavorecidas sentiriam falta de controle, ou que haveria uma correlação entre estar do lado errado da desigualdade de renda e sofrer de depressão.[29] É fundamental para o senso de controle ter os recursos disponíveis que permitem agirmos de acordo com as decisões que tomamos. Sem eles, não temos a alavancagem necessária e experimentamos uma sensação de impotência. Dois pesquisadores canadenses que conversaram com mães em Ontário algumas semanas depois de terem dado à luz descobriram que aquelas de nível mais alto na hierarquia social acharam mais fácil lidar com o estresse da maternidade ("tristeza pós-parto") do que aquelas de classe social mais baixa ou famílias mais pobres.[30] Eles concluíram que, como as mulheres de status inferior têm menos recursos, elas têm menos senso de controle, o que, por sua vez, aumenta o estresse e as tensões que vivenciam. Efetivamente, o dinheiro compra seu controle. Não ter dinheiro o priva dele.

Como Catherine Ross e John Mirowsky colocaram: "As pessoas em posições socioeconômicas mais baixas têm um fardo triplo: elas têm mais problemas com os quais lidar; é provável que suas histórias pessoais as tenham deixado com um profundo sentimento de impotência; e esse sentimento de impotência as desencoraja a mobilizar toda a energia e os recursos que têm para resolver seus problemas".[31] Já estabelecemos que pessoas que nasceram na pobreza têm, estatisticamente, mais probabilidade de ter altos índices de EAI, mais problemas e o menor número de recursos para mobilizar de forma a lidar com eles. Ross descreve como as comunidades desfavorecidas podem ficar presas em "percepções de impotência" — percepções que são exacerbadas pela "exposição a eventos e condições negativas e incontroláveis na vizinhança na forma de crime, barulho, vandalismo, grafite, lixo, brigas e perigo". "[A] desordem da vizinhança", ela argumenta, "produz mais desconfiança entre aqueles que se sentem impotentes para controlar suas vidas do que entre aqueles com um forte senso de controle pessoal."[32] Não é que a vida com baixa renda e baixo status e os problemas sociais andem lado a lado. É que a falta de controle que a vida de baixa renda e baixo status envolve pode criar desafios que simplesmente não incomodam aqueles do outro lado do espectro.

Sem dúvida, alguns argumentariam que causa e efeito estão sendo confundidos aqui. O modelo que descrevi assume que alguém tem controle, e as vantagens mentais e físicas que o acompanham, porque tem status e/ou dinheiro. Não poderia ser o caso, os céticos podem argumentar, de que o oposto seja verdadeiro: as pessoas têm status porque são capazes de exercer controle? Em outras palavras, não importa como você o faz parecer melhor, tudo ainda depende do indivíduo — e fatores externos não desempenham um papel?

Isso pode ser verdade em casos individuais. Mas vale lembrar que status e vantagem social comparativa podem ser, e frequentemente são, transmitidos de geração em geração de uma forma que não é mera questão de hereditariedade (afinal, só porque uma geração de uma família é talentosa e bem-sucedida, não quer dizer automaticamente que a próxima será, mas é provável que ela se beneficie diretamente do talento e do sucesso de seus antepassados). Também vale a pena considerar que os pesquisadores que examinaram humanos e animais com frequência acharam muito difícil isolar razões biológicas para o papel de dominante ou subordinado de um indivíduo.³³ De fato, um estudo descobriu que os efeitos fisiológicos de status e controle poderiam ser criados meramente dizendo a voluntários aleatoriamente que eles pertenciam a um grupo de status alto ou baixo: aqueles informados que eram de status alto apresentavam pressão arterial mais saudável do que aqueles que pensavam que eram de status baixo; curiosamente, quando os membros desse grupo de status mais elevado foram informados de que estavam prestes a participar de um jogo que poderia redefinir sua posição em relação aos outros, sua pressão sanguínea subiu.³⁴ Tem menos a ver com o controle nos dar status e mais com o status nos dar o controle.

Se o status e a riqueza afetam nosso senso de controle, também afetam um fator intimamente associado: o trabalho que fazemos. Isso é algo que o psicólogo Melvin Kohn — em frequente parceria com Carmi Schooler — foi um dos primeiros a observar e descrever nas décadas de 1970 e 1980. "Em todos os casos, o trabalho afeta o homem mais do que o homem afeta o trabalho", observaram os dois, acrescentando: "Descobrimos que o trabalho tem um impacto substancialmente maior na função psicológica [dos trabalhadores] do que o inverso."³⁵

Para pessoas em empregos de status elevado, isso tem sido historicamente uma boa notícia. A pesquisa de Kohn e Schooler, que assumiu a forma de estudos longitudinais de trabalhadores do sexo masculino em várias esferas da vida — de motoristas a contadores e de pedreiros a professores —, descobriu que "posições mais altas na hierarquia de supervisão resultam em atividades substancialmente mais complexas, menos rotineiras, menos supervisionadas de perto e fisicamente mais leves [e] salários mais altos".³⁶ Essa sensação de controle teve um efeito positivo em outras áreas de suas vidas. "Homens que são autodirigidos em seu trabalho são consistentemente mais propensos a se tornarem [menos obcecados com regras], autoconfiantes e não autodepreciativos, a se tornarem menos fatalistas, menos ansiosos e menos conformistas em suas ideias."[37] Por outro lado, homens em empregos de baixo status, que simultaneamente tinham menos controle, sofriam de baixos níveis de autoconfiança e altos níveis de autodepreciação. Eles se desenvolveram na crença de uma adesão estrita às regras e na resistência à mudança, e também se manifestaram na maneira como a próxima geração foi criada. Os pais de classe média tendiam a encorajar a expressão criativa. Observou-se que aqueles com pouca ou nenhuma autonomia no trabalho concediam pouco dela em casa.[38] A conclusão de Kohn e Schooler foi que o trabalho é o "principal mecanismo pelo qual a classe exerce seu impacto psicológico".[39]

Caso Kohn e Schooler estejam certos, não é difícil ver como o mau tratamento de uma geração pode ter implicações sombrias para a próxima. A pesquisa descobriu que pais privados de controle no trabalho e determinados a exercê-lo em casa terão filhos que, por serem privados de controle, serão mais propensos à depressão, a demonstrar hostilidade e agressividade para com seus pares e a exibir baixa autoestima.[40] Um adulto autoritário também é significativamente mais propenso a ter filhos que pratiquem bullying — um fenômeno que um grupo de pesquisadores chamou de "deslocamento da vergonha".[41] Outro estudo de 2013 sugeriu que quase metade de todos os adolescentes que praticavam bullying tinha pais autoritários.[42] Se não temos controle sobre nós mesmos, pagamos lá na frente. Uma pesquisa subsequente refinou e elaborou o trabalho de Kohn e Schooler. Alguns sugerem que a forma como os pais se comportam em casa é mais uma questão de suas experiências do que de seu status no trabalho — de fato, maus-tratos no trabalho podem ter um impacto psicológico negativo maior do que o desemprego. Mas o essencial continua o mesmo. A falta de controle no trabalho pode se manifestar em pais mais rígidos e menos permissivos.[43]

Isso também pode afetar nosso bem-estar de outras maneiras. Uma postagem na rede social de Daphne K. Lee que se tornou viral em 2020 delineou um fenômeno que os trabalhadores chineses rotulam de *bàofù xìng áoyè*: "procrastinação vingativa na hora de dormir". "[P]essoas que não têm muito controle sobre sua vida diurna", explicou ela, "recusam-se a dormir cedo para recuperar algum senso de liberdade durante as horas da noite."[44] Em resposta à sua postagem, um usuário do Twitter, Kenneth Kwok, descreveu o que *bàofù xìng áoyè* significava para ele: "Normalmente [eu trabalho] das 8 às 20h no escritório, [no momento em que] chego em casa, depois do jantar e do banho, já são 22h, provavelmente não vou apenas dormir e repetir a mesma rotina. Algumas horas de 'tempo próprio' são necessárias para sobreviver". Também não é uma experiência exclusiva dos chineses. Psicólogos sugerem que essa tendência é universal: as pessoas "podem ter menos probabilidade de cumprir as horas que pretendiam dormir depois de um dia particularmente cansativo", concluem eles.[45] Ao nos ser negado o controle em nosso trabalho, encontramos maneiras de nos rebelar. Infelizmente, como mostrarei no Capítulo 12, privar-se do sono é uma forma particularmente autodestrutiva de rebeldia.

Se tudo isso implica que há uma divisão simples entre empregos de status mais alto que oferecem controle e os de status mais baixo que não oferecem, não é tão simples assim. Nos últimos anos, há uma tendência aparente em uma ampla gama de empregos e carreiras para que os trabalhadores sintam que a autonomia permitida no trabalho está diminuindo (uma pesquisa de 2017 financiada pelo Departamento de Educação do Reino Unido e pelo governo galês sugere que — na Grã-Bretanha, pelo menos — essa é uma questão que remonta à década de 1990).[46] Quase dois terços dos trabalhadores entrevistados em uma pesquisa do governo do Reino Unido em 2011 disseram que sua administração não lhes permitia opinar nas decisões tomadas, enquanto metade disse que nem sequer foi consultada.[47] (Curiosamente, a mesma pesquisa mostrou que 90% daqueles que disseram que seus empregadores lhes davam voz afirmaram que tinham um senso de lealdade para com sua empresa, em comparação com 35% dos que sentiam que sua expressão não era permitida.) O trabalho em equipe, que representa a maneira como a maioria de nós ganha a vida, muitas vezes não parece realmente fornecer um senso de agência gratificante para aqueles dentro do time. Muitos de nós — provavelmente a maioria da força de trabalho — trabalham em equipe (uma pesquisa de 2017 com funcionários do Reino Unido relatou que seis em cada dez funcionários trabalharam assim naquele ano), mas a tendência é sentirmos que temos pouca ou nenhuma influência sobre o que o grupo realmente faz (a mesma pesquisa mostrou que 86% dos membros de equipe se sentiam assim).[48]

A falta de controle pessoal parece estar incrustada em grande parte do ambiente de trabalho moderno. James Bloodworth, um jornalista que se disfarçou como trabalhador em um dos armazéns da Amazon, descreveu-me como os trabalhadores são rigidamente controlados para maximizar sua produtividade. Você recebe um dispositivo de digitalização, disse ele, e depois "você pega um item das prateleiras, digitaliza e, assim que digitaliza, um cronômetro é iniciado. Você precisa chegar ao próximo item antes que o tempo acabe. Você faz isso por dez horas e meia por dia". Um *Ardil-22* distópico envolve rapidamente os selecionadores de pedidos. Você não pode correr, porque isso infringiria as regras de segurança, mas a velocidade é vital para se manter nos trilhos com os patrões: "Se você corresse, levaria uma punição. E, se você não cumprisse suas metas, receberia uma medida disciplinar".[49]

Os profissionais de saúde são outro grupo que sente a tensão. Uma pesquisa de 2017 realizada no Reino Unido mostrou que a duração média de uma consulta em um consultório médico era de 9,22 minutos.[50] Isso é menos de dez minutos para o médico falar com o paciente, estabelecer uma conexão, sondar e examinar gentilmente, diagnosticar, prescrever e fazer anotações de acompanhamento. Não é de surpreender que o Colégio Real de Clínicos Gerais do Reino Unido (RCGP, na sigla em inglês) tenha chamado essa meta de menos de dez minutos para consultas médicas de "inadequada para o propósito".[51]

Ou considere a profissão de professor. Graças às demandas de políticos e grupos de interesse internacionais, a sala de aula foi invadida por um fenômeno conhecido como "sobrecarga do currículo", pela qual a lista de disciplinas obrigatórias a serem ensinadas tornou-se cada vez mais longa e prescritiva.[52] No Reino Unido, por exemplo, a Revisão Primária de Cambridge de crianças em idade escolar com menos de onze anos relatou já em 2009 que, ao longo do tempo, a "lista de disciplinas simplesmente se tornou cada vez maior e nada foi removido para acomodar as recém-chegadas".[53] No processo, os formuladores de políticas conseguiram perder de vista os interesses de professores e alunos. Um professor, discutindo sua decisão de se aposentar depois de dezoito anos no cargo, descreveu a tristeza da nova sala de aula: "Estávamos basicamente regurgitando o roteiro do currículo. Era terrível. Odiava ir trabalhar nos últimos dois anos com todo o estresse das expectativas de desempenho acadêmico [...]. Tudo o que os administradores querem ouvir é exatamente a mesma coisa de uma sala para outra, de escola para escola". Outro afirmou que "os professores têm reclamado de mais testes todo ano. E todos os anos ouvimos: 'Vamos investigar isso', e todos os anos alguém superior decide: 'Precisamos de mais dados'. Isso, por sua vez, significa mais testes, mais trabalho no assento e menos diversão. Eu, pessoalmente, não aguentei mais e me aposentei antecipadamente".[54] Para as crianças, a falta de autonomia, a falta de senso de controle pessoal e o fardo implacável de testes, notas e classificações as deixam oscilando entre o estresse e o tédio gerados pelo ensino sem alegria.

O trabalho de escritório (ou, como costuma ser chamado nestes dias de trabalho remoto, "trabalho do conhecimento") exibe o mesmo padrão preocupante, alimentado por um aumento exponencial na comunicação digital que fez com que os trabalhadores ficassem cada vez mais presos a seus laptops e lutando para lidar com infinitas chamadas de vídeo, e-mails, notificações do Teams e sons de bate-papo. Um punhado de estatísticas recentes revela como as coisas estão ficando ruins. Quando o coronavírus surgiu em março de 2020 e os lockdowns foram impostos, a Microsoft informou que o número de videochamadas feitas globalmente em sua plataforma Teams aumentou 1.000% no primeiro mês. Só em 31 de março foram realizados 2,7 bilhões de reuniões separadas.[55] No ano seguinte (outra vez, de acordo com a Microsoft), as reuniões do Teams aumentaram mais 150%.[56] As semanas de trabalho dos funcionários aumentou na mesma medida: a gigante da tecnologia descobriu que, entre o seu próprio pessoal, a semana de trabalho aumentou quatro horas — cerca de quarenta e cinco minutos a mais por dia.[57] Um executivo sênior que trabalha na área de marketing me disse: "Tenho mais de quarenta horas de videochamadas por semana, elas geralmente começam antes das nove e terminam depois das sete da noite". Um gerente do setor de tecnologia concordou: "Passo a maior parte do meu dia em chamadas de Zoom. É definitivamente cansativo, mas se tornou uma parte importante do trabalho". Não é difícil ver por que tantas pessoas em tantas jornadas de vida sentem que não têm controle sobre a maneira como conduzem seus dias de trabalho. As horas estão ficando mais longas. Sua independência está sendo reduzida. Não é de admirar que tantas pessoas relatem burnout e estresse.

A falta de controle dos funcionários, então, é claramente ruim para os próprios funcionários. Mas também é ruim para os chefes. É terrível para o moral. Isso leva a altas taxas de doença e ausência. Também pode ter um impacto sério na maneira como os funcionários abordam seu trabalho. Colocando em termos mais simples: as pessoas de quem o controle é removido farão coisas estúpidas.

Essa verdade desconfortável foi vividamente demonstrada por uma das sensações das redes sociais de 2017: um vídeo de um passageiro vietnamita-americano de meia-idade sendo arrastado de um avião parado na pista do aeroporto O'Hare, de Chicago. O voo 3411 da United Express estava programado para partir para Louisville às 17h40. No entanto, os problemas surgiram logo após o embarque, quando a tripulação foi instruída a encontrar assentos adicionais para quatro funcionários de cabine que precisavam ser levados a Louisville para trabalhar em outro serviço programado na manhã seguinte. A tripulação perguntou aos passageiros se algum deles estaria disposto a ajudar cedendo seus assentos. Três se ofereceram e receberam vales de viagem de oitocentos dólares e acomodação gratuita em hotel durante a noite como forma de compensação. Ninguém mais, porém, estava preparado para levantar a mão. Então, os funcionários da

United fizeram sua própria seleção, escolhendo um certo dr. David Dao Duy Anh. Ele, como afirmou mais tarde, tinha compromissos em Kentucky no dia seguinte, por isso se recusou a desembarcar. Seguiu-se uma discussão. Depois, a companhia aérea instruiu três relutantes oficiais de segurança do Departamento de Aviação de Chicago a removerem fisicamente o homem de 69 anos. Eles começaram a retirá-lo de seu assento, arrastá-lo ao longo do corredor (momento em que sua cabeça bateu contra um apoio de braço) e removê-lo do avião. Ele saiu com os óculos tortos no rosto ensanguentado, perdeu dois dentes e sofreu uma concussão que o levou ao hospital. Filmado por vários passageiros a bordo, o incidente gerou uma exibição repulsiva nas redes sociais e foi imediatamente divulgado pelos meios de comunicação. A United Airlines pagou um alto preço pela conduta de seus funcionários, tanto em relação à compensação que eles tiveram de oferecer como no que se refere ao golpe que sofreram em sua reputação. O *Washington Post* informou que Dao contentou-se com uma quantia em torno de 140 milhões de dólares. O custo da reputação é mais difícil de calcular, mas o fato de a filmagem ter obtido milhões de visualizações nos *feeds* do Facebook e de o incidente ter sido coberto e discutido incessantemente no Twitter, nos jornais e na televisão dificilmente ajudou a empresa.

Posteriormente, a United encomendou um relatório interno detalhado. Suas descobertas tornam a leitura fascinante. Os agentes, afirmou o relatório, "não tinham autoridade para agir de forma independente e autorizar níveis mais elevados de compensação ou fornecer outros meios de transporte". Eles tinham de seguir rigidamente as regras estabelecidas para eles pela empresa — regras que não os capacitavam a resolver disputas.[58] Eles não tinham controle. As consequências falaram por si.

O voo 3411 da United pode ser um exemplo extremo do que acontece quando as pessoas não têm o controle, mas não é o único. Em todo o mundo contemporâneo do trabalho, a falta de flexibilidade está se tornando normal. É restritivo, deixando os funcionários sufocados. Também é contraproducente. Agora, talvez mais do que em qualquer outro momento, as pessoas estão enfrentando situações desafiadoras que não têm espaço para resolver de forma inteligente ou imaginativa.

Se é com isso que a falta de controle se parece, o que o mundo reserva para aqueles capazes de alcançar pelo menos uma medida de controle?

Como já sugerido, as evidências mostram que aqueles abençoados com mais controle sobre suas vidas e sobre si mesmos geralmente têm melhor saúde do que outros. Eles são menos propensos ao estresse. Eles também experimentam níveis mais baixos de fadiga e exaustão: optar por realizar uma tarefa — ou pelo menos sentir que você teve um papel na decisão de se e como realizá-la — cobra menos do que se você fosse simplesmente instruído para realizá-la. É um aspecto dos benefícios do controle individual que foi demonstrado de forma convincente pelo dr. Derek Johnston e sua equipe de pesquisa. Eles recrutaram cem enfermeiras em um hospital universitário escocês, as equiparam com monitores cardíacos e, então, observaram como elas suportavam as demandas diárias de seus empregos. A cada noventa minutos, as enfermeiras também eram convidadas a dizer como avaliavam seus sentimentos naquele momento específico — sobre as demandas impostas a elas, seu senso de controle, seus sentimentos de cansaço — para que pudessem ser comparados com os dados coletados dos monitores.[59] Como era de esperar, as enfermeiras demonstraram aumento da fadiga à medida que seus turnos avançavam, e esse aumento foi ligeiramente maior para aquelas que trabalhavam no turno da noite em relação às do turno do dia. Contudo, a descoberta grave que os pesquisadores fizeram foi que o cansaço não estava relacionado aos níveis de atividade física: "Alguns indivíduos mostram fadiga crescente à medida que a energia física aumenta", relataram eles, "enquanto outros mostram o contrário". O motivo? Uma sensação de cansaço, sugeriram os pesquisadores, está "relacionada ao controle percebido sobre o trabalho e à recompensa percebida associada ao trabalho". Se sentimos que estamos no comando enquanto realizamos uma tarefa, nos sentimos energizados. Se não sentimos, os níveis de energia caem e nos sentimos exaustos.

O cansaço é mais do que uma questão de bem-estar e conforto físico imediatos. Como Christine Miserandino tão bem demonstrou com sua Teoria da Colher (ver página 158), todos nós temos níveis finitos de energia. Conclui-se, portanto, que a forma como gastamos essa energia tem implicações para tudo o mais que fazemos. Christine teve de canalizar todo o vigor que possuía para as tarefas cotidianas que a maioria das pessoas entende como algo garantido. Aqueles com baixos níveis de controle têm menos energia, quando se trata de lidar com o estresse e as tensões da vida cotidiana, e se sentem proporcionalmente debilitados.

Esse esgotamento de energia é um fenômeno observado de maneira mais empírica pelo cientista social Roy Baumeister, que desenvolveu a teoria do *esgotamento do ego* para expô-lo e que realizou vários experimentos de laboratório maravilhosos e engenhosos para demonstrá-lo. Em um ensaio famoso, ele reuniu cerca de sessenta participantes em uma sala impregnada com o aroma doce de biscoitos de chocolate recém-assados. Alguns foram presenteados e autorizados a comer os doces; aos outros foram oferecidos apenas rabanetes para lanchar. Todos foram, então, convidados a resolver um quebra-cabeça difícil e frustrante (era, de fato, um quebra-cabeça planejado para não ter solução). Aqueles que tiveram de desligar a mente do aroma de chocolate e se contentar com rabanete fizeram muito menos tentativas de resolver o enigma impossível do que aqueles que receberam os biscoitos. Na verdade, eles gastaram metade do tempo na tarefa em comparação com os voluntários que comeram biscoitos. "Resistir à tentação parece ter produzido um custo psíquico", sugeriu Baumeister, "no sentido de que, depois, os participantes estavam mais inclinados a desistir facilmente diante da frustração."[60] Pesquisas posteriores mostraram que gastar energia em tarefas que exigem autocontrole leva a um desempenho pior nas tarefas subsequentes.[61] O próprio Baumeister (que frequentemente trabalhava com sua esposa, Dianne Tice) mostrou como, entre outras coisas, as pessoas expostas a filmes emocionalmente desgastantes ou a anagramas insolúveis, ou que são instruídas a parar de se divertir com vídeos cômicos, todas realizaram a próxima tarefa que receberam com muito menos convicção. Curiosamente, nesses casos havia uma dívida tanto física como psíquica a ser paga. Momentos de "ego esgotado" coincidiam com níveis mais baixos de glicose no sangue: a mente estava deixando o corpo sem energia para se preparar para demandas futuras.[62] O autocontrole mina nossa energia — como poderá atestar qualquer pessoa que se encontre exausta após um dia aparentemente sedentário participando de videochamadas.[63]

Obviamente, o inverso também é verdadeiro: um maior controle serve como um amortecedor contra tensão e cansaço e, no ambiente de trabalho, resulta em maior satisfação profissional. Uma estrutura teórica útil para esse insight foi criada na década de 1970 pelo sociólogo Robert Karasek e seu modelo Demanda-

-Controle no Trabalho. Posteriormente, foi reformulado por outros como o modelo de Demanda-Controle-Suporte, para levar em conta a importância do suporte que um funcionário sente que está recebendo para seu bem-estar. Mark Seery descreveu como o senso de controle nos dá a "capacidade de reserva" para responder a esses desafios que surgem em nosso caminho. O controle é um círculo vicioso e virtuoso. Aqueles que não o têm são vítimas de níveis do estresse e da exaustão que minam ainda mais o senso de controle. Eles também são duas vezes mais propensos a sofrer da causa mais comum de morte entre humanos: doença arterial coronariana (DAC).[64]

Julie e John Gottman, que exploraram a saúde mental de soldados de combate dos EUA, descobriram que a sensação de desamparo que muitas vezes acompanha uma ruptura em um relacionamento pessoal pode ter consequências fatais: "Clínicas de combate do estresse no teatro descobriram que o único incidente grave importante que precede a ideação suicida e homicida no Iraque e no Afeganistão é um evento emocional estressante de relacionamento [doméstico]". Dar telefonemas ruins para casa ("comunicações que deixam ambos os parceiros se sentindo abandonados"), ameaças de deixar o relacionamento e "brigas por controle e poder em casa" são exemplos do que pode levar as pessoas ao limite.[65] Martin Seligman registra que a maioria dos suicídios entre os soldados que serviram no Iraque resultou de relacionamentos fracassados.[66] Por outro lado, os que têm controle têm a reserva de energia para lidar com qualquer adversidade pelo caminho. No processo, eles constroem um senso de capacidade e confiança que aumenta sua sensação de controle.

O controle também oferece outros benefícios. Se for verdade, como sugeriram pesquisadores holandeses, que pessoas com baixos níveis de autocontrole podem ser imprevisíveis, e parecer não confiáveis,[67] logo pessoas com altos níveis parecem mais previsíveis e, portanto, mais confiáveis. Um senso de controle também torna menos provável que sofram de solidão — um estado que é frequentemente associado àqueles com baixa extroversão ou amabilidade (dois dos Cinco Grandes Fatores de Personalidade mencionados no Capítulo 4). E é uma arma poderosa contra a depressão e o suicídio. Como vimos anteriormente, ele nos deixa mais felizes e otimistas. Para o professor Deane Shapiro, que passou grande parte de sua carreira estudando o impacto do controle em nossa experiência de vida, há "um consenso crescente entre médicos e pesquisadores de que o controle é uma das variáveis mais cruciais envolvidas na saúde e no bem-estar de um indivíduo". A conclusão do professor é a de que existe "uma relação linear entre controle e saúde".[68] (Curiosamente, no experimento mencionado no início deste capítulo envolvendo estudantes de odontologia e feridas perfurantes em seus palatos, descobriu-se que os estudantes solitários levavam mais tempo para se recuperar.)

O otimismo que advém do controle pode ser literalmente um salva-vidas. Uma pesquisa da década de 1990 com 999 pessoas com idade entre 65 e 85 anos mostrou que o otimismo e a longevidade estão intimamente relacionados. Os participantes do estudo forneceram detalhes sobre aspectos de suas vidas, como situação familiar, formação educacional e consumo de álcool e cigarros. Eles também preencheram um questionário que buscava medir o quão otimistas eles eram por natureza. Ao longo da década em que decorreu o estudo, e refletindo a passagem natural da vida, cerca de 40% da amostra faleceu. No entanto, tornou-se evidente que os otimistas tendiam a sobreviver aos pessimistas. Na verdade, os dados sugeriram que eles tinham apenas 55% da probabilidade de morrer que seus colegas menos otimistas.[69] Eles não tinham dietas mais saudáveis ou menor índice de gordura corporal, mas eram menos propensos a sofrer de doenças cardíacas.

Um estudo com sobreviventes de câncer demonstra essa relação ainda mais claramente. Nele, um grupo de mulheres diagnosticadas com câncer de mama inicial foi entrevistado logo após se submeter a uma mastectomia para estabelecer como elas percebiam "a natureza e a gravidade da doença e como suas vidas foram afetadas por ela". Suas respostas foram classificadas em quatro categorias: negação — caracterizada como a crença de que a operação foi meramente preventiva e a recusa em acreditar que o diagnóstico era ruim; espírito de luta — uma sensação de que a doença poderia ser vencida; aceitação estoica — "Eu sei que é câncer, mas preciso continuar normalmente"; e desamparo/desesperança — uma sensação avassaladora de que nada poderia ser feito. Quando os pesquisadores revisitaram as mulheres cinco anos depois, descobriram que havia uma forte relação entre essas reações iniciais ao diagnóstico e a situação vigente. Três quartos daquelas que responderam com alto grau de controle (demonstrando negação ou espírito de luta) ainda estavam vivas e livres do câncer. Apenas 35% daquelas que mostraram baixos graus de controle (aceitação estoica ou desamparo/desesperança) estavam na mesma posição.[70] Das mulheres que morreram nesse ínterim, 88% reagiram inicialmente com desamparo ou aceitação estoica. Apenas 12% reagiram com negação ou espírito de luta.

Dada a minha aversão pela culpa da vítima que muitas vezes sinto acompanhar a Ortodoxia da Resiliência, devo confessar que senti um certo desconforto quando me deparei com essas descobertas. "Você não demonstrou otimismo ou dureza interior suficiente", parecia ser a implicação; "então é sua culpa que sua saúde tenha sofrido." Mas, na verdade, o caso não é tão simples.

Como apontei ao longo deste capítulo, o controle não é conquistado tão facilmente e não está prontamente ao alcance de grandes faixas da população. Não é uma questão simples, por exemplo, convencer um empregador de mentalidade burocrática de que todos poderiam ser mais bem servidos se lhes fosse permitida uma cultura mais autônoma, ou que libertássemos um indivíduo de seus problemas financeiros, ou que eliminássemos em um passe de mágica qualquer uma entre toda uma gama de dificuldades pessoais que deixam alguém se sentindo desamparado.

No entanto, há coisas que podemos fazer em nível pessoal para aumentar nossa medida de controle. Muitas intervenções direcionadas a pessoas que sofrem de condições como ataques de pânico, depressão e ansiedade podem ajudar a lhes fornecer maior influência sobre sua situação pessoal: por exemplo, residentes de asilos que aprendem estratégias de autocontrole como atenção plena e meditação tendem a viver mais tempo do que os que não aprendem. Se você puder explorar maneiras de encontrar os aspectos positivos da vida, sua saúde mental — e física — se beneficiará proporcionalmente. Até mesmo estar ciente das áreas de perigo pode ajudar. Hans Selye, o cientista que encontramos anteriormente e que cunhou a palavra "estresse", descreveu como o equilíbrio do corpo, ou homeostase, está sob constante ameaça de estressores que podem assumir a forma de ameaças físicas ou — com mais potência — emocionais, como o medo da retirada do amor: "Pode-se dizer sem hesitação que, para o homem, os estressores mais importantes são emocionais", observou ele.[71] Gabor Maté nos orienta onde procurar essas ameaças: "A literatura de pesquisa identificou três fatores que universalmente levam ao estresse: a incerteza, a falta de informação e a perda de controle".[72]

7

IDENTIDADE
CONSTRUINDO UM ROBUSTO SENSO DE IDENTIDADE

"PEGANDO OS RECORTES, CORRO para a bomba caseira na beira da estrada e começo a cortar os fios freneticamente. Em seguida, prendo uma linha à carga, a arrasto de volta para o Guerreiro e dou um puxão. Nada [...]. A tarefa toda levou menos de cinco minutos."[1]

Esse é o retrato de um incidente na vida de um especialista em desarmamento de bombas. O major Chris Hunter ganhou a Medalha de Bravura da Rainha por seus serviços no Iraque.[2] Seu livro de memórias *Eight Lives Down* [Oito vidas abaixo] é um relato fascinante de dezenas de encontros com bombas letais, que Hunter descreve com o entusiasmo casual de um carteiro despachando um pacote. Pontuando esses momentos de vida ou morte, no entanto, há incidentes que Hunter considera bem mais eletrizantes: correr em tanques e jipes enquanto é alvejado e tentar evitar emboscadas.

Por que alguém iria querer fazer esse trabalho? É algo sobre o que Hunter reflete em suas memórias. "Certamente não é porque tenho fetiche por desmontar as coisas ou entender como elas funcionam", escreve ele. "Nunca tive um fascínio profundo por eletrônica ou aeromodelismo quando estava na escola e era péssimo em engenharia e ciências. Sei que alguns fazem isso pela adrenalina, outros para buscar redenção por episódios mais sombrios de suas vidas. Mas acho que a maioria faz isso por um bom e velho senso de dever — só porque eles querem fazer a diferença [...]. Não se passa um único dia agora sem que alguém seja morto por uma bomba caseira. Cada dispositivo que posso neutralizar me leva um passo mais perto de rastrear e derrubar os grupos responsáveis."[3] Mesmo permitindo a possibilidade de um viés de memórias ("Eu, um herói? Eu estava apenas fazendo meu trabalho"), a forte impressão que o livro dá é a de um homem que não é um viciado em adrenalina, como se poderia supor um especialista em desarmamento de bombas, mas um profissional dedicado e calmo.

É interessante comparar Hunter com outro especialista em desarmamento de bombas, desta vez um norte-americano, enquanto ele compartilha com um jornalista sua experiência de ficar preso debaixo d'água tentando desarmar um torpedo não descarregado. "Se você pode mexer seus dedos, a linha que está enrolada em você ou qualquer situação em que você esteja, se você pode fazer uma coisinha para torná-la um pouco melhor, então faça isso. Se você pode fazer outra coisa e depois outra, então você pode ter uma positividade em cascata em oposição à negatividade em espiral. Você conhece os parâmetros técnicos de qualquer trabalho que esteja fazendo, e então pensa: 'Isso é realmente uma emergência? Sim, mas é apenas uma emergência se eu não consigo encontrar uma solução. Qual é o meu próximo passo para tornar esta situação um pouco melhor?'."[4] "A única vez em que realmente senti um medo paralisante", continua, "foi no momento em que perdi de vista qual seria meu próximo passo. Estávamos em uma situação em que havia um dispositivo e era muito mais perigoso do que esperávamos. Não fiz um bom trabalho porque não me preparei para o pior cenário. Pela primeira vez como policial, pensei: 'Não sei o que fazer'. Eu estava com medo pela minha equipe. Eu estava com medo por mim mesmo." Um momento de medo, mas novamente sem uma descarga de adrenalina subjacente. Assim como ocorreu com Chris Hunter, esse especialista em desarmamento de bombas tem um trabalho a fazer e ele está fazendo isso.

Se esses especialistas em explosivos estão exercendo um forte senso de controle ("Eu sei o que estou fazendo aqui"), há algo mais acontecendo também. Eles têm um senso igualmente forte de sua identidade ("Eu sou uma pessoa que torna as bombas seguras"). Eles sabem quem são e o que fazem — e, portanto, o fazem, no processo de normalização do que para qualquer outra pessoa seria uma tarefa extremamente estressante. A autoconfiança deles lembra o comentário que Laurie Hernandez, colega de equipe de ginástica de Simone Biles, nas Olimpíadas do Rio, murmurou para si mesma pouco antes de sua exibição na trave ajudar a impulsionar a equipe americana à medalha de ouro. "Eu cuido disso", disse ela.[5]

Como o professor Alex Haslam e sua equipe mostraram, é esse forte senso de identidade que permite que aqueles que o compartilham enfrentem situações que, para outros, podem parecer intimidadoras ou até impossíveis de lidar. Visto que os especialistas em desarmamento de bombas se identificam como especialistas em bombas — assim como, digamos, os funcionários do bar se identificam como funcionários do bar —, eles são capazes de avaliar os diferentes desafios que surgem em seu caminho da mesma maneira e tomar decisões para saber se podem lidar com eles. De fato, Haslam descobriu, quando conversou com representantes de ambos os grupos, que os especialistas em desarmamento de bombas acreditavam que seu trabalho era menos estressante do que o de funcionários de bar. Eles haviam "sacado isso", e esse conhecimento tornou possível para eles lidar com as demandas de seu trabalho.

Na década de 1930, o filósofo George Herbert Mead disse: "O *eu* é algo que tem um desenvolvimento; não está inicialmente lá, no nascimento, mas surge no processo de experiência e atividade social".[6] Ao desenvolver a ideia algumas décadas depois, o psicólogo Erik Erikson traçou as etapas pelas quais isso ocorre. Os primeiros passos na criação de nossa identidade, disse ele, envolvem "introjeção" — um processo pelo qual inconscientemente assumimos as ideias, atitudes e personalidades de outras pessoas (normalmente um pai, uma mãe ou um cuidador). Como os estudos desde a época de Erikson mostraram, os pais quase certamente relembrarão com seus filhos e contarão histórias que moldam a percepção deles sobre si mesmos. Os pais normalmente criam narrativas que enfatizam a autonomia e a realização ("Você sempre foi o corredor mais rápido da família"). As mães normalmente reproduzem noções de afiliação ("Você é criativa, como sua tia Sara").[7] As crianças gostam dessas histórias e, como já foi observado, pedirão para ouvir as histórias do arquivo familiar repetidas vezes. Ao fazê-lo, elas estão reafirmando uma lembrança combinada de uma biografia compartilhada.

Quando chegamos à adolescência, tentamos ir além de nossa identidade infantil em direção a uma identidade adulta mais independente. Estudos com universitários mostraram que os alunos do primeiro ano tendem a decorar seu quarto de maneira semelhante ao quarto de suas casas — por exemplo, exibindo bens queridos que oferecem conforto e uma sensação de continuidade. Ao mesmo tempo, porém, eles estão começando a se transformar nos adultos que se tornarão longe do ninho familiar, principalmente no novo foco que trarão para os relacionamentos.[8] A resposta à pergunta "Quem sou eu?" evoluirá ao longo de toda a nossa vida. Ao mesmo tempo, porém, buscamos uma consistência geral na história de quem é esse "eu".[9] Como disse Erikson, "o senso de identidade fornece a capacidade de experimentar a si mesmo como algo que tem continuidade e uniformidade, e agir em conformidade".[10]

Um forte senso de identidade é poderosamente capacitador. Erikson defendeu que foi essa qualidade que deu a Mahatma Gandhi sua presença dominante e a poderosa capacidade de influência. Outros mostraram como adolescentes que desenvolveram uma história de vida coerente e que exibem uma identidade mais madura também exibem um nível mais alto de autoestima.[11] Um estudo de mulheres acompanhadas dos 21 aos 61 anos descobriu que as mais capazes de transformar experiências desafiadoras em uma narrativa coerente de fortalecimento da identidade estavam mais satisfeitas com suas vidas ao entrarem na sétima década.

Do outro lado da moeda estão os ex-soldados da Segunda Guerra Mundial com estresse pós-traumático com quem Erikson trabalhou, cujas experiências, ele acreditava, efetivamente os levaram a perder seu senso de identidade.[12] Depois, há os ex-combatentes das guerras mais recentes no Vietnã e no Iraque, cujas personalidades perturbadas, de acordo com um estudo de 2016 de Natalie Purcell e coautores, dificultaram o ato de fazerem as pazes consigo mesmos. "Acho que você sente vergonha do que fez", lembrou um veterano muitos anos depois de voltar para casa. "Você sabe que foi treinado para fazer isso, e isso fica com você. Acho que às vezes me sinto muito triste. Sinto orgulho de ser um soldado que tentou fazer algo que achava certo para o país. Mas é difícil ser soldado. Isso arranca sua fibra moral. Isso muda a sua vida."[13] "Agora estou desconfortável porque isso pode mudar a maneira como ele olha para o filho", disse outro ex-combatente, explicando como se sentiu estranho quando seu pai perguntou se ele havia matado alguém em ação. Outro ex-soldado, questionado sobre o que ele temia que sua esposa pudesse descobrir sobre seu serviço quarenta anos antes, respondeu simplesmente: "Que eu sou um assassino".[14]

Outros que estão lutando da mesma forma para dar relatos convincentes de suas vidas são os adultos depressivos descritos em um estudo, que ofereceram "ruminações" autobiográficas em vez de contos selecionados, e que exibiam uma tendência a pensar obsessivamente em aspectos negativos (muitas vezes generalizados) de suas vidas de uma forma repetitiva e circular.[15] Suas "ruminações" não eram diferentes da "compulsão de repetição" que foi observada em pacientes com traumas, em que as pessoas repassam suas experiências terríveis na tentativa de aceitá-las.

O primeiro livro de memórias do ex-presidente Barack Obama, *Sonhos do meu pai*, oferece uma visão fascinante das agonias mentais de um jovem que estava confuso sobre sua identidade e lutava para se conectar com seus colegas. Embora ele fosse mestiço, o pai queniano de Obama estava quase totalmente ausente de sua vida (Obama o encontrou uma vez, brevemente, aos dez anos), e Obama foi criado no Havaí por sua mãe e seus avós brancos. Somente quando foi para a faculdade ele conheceu totalmente a cultura negra e, a princípio, achou difícil se identificar com ela. Ele confessa que se sentiu confuso, sem direção e incerto, reconhecendo quinze anos depois que "não tinha ideia de quem eu era".[16] Foi só quando se engajou com estudantes negros politicamente ativos que passou a se referir a si mesmo como Barack para sinalizar sua conexão com o pai e suas origens africanas, e gradualmente aceitou a notícia que recebeu em seu último ano na faculdade de que o pai havia morrido em um acidente de carro que, então, uma identidade nova e mais estável foi forjada. Como ele explicou mais tarde a um jornalista, "de alguma forma eu emergi do outro lado disso, pronto e ansioso para me arriscar no que é um empreendimento bastante improvável: me mudar para Chicago e me tornar um organizador [...] um momento em que ganho uma seriedade de propósito que me faltava antes".[17]

Comum a todas essas experiências e narrativas é o medo por parte dos indivíduos envolvidos de que, se as pessoas que amam conhecessem "os verdadeiros eles", retirariam seu afeto. É parte do que o psicólogo Bessel van der Kolk fala em sua exploração do impacto do trauma nas crianças em que, como ele diz, "a vergonha se torna a emoção dominante, e esconder a verdade, uma preocupação central".[18] Quando alguém se sente incomodado com a própria identidade, a tentação é esconder aspectos dela, desconectar-se dos outros. Nas palavras da psicóloga clínica Catherine Haslam e coautores, "quando o trauma tem um impacto psicológico adverso, é porque ele compromete fundamentalmente o sentido social de uma pessoa e seu relacionamento com o mundo em geral".[19] Um Gandhi confiante em sua identidade estava igualmente confiante nas exigências da liderança. Um jovem Obama inseguro de sua identidade ficou ansioso e deprimido.

Um senso de identidade também pode ter implicações para a saúde física das pessoas. Durante a década de 1980, quando o HIV/aids apareceu pela primeira vez no mundo (a primeira menção ao vírus no *New York Times* foi na página 20, onde foi descrito como um "câncer raro visto em 41 homossexuais"),[20] a taxa de mortalidade entre suas vítimas se mostrava angustiantemente alta.

No entanto, como descobriram Steve Cole, Margaret Kemeny e Shelley Taylor, da Universidade da Califórnia, quando conduziram um estudo de nove anos com 72 homens gays HIV-positivos inicialmente saudáveis, o padrão e o progresso da doença não eram consistentes em todos aqueles que sofriam com ela. Aqueles que, numa época em que prevalecia a homofobia, eram sensíveis aos preconceitos dos outros e, portanto, ansiosos para esconder sua sexualidade — em outras palavras, homens que escondiam sua verdadeira identidade — tiveram como resultado o sofrimento físico. Como os pesquisadores colocaram, eles "experimentaram uma aceleração significativa no tempo para o nível criticamente baixo de linfócitos T CD4, no tempo para o diagnóstico de aids e no tempo para a mortalidade relacionada ao HIV".[21] É um padrão lamentavelmente muito comum entre aqueles que sofrem racismo, sexismo, homofobia e outras formas de discriminação, manifestando-se em incidências mais elevadas de doenças psiquiátricas e de saúde física entre aqueles que mais lutam para lidar com isso.[22]

Isso se encontra, por exemplo, entre aqueles que acreditam que sua aparência física é objeto de críticas. Diane Quinn e Jennifer Crocker, que estudaram o impacto do preconceito na vida de adultos obesos, observaram que, como as pessoas com sobrepeso costumam ser consideradas pessoalmente responsáveis por seu excesso de peso, elas podem ser vítimas da hostilidade alheia.[23] Alguns sofrem por se vincular mais estreitamente com outros membros do grupo rejeitado — uma abordagem denominada "identificação com a rejeição" —, mas, embora essa celebração do "corpo positivo" seja louvável, muitas vezes não é suficiente por si só para superar totalmente a toxicidade do estigma social, e ainda pode deixar as pessoas com baixa autoestima.[24] Da mesma forma, a experiência do racismo pode cobrar um preço terrivelmente alto. Um estudo nos EUA, que descobriu que "a discriminação racista é desenfreada na vida dos afro-americanos", observou que ela "está fortemente relacionada a sintomas psiquiátricos e ao tabagismo" (um hábito que já vimos Robert Anda descrever como "automedicação" contra o trauma).[25] Outro estudo mostrou como as vítimas de preconceito muitas vezes relutam em culpar a discriminação por resultados negativos em sua vida e, em vez disso, voltam-se para si mesmas para atribuir seu infortúnio às suas próprias deficiências.[26]

Muitas pessoas com uma identidade estigmatizada se envolvem no que é frequentemente chamado de "gerenciamento de identidade". Lembro-me de um amigo gay me contando como, quando um motorista de táxi perguntou casualmente se ele estava "saindo para encontrar sua namorada", ele respondeu que sim: ele não tinha ideia se o motorista do táxi era homofóbico ou não, mas não queria correr o risco de ouvir algo que pudesse arruinar sua noite. Tom Daley, que descreveu como sua homossexualidade o deixou "se sentindo *menor*", disse que isso também foi um estímulo para construir uma identidade como um mergulhador de sucesso. Ele estava determinado a "não decepcionar todo mundo quando descobrissem a minha verdade".[27]

O dano ao senso de identidade é irreversível? Não, de acordo com Jack Shonkoff, diretor do Centro do Desenvolvimento Infantil da Universidade Harvard, que trabalhou com pessoas com altos índices de EAI. "Se eu tivesse de resumir isso a uma coisa para as pessoas aprenderem com esse conhecimento", diz ele, "seria acabar para sempre com a noção de que crianças que nascem em circunstâncias desvantajosas estão condenadas a maus resultados na vida. Os cientistas dizem que isso não é verdade".[28] As intervenções de EAI provaram ser eficazes em ajudar as pessoas a pararem de se definir com base no trauma que vivenciaram e a começarem a construir uma narrativa mais positiva. Depois de entender por que você sente a dor que sente, de onde vem e por que não é sua culpa — por que, em outras palavras, sua dor é sua experiência, não sua identidade —, você pode começar a virar as costas para a narrativa prejudicial que criou para si mesmo. A médica Nadine Burke Harris argumenta que essas intervenções com seus pacientes com Experiências Adversas na Infância "acalmam seus sistemas de resposta ao estresse interrompidos e controlam seus sintomas de maneira mais eficaz".[29]

Como Robert Anda explica, isso também ajuda aqueles com altos índices de EAI a saber que não estão sozinhos: "O que descobri", afirma ele, "é que, se as pessoas entenderem, quando forem questionadas sobre essas dez categorias de Experiências Adversas na Infância, se já souberem que essas experiências são comuns, ficarão provavelmente mais aliviadas e menos assustadas. Ocorre algo que é meio que um milagre, que elas não se sentem mais sozinhas, que não são as únicas que passam por essas coisas".[30] Confortados por saberem que não são "menores" (nas palavras de Tom Daley), aqueles que lutam para lidar com traumas e experiências ruins podem, então, começar a reenquadrar sua história, de modo que ela não seja mais moldada ou definida pelas provações que sofreram. Se puderem fazer isso, eles se aceitarão mais — e sentirão que são mais merecedores da aceitação dos outros.[31] As intervenções envolvidas podem incluir o aprendizado de técnicas como atenção plena e meditação. A dra. Nadine Burke Harris também defende padrões de sono mais saudáveis. "Também foi demonstrado que o exercício regular ajuda a controlar a resposta ao estresse", acrescenta ela, porque parece ser capaz de "ajudar o corpo a decidir melhor quais lutas escolher e quais evitar".[32]

E, assim como saber que outros também sofreram pode aliviar o fardo, passar algum tempo com pessoas semelhantes também pode ser muito benéfico. Os festivais de orgulho LGBTQIAP+ não são somente divertidos — eles literalmente dão vida a quem participa deles. Comemorações como o Mês da Consciência Negra não são importantes apenas em si mesmas. A afirmação que elas incorporam proporcionará benefícios físicos e mentais para aqueles que estão envolvidos nelas. Grupos de autoajuda também são inestimáveis, quer eles assumam a forma de organizações como os Alcoólicos Anônimos ou reuniões mais informais de ex-militares.

Isso me leva à última peça-chave do quebra-cabeça da fortaleza. Podemos nos preparar individualmente para melhorar nosso senso de controle e nosso senso de identidade. Mas, para que essas qualidades realmente se enraízem, precisamos ir além de nosso *eu* individual e nos conectar com os outros. Nosso senso de *eu* deve ser sobreposto por uma consciência de *nós*.

Outra história da crise da aids na década de 1980 ilustra esse ponto de maneira muito poderosa. Mesmo quando os riscos do vírus para a saúde e as medidas preventivas necessárias para combatê-lo foram compreendidos, Albert Bandura, um dos maiores psicólogos do século XX, percebeu que alguns membros de grupos de alto risco continuaram a assumir comportamentos perigosos — envolvendo-se em relações sexuais desprotegidas, por exemplo, ou, entre usuários de drogas intravenosas, compartilhando agulhas. Sua conclusão foi que o motivo frequentemente residia no desejo de se conformar às normas sociais. Quando colocados em situações íntimas, alguns indivíduos se sentiram relutantes ou constrangidos em pedir a outros que adotassem uma abordagem preventiva.

No entanto, Bandura também descobriu que aqueles com um senso de autoidentidade mais confiante adotavam uma abordagem mais preocupada com a própria saúde e a daqueles a seu redor[33] — uma descoberta muito alinhada com a de outro estudo, que concluiu que homens gays ou usuários de drogas intravenosas que tinham "abandonado" comportamentos seguros o faziam porque se sentiram coagidos por seus parceiros, enquanto aqueles que não o faziam tinham uma imagem forte de quem queriam ser.[34] A conclusão de Bandura foi que o comportamento das pessoas era moldado pelo que elas sentiam que seu próprio grupo consideraria certo ou errado. A identidade individual, em outras palavras, era sobreposta por um senso mais amplo de identidade social.

Como Bessel van der Kolk descreveu, "nossos sistemas são feitos para se mover em sincronia com as pessoas ao nosso redor".[35] Portanto, é hora de ir além do controle individual e da identidade para criar um senso de fortaleza a fim de considerar o papel desempenhado por aqueles que nos rodeiam.

PARTE III

Encontrando a fortaleza

8

COMUNIDADE
O PODER DO NÓS

QUANDO O AVIÃO ATINGIU a Torre Norte do World Trade Center de Nova York em 11 de setembro de 2001, uma terça-feira, Marcy Borders, uma assistente jurídica de 28 anos que trabalhava nos escritórios do Bank of America, estava no 81º andar. A princípio, quando as pessoas ao seu redor presumiram que uma aeronave leve houvesse atingido acidentalmente a torre, o gerente de Borders pediu que ela mantivesse a calma. Mas logo ficou claro para a jovem que algo catastrófico havia ocorrido. "Do jeito que o prédio tremia, eu não conseguia me sentar", ela lembrou mais tarde. "Na verdade, você via cadeiras saindo pelas janelas, material de escritório e o que agora sei que eram pessoas."[1]

Enquanto descia com seus colegas uma das escadas lotadas, Borders viu "pessoas perfuradas por objetos, crânios queimados". No fundo, um bombeiro gritou a instrução "Corra e não olhe para trás". Na confusão empoeirada, Borders caiu brevemente sobre suas mãos e joelhos. "Eu não conseguia ver minha mão na frente do meu rosto [...]. Toda vez que eu inalava, minha boca se enchia [de poeira], eu estava sufocando." Quando ela se levantou novamente, o fotógrafo Stan Honda tirou uma foto dela. Ele a captura como uma estátua, todo o corpo coberto de poeira, os braços esticados e as mãos estendidas como se ela estivesse segurando uma delicada xícara de chá e um pires de porcelana apenas um momento antes. A fotografia "The Dust Lady" [A mulher empoeirada] logo se tornou uma das imagens que definiram aquele dia terrível.[2]

Enquanto isso, os serviços de emergência chegavam, guiando as pessoas para um local seguro, absorvendo a enormidade do que acabara de ocorrer. Muitos morreriam poucas horas depois, quando a Torre Sul foi atacada e ambas as torres desabaram. Aqueles que passaram por aquele dia testemunharam cenas de horrível devastação, sofrimento e morte. Os policiais descreveram mais tarde como viram pessoas pulando dos prédios em chamas; como eles tiveram de criar necrotérios improvisados na rua; e como eles mesmos tiveram de correr para salvar sua vida quando os cataclismos finais ocorreram.

Na esteira do Onze de Setembro vieram as investigações e os estudos — sobre as causas, a resposta, as lições a serem aprendidas. Entre eles havia um que examinava como os 2.943 policiais presentes naquele dia lidaram posteriormente com o que viram e o que tiveram de fazer — como lidaram psicologicamente com o desastre, tanto no momento como depois.

Uma descoberta fundamental não foi uma grande revelação: quanto mais exposto um indivíduo esteve aos eventos traumáticos daquele dia, maior o estresse que tendia a sentir depois. De fato, um número significativo foi diagnosticado com estresse pós--traumático. O que surpreendeu, entretanto, foi a descoberta de que, quatro a cinco anos depois, a maioria dos policiais expostos aos horrores daquele dia — 85% na verdade — havia se recuperado do tept ou foi registrada como "resiliente": isto é, eles exibiam poucas (ou nenhuma) cicatrizes mentais do Onze de Setembro.

Marcy Borders, ao contrário, nunca superou o ocorrido. "Isso me assombrava todos os dias", disse ela a um jornalista. Ela ficou deprimida. "Eu bebia muito e nunca saía." Gradualmente, a dependência do álcool se transformou em dependência de drogas. "Minha vida saiu do controle. Não trabalhei um dia sequer em quase dez anos e, em 2011, estava uma bagunça completa."[3] Enquanto lutava contra o vício, ela se separou do parceiro e perdeu a guarda dos filhos. Então, aos 41 anos, foi diagnosticada com câncer de estômago, uma doença que ela estava convencida de que havia sido causada pela grande quantidade de material nocivo e pela poeira que havia inalado (doenças semelhantes afligiram outras pessoas presentes naquele dia). Sem conseguir pagar suas contas médicas, ela morreu no verão seguinte, aos 42 anos.[4]

Por que Marcy Borders deveria ter lutado para suportar mentalmente depois do Onze de Setembro, quando tantos policiais presentes naquele dia parecem ter sido capazes de aceitar o desastre que testemunharam? É impossível oferecer uma única resposta definitiva. Mas uma descoberta importante da pesquisa sobre a saúde mental desses policiais certamente aponta para um fator-chave. Essencialmente, concluíram os pesquisadores, as raízes da recuperação dos policiais eram sociais. Eles não só podiam contar com o apoio de familiares e amigos após o desastre, mas também com sua rede de colegas oficiais para falar sobre experiências e sentimentos compartilhados. Quanto mais faziam isso, menores eram os níveis de estresse que apresentavam alguns anos depois.[5] Marcy Borders também tinha família e amigos, mas negava a camaradagem de colegas de trabalho com quem poderia se sentir suficientemente desarmada para falar sobre o que havia passado, e começou a se sentir isolada. Ela se afastou cada vez mais dos outros e, como consequência, sofreu terrivelmente.

Sua experiência trágica de um evento traumático, infelizmente, não é única. Uma meta-análise agregada abrangendo 90.480 indivíduos em 268 estudos diferentes concluiu que a falta de apoio social é um preditor de tept duas vezes mais eficaz do que o nível de gravidade do trauma vivenciado.[6] Nas palavras de Alex Haslam, "resiliência é algo que só ocorre em e para grupos".[7] O apoio dos outros nos ajuda.

Se os policiais que atuaram no Onze de Setembro são prova disso, também o é outro grupo que vive sob constante ameaça e estresse: os militares. Como vimos, homens e mulheres ex-militares sofrem um impacto em sua saúde física e mental, do qual aqueles na vida civil podem ter pouca ou nenhuma noção. O fato é que muitos ex-militares são, no entanto, capazes de fazer transições relativamente rápidas e fáceis entre o serviço ativo e a vida doméstica. Não apenas isso, mas alguns acham que a calma da vida civil até os deixa com saudades de sua vivência militar. Perder a adrenalina que a vida de farda pode oferecer, sem dúvida, desempenha um papel nisso. No entanto, na opinião do jornalista Sebastian Junger, que fez um estudo particular sobre as tropas de combate, a camaradagem da vida militar desempenha um papel muito mais crucial na formação de como eles se sentem.

Junger passou vinte anos relatando campos de batalha ao redor do mundo. Ele experimentou estar sob fogo cruzado. De fato, ele testemunhou a morte de outros repórteres em zonas de combate. E, contudo, ficava repetidamente impressionado com o fato de que ex-militares carregavam uma sensação de perda quando deixavam o serviço militar. "Como é que alguém pode passar pela pior experiência imaginável e voltar para casa, para sua casa, para sua família, seu país, e sentir saudade da guerra?", perguntou-se.[8] Ele descreveu, por exemplo, a vida de um grupo de vinte soldados com quem passou um tempo em 2007 em um posto avançado no Leste do Afeganistão. "Não havia água corrente, não havia como tomar banho, e esses caras ficavam lá em cima por um mês. Eles nunca tiravam suas roupas. Eles lutavam e trabalhavam. Dormiam com as mesmas roupas, nunca as tiravam, e, no final do mês, desciam para a sede da companhia, e a essa altura as roupas estavam inutilizáveis, então as queimavam e pegavam um novo conjunto." Ainda assim, embora os soldados tivessem que suportar essas condições miseráveis, embora vissem amigos sendo mortos e corressem riscos quase diários, eles queriam estar lá. A euforia da guerra certamente foi um fator. Junger contou como um jovem soldado, enfrentando o tédio de um dia em que não havia combate, disse: "Oh, Deus, por favor, alguém nos ataque hoje!". No entanto, Junger se convenceu de que a questão era bem mais complexa.

Essa perspectiva trouxe um grande alívio para ele em um jantar em casa, onde Brendan, um soldado recém-desativado, descrevia a desolação da situação no Afeganistão para outra convidada. "Brendan, há alguma coisa de que você sinta falta em relação a estar no Afeganistão, em relação à guerra?", ela perguntou. Ele fez uma longa pausa antes de responder: "Senhora, sinto falta de quase tudo".

"Acho que ele sentia falta", disse Junger, "da fraternidade. Sentia falta da conexão." "[Se] você pensa em Brendan", ele continua, "você pensa em todos esses soldados tendo um vínculo como esse, em um pequeno grupo, no qual eles amavam vinte outras pessoas de algumas maneiras mais do que amavam a eles mesmos. Eles são abençoados com essa experiência por um ano, e então retornam para casa e estão de volta à sociedade como o restante de nós está, sem saber com quem podem contar, sem saber quem os ama, quem eles podem amar, sem saber exatamente o que alguém que eles conhecem faria por eles se fosse necessário. Isso é assustador. A guerra, psicologicamente, de certa forma, é fácil comparada a esse tipo de alienação." "É por isso que eles sentem falta dela", concluiu. A guerra oferecia camaradagem. Da mesma forma, a vida civil envolvia o fim dessa camaradagem. É algo que deve ser levado em consideração ao tentar explicar por que tantos ex-militares lutam para fazer o ajuste da guerra para a paz.

O poder de união da camaradagem pode ser encontrado nos piores lugares, como descobriram pesquisadores que estudaram prisioneiros libertados da Força Aérea dos EUA após a Guerra do Vietnã. As respostas aos questionários enviados descreviam um mundo de abuso, tortura, doença, desnutrição e todo tipo de privação sensorial. Mas também revelaram como os militares se beneficiavam mentalmente da disciplina militar dos rituais diários de limpeza; como eles extraíam força um do outro; e como encontravam conforto em seus valores religiosos e patrióticos coletivos. Mais de 90% acreditavam que essas experiências ajudavam a torná-los o tipo de pessoa que eles queriam ser; 61% sentiam que suas experiências ajudavam em seus relacionamentos sociais subsequentes, sua autocompreensão e seu senso de otimismo.[9] E, embora possamos esperar que aqueles que foram duramente tratados na prisão tenham sofrido o pior em termos de saúde mental, o oposto provou ser verdadeiro. Os prisioneiros que passaram pelos tempos mais cansativos — "com mais sofrimento físico e psicológico, mais conflito com os captores por questões físicas e psicológicas, mais ferimentos durante o cativeiro e maior gravidade dos problemas"[10] — relataram o maior benefício de sua experiência mais tarde. Todos sentiram que os laços que construíram com seus companheiros de prisão se tornaram uma luz definidora em sua vida. Assim como os ex-combatentes envolvidos na guerra do Afeganistão, os ex-prisioneiros da Guerra do Vietnã frequentemente retornavam a um ambiente onde se sentiam distantes das pessoas ao seu redor. Não foi a prisão que os prejudicou; foi a subsequente desconexão de seu grupo — a comunidade prisional. A comunidade os manteve unidos. Ela os mantinha sãos.

A influência que os outros têm sobre nós — para o bem ou para o mal — é reconhecida há muito tempo. No entanto, isso tem sido objeto de interpretações divergentes. Por muitas décadas houve uma visão de que as sociedades se moveram cada vez mais para cima em um caminho civilizador, fortalecido pela cola social de valores comunitários compartilhados. No entanto, essa visão otimista foi, como escreveu Ervin Staub em *The Roots of Evil* [As raízes do mal], "quebrada pelos eventos da Segunda Guerra Mundial, particularmente o extermínio sistemático e deliberado de seis milhões de judeus pelo Terceiro Reich de Hitler".[11] Essa quebra deu lugar a uma interpretação mais pessimista e sombria da natureza humana. Olhando do outro lado do tribunal para o ex-líder nazista tenente-coronel Eichmann, em seu julgamento por crimes de guerra em Jerusalém em 1961, a jornalista Hannah Arendt ficou impressionada com sua aparente normalidade (você entenderá por que ela pensou isso se assistir às imagens do julgamento no YouTube). Ela havia presumido que ele seria "um homem obcecado por um desejo perigoso e insaciável de matar", equipado com "uma personalidade perigosa e pervertida". Em vez disso, ele parecia um burocrata monótono. Ela cunhou o termo "banalidade do mal" para descrever o que havia testemunhado.[12] Parecia que qualquer pessoa neste mundo pós-nazista era capaz de atos de uma barbaridade terrível, dado o conjunto certo de influências e circunstâncias. A comunidade era um animal frágil e potencialmente hostil.

Essa noção sombria recebeu um novo impulso apenas dois anos depois, por meio do agora mundialmente famoso experimento de obediência conduzido pelo psicólogo norte-americano Stanley Milgram. Nele, os voluntários eram instruídos a fazer perguntas a um "Aluno", que não era visível para eles, mas que podiam ouvir, com a ordem adicional de que deveriam administrar choques elétricos em escala crescente se as respostas que recebessem estivessem incorretas. (Na realidade, os protestos cada vez mais altos do Aluno eram falsos, já que ele não estava conectado a nenhuma máquina.) O fato de que 65% dos participantes tenham seguido as instruções de um assistente de laboratório de jaleco branco para continuar subindo até o nível máximo de voltagem, apesar dos protestos cada vez mais angustiados do Aluno, parecia confirmar a visão empobrecida da conduta e influência humana que o mundo do pós-guerra havia construído. Como Milgram escreveu em seu livro de 1974, *Obedience to Authority* [Obediência à autoridade], "a concepção de Arendt da banalidade do mal se aproxima da verdade que alguém pode ousar imaginar. A pessoa comum que deu choques na outra pessoa [em seu experimento] o fez por um senso de obrigação — uma concepção de seus deveres como sujeito —, e não por quaisquer tendências agressivas peculiares".[13]

Se fossem necessárias mais evidências, elas aparentemente viriam na forma do igualmente famoso Experimento da Prisão de Stanford (SPE, em inglês) de 1971, liderado pelo dr. Philip Zimbardo. Nessa simulação cuidadosamente encenada de prisão e encarceramento, os participantes rapidamente se conformaram com o papel atribuído de forma arbitrária a eles. Os estudantes voluntários vestidos de carcereiros tornaram-se dominadores e cruéis. Os "prisioneiros" caíram em ansiedade e estresse. Não demorou muito para que as coisas saíssem do controle. Logo os guardas estavam saindo de seu caminho para insultar os prisioneiros e humilhá-los. Eles até os forçavam a limpar banheiros sem luvas. Após seis dias dentro do prazo previsto de duas semanas para o experimento, sentiu-se que a tirania dos guardas havia ido longe demais, e o exercício foi interrompido.

Dada a experiência devastadora da Segunda Guerra Mundial, não é difícil ver por que tais experimentos receberam tanta atenção na época e por que devem ter ficado tão marcados na consciência popular. Mas também é muito fácil ser enganado por eles. Eles parecem sugerir que nosso comportamento é ditado pelo poder, pela influência dos outros e pelos papéis que nos são dados. A realidade é bem diferente.

Ironicamente, o pesquisador que forneceu a estrutura corretiva necessária foi ele próprio um produto intelectual da Segunda Guerra Mundial. Henri Tajfel nasceu em uma família judia em Włocławek, Polônia, logo após o fim da Primeira Guerra Mundial. Mudando-se para Paris para uma educação universitária que, como jovem judeu, achava difícil conseguir na Polônia, ele estava na Sorbonne estudando química quando a Alemanha invadiu sua terra natal em 1939.[14] Chamado para servir em uma unidade polonesa no Exército francês, Tajfel logo foi capturado em 1940. Seu assistente de longa data, John Turner, acreditava que, "se as autoridades alemãs tivessem descoberto que ele era um judeu polonês em vez de francês, ele teria sido morto".

Na verdade, como seu biógrafo estabeleceu mais tarde, os documentos de Tajfel afirmavam que ele era polonês e que sobreviveu apenas por esconder completamente sua condição de judeu, uma decisão que mais tarde ele descreveu para um ou dois de seus amigos mais próximos como sua "vergonha duradoura".[15] Seus amigos e parentes tiveram menos sorte. Quando Tajfel voltou para a Polônia após a guerra, descobriu que todos haviam perecido no Holocausto.

As experiências de Tajfel agora o levavam a mudar o foco de seu estudo da química para a psicologia. Como diz Turner: "Sempre ficou claro que, muito mais do que para a maioria, sua psicologia social, os problemas que estudou, as teorias que propôs e as abordagens que considerou necessárias e significativas permaneceram intimamente ligadas às tragédias e experiências de sua vida anterior". Sem dúvida, o sentimento de culpa de Tajfel por esconder sua identidade foi um estímulo adicional.[16] De qualquer forma, ele agora se preocupava com o comportamento do grupo, com o fato de que as pessoas podiam facilmente se tornar cruéis e se voltar umas contra as outras. Ele queria entender o porquê.

Ele descobriu, por meio de observação e experimento, que é preciso a menor das diferenças entre as pessoas para criar sentimentos desconcertantemente fortes de lealdade para aqueles que parecem pensar da mesma forma — e animosidade para aqueles que parecem diferentes. Em um experimento, por exemplo, os alunos que foram informados de que estavam sendo alocados para um determinado grupo simplesmente com base em preferências de imagens expressas anteriormente (eles haviam mostrado trabalhos de Paul Klee e Vassily Kandinsky) rapidamente se uniram em torno de sua nova identidade de grupo, mostrando preferência por outros membros do grupo e, ainda mais potente, uma aversão por aqueles do outro grupo. Na verdade, a maioria nunca tinha ouvido falar de Klee ou Kandinsky e havia sido alocada em seu grupo não de acordo com sua preferência estética, mas aleatoriamente. Em outro experimento, voluntários que haviam acabado de completar uma tarefa juntos foram convidados a participar de outra que envolvia destinar dinheiro aleatoriamente para outros participantes.[17] O fato de que eles acabaram sendo aleatoriamente reunidos para um experimento resultou em "uma grande maioria" dando mais dinheiro para aqueles com quem já haviam estado do que para aqueles que haviam acabado de se juntar a eles. Tajfel também observou que, mesmo nesses grupos vagamente afiliados, a repulsa em relação a "eles" era frequentemente mais forte do que a atração em relação a "nós".[18] Os participantes, ele escreveu, "estavam mais interessados em que os membros de fora do grupo recebessem menos que os membros internos do que com as quantias absolutas de dinheiro que deram aos membros do grupo".[19] As descobertas de Tajfel foram repetidas dezenas de vezes. Fossem meninos adolescentes, meninas ou mulheres, os resultados continuaram os mesmos.

As forças complementares de semelhança e diferença fascinaram Tajfel. Ele descobriu que as pessoas se definem não apenas com base no quanto pertencem a um grupo, mas em como diferem dos membros de outro. "A discriminação intergrupal é uma característica da maioria das sociedades modernas", escreveu ele. "O fenômeno é depressivamente semelhante, independentemente da constituição do grupo interno e do grupo externo que é percebido como sendo de alguma forma diferente."[20] Ele contou como um amigo esloveno descreveu os traços estereotipados de seus concidadãos e de seus vizinhos bósnios mais pobres. Depois, Tajfel transmitiu esses resumos a um grupo de estudantes de Oxford pedindo-lhes que adivinhassem quais nacionalidades esses estereótipos descreviam. Todos assumiram que as características positivas que o amigo de Tajfel considerava típicas dos eslovenos se referiam ao povo inglês, e que as negativas usadas para os cidadãos bósnios na verdade se relacionavam com imigrantes coloniais recentes na Grã-Bretanha. A discriminação é depressivamente semelhante, onde quer que seja encontrada. Para cada piada inglesa à custa de irlandeses ou escoceses, há uma piada polonesa que zomba de alemães e russos, ou uma finlandesa que zomba de suecos e noruegueses. Em cada caso, o grupo inicial representa os heróis inteligentes, e os outros grupos representam os vilões estúpidos ou presunçosos.

Vistas pelas lentes de Tajfel, da tese da "banalidade do mal" de Hannah Arendt e das suposições populares sobre as lições do experimento de choque elétrico de Milgram, ou do Experimento da Prisão de Stanford de Zimbardo, as interpretações realmente não se sustentam. As pessoas não cometem atos de maldade simplesmente porque são engrenagens da máquina, obedecendo a comandos e assumindo um papel que lhes é imposto. Elas se comportam dessa maneira porque pertencem a um grupo que se opõe a outro. Como Alex Haslam (ex-aluno do assistente de Tajfel, John Turner) e Stephen Reicher (ex-aluno de Tajfel e Turner) argumentam, seguindo o exemplo do livro de Yaacov Lozowick, *Hitler's Bureaucrats* [Os burocratas de Hitler], Eichmann e seus companheiros nazistas não ordenaram o assassinato de milhões porque obedeciam às ordens de forma burocrática e cega. Fizeram isso porque pertenciam a um grupo para o qual o assassinato em massa era aceitável e necessário. Os membros desse grupo pensaram muito sobre o que estavam fazendo, trabalharam nisso e assumiram a liderança por muitos anos.[21] Nas palavras do historiador britânico Ian Kershaw: "Os assassinos nazistas sabiam o que estavam fazendo, acreditavam no que estavam fazendo e até comemoravam o que estavam fazendo".[22] Eles estavam tentando corresponder às expectativas do grupo.

Com isso em mente, vale a pena retornar ao estudo de Milgram, porque, em uma inspeção mais detalhada, não é exatamente o que os relatos populares fazem parecer.

A primeira coisa a apontar é que não houve um único experimento de Milgram. Houve dezenas deles. E, embora, em alguns, os participantes tenham aumentado a dor que pensavam estar infligindo ao Aluno até a voltagem máxima, isso não ocorreu em todos os casos. Em vários deles, cada voluntário foi ao máximo; em outros, ninguém o fez.[23] O segundo ponto crucial é que, mesmo com apenas três pessoas envolvidas — o Professor (que administrou os choques), o Aluno (que os "recebeu" em outra sala) e o Experimentador (que supervisionou os procedimentos) —, claramente se estabeleceu uma dinâmica de grupo. Haslam e Reicher, que estudaram detalhadamente as meticulosas notas de Milgram, apontam para uma passagem particularmente significativa: "Os sujeitos", escreveu Milgram, "vieram ao laboratório para estabelecer um relacionamento com o experimentador, um relacionamento especificamente submisso no interesse de avanço da ciência. Eles não vieram para estabelecer um relacionamento com o Aluno, e é essa falta de relação em uma direção e a relação real na outra que produz os resultados [...]. Somente uma relação genuína entre a vítima e o sujeito, baseada em identificação [...], poderia reverter os resultados". Em outras palavras, os participantes concordaram com as instruções sombrias que receberam não porque estivessem simplesmente seguindo ordens cegamente, mas porque se identificaram com o Experimentador (que estava na sala com eles) em vez do Aluno (que estava fora de vista).

Se mais provas fossem necessárias, elas viriam das reações do Professor às instruções que o Experimentador lhes deu. Milgram e sua equipe estabeleceram uma hierarquia de comandos aqui. Se um Professor hesitasse em administrar um choque, o Experimentador diria "Por favor, continue". Se ainda se sentissem bloqueados, seria dito a eles: "O experimento requer que você continue"; então "É absolutamente essencial que você continue" e, finalmente, "Você não tem outra escolha, deve continuar agora". Esperaríamos que até os Professores resistentes anteriormente cedessem a esse comando final se realmente fosse verdade que eles eram cegamente obedientes. Na verdade, nenhum participante ao qual foi dito "Você não tem escolha, deve continuar agora" aquiesceu. Eles sentiram que eram membros voluntários de um exercício de equipe (depois do experimento, muitos disseram como estavam orgulhosos de seu envolvimento), mas recuaram diante de uma ordem direta que contrariava seus instintos. Curiosamente, Milgram havia escondido dos participantes o aspecto de obediência de seu projeto, observando: "Mesmo neste experimento, devemos disfarçar o caráter da obediência para que ela pareça servir a um fim produtivo. Portanto, não se trata de uma 'obediência cega'". "A tirania não é o produto da obediência 'natural' ou 'cega'", conclui Haslam. "De fato, ela provavelmente não é produto da obediência. Em vez disso, é produto de seguidores engajados que se baseiam na identificação com aqueles em posição de autoridade — cuja causa é vista como correta e que são seguidos com base nela."[24]

Onde isso nos deixa com o estudo da prisão de Zimbardo? Em 2002, cerca de trinta anos após o abandono do Experimento da Prisão de Stanford, Alex Haslam e Stephen Reicher começaram a recriá-lo para a BBC. As coisas mudaram muito nas três décadas seguintes. Quando Zimbardo empreendeu sua pesquisa, o mundo mal havia saído da era granulada do filme em preto e branco do julgamento de Eichmann. Haslam e Reicher, por outro lado, estavam operando na era emergente dos reality shows, dominada pelo extraordinário sucesso do programa *Big Brother*, que fora ao ar apenas alguns anos antes. Os participantes estavam desenvolvendo um conhecimento sobre a imagem que poderiam projetar de si mesmos. No primeiro *Big Brother*, um participante, Nick Bateman, que tentou manipular seus colegas de casa, ficou horrorizado ao descobrir, quando foi expulso do programa, que havia adquirido o apelido de "Nasty Nick" [Nick Malvado] e que estava sendo amplamente difamado. Sua experiência foi uma lição que não passou despercebida para aqueles que concordaram em se envolver na série de documentários *The Experiment* [O experimento], de Haslam e Reicher. Vários dos que assumiram o papel de guarda, por exemplo, estavam claramente ansiosos para não parecerem autoritários (como Haslam me disse, "nosso argumento sempre foi que, quando você coloca as pessoas nessa situação e elas estão cientes de que seu comportamento é monitorado, a capacidade de eles parecerem ruins torna-se bastante óbvia"). Também é possível argumentar que os anos 2000 representaram uma década menos respeitosa do que os anos 1970: os envolvidos no *The Experiment* eram menos propensos a seguir os ditames das pessoas no comando do que aqueles que foram encarcerados na falsa prisão no campus de Stanford.

Também havia outras diferenças entre a pesquisa filmada dos anos 1970 e o reality show dos anos 2000. Zimbardo se esforçou para criar uma história de fundo, encenando "prisões" daqueles que seriam seus presos voluntários. *The Experiment* não seguiu o exemplo. Zimbardo organizou sessões informativas para seus guardas e chegou a assumir o papel de superintendente da prisão. "Vamos tirar sua individualidade de várias maneiras", disse ele a seus guardas em uma ocasião, acrescentando que pretendia criar uma sensação de "impotência" nos prisioneiros.[25] Haslam e Reicher ficaram em segundo plano, registrando um psicólogo clínico para coletar dados sobre elementos como níveis de estresse. Essas filmagens do Experimento de Stanford que se tornaram públicas foram explosivas e conflituosas. O experimento da BBC testemunhou a rebelião de prisioneiros, mas não houve nenhuma retaliação com extintores de incêndio ou privação de sono que caracterizou o empreendimento de Zimbardo. O historiador holandês Rutger Bregman chegou ao ponto de descrever o documentário da BBC para mim como "uma das coisas mais chatas que já vi".[26]

Mas, mesmo permitindo todas essas dessemelhanças, o resultado de *The Experiment* foi tão diferente do exercício de Stanford, que o inspirou a questionar as suposições e conclusões de Zimbardo. Este deixou claro que sua intenção era mostrar o lado obscuro da humanidade. "Nasci na cidade de Nova York, no sul do Bronx", Zimbardo disse a um entrevistador; "uma das coisas de crescer pobre é que você está cercado pelo mal, ou seja, pessoas cujo trabalho é fazer com que bons garotos façam coisas ruins por dinheiro. Mesmo criança, sempre tive curiosidade de saber por que algumas crianças eram seduzidas e outras crianças como eu eram capazes de resistir".[27] O resultado do experimento foi a confirmação de suas suspeitas. (Vale notar, porém, que um detalhe frequentemente negligenciado do Experimento da Prisão de Stanford foi que nem todos os guardas aceitaram o papel que lhes foi atribuído; alguns realmente ficaram do lado dos prisioneiros. Mesmo essa dissidência foi editada das conclusões apresentadas publicamente da prisão de Stanford.)[28]

Haslam e Reicher, por outro lado, descobriram que o que emergiu mais fortemente de seu experimento foi a importância vital e o enorme benefício potencial de um senso de comunidade.

Inicialmente, os prisioneiros foram informados de que, caso se comportassem bem, poderiam ser promovidos a guardas — uma promessa que gerou divisões e tensões entre eles. Assim que um prisioneiro foi promovido, no entanto, e foi anunciado que não havia nenhuma outra ascenção prevista, os outros se uniram em um grupo. Cooperaram uns com os outros. Mostraram bom humor. Demonstraram camaradagem. Até tentaram coletivamente derrubar os guardas. Os guardas, ao contrário, não conseguiram se unir. Eles não conseguiam chegar a um acordo sobre uma abordagem comum para a disciplina ou mesmo para confiar um no outro o suficiente para operar um sistema de escala de serviço. Suas conversas em grupo eram desconexas e desconfiadas. Eles operavam de forma independente, cada um trabalhando longas horas e, como resultado, ficando exaustos. Ao final do experimento, o psicólogo clínico observou que os guardas estavam sofrendo de burnout.[29]

Os impactos psicológicos e fisiológicos da dinâmica de grupo surpreenderam até mesmo Haslam. "O que realmente não havíamos visto ou antecipado", disse ele mais tarde, "foi a ligação entre esses processos de identidade social, estresse e dinâmica de saúde." Ele observou especificamente o efeito que a falta de coesão do grupo teve sobre os guardas: "Você vê aumentos maciços de estresse por parte dos guardas quando sua identidade social começa a declinar, em parte porque, sem identidade social, eles falham em fornecer formas úteis de apoio social uns aos outros".[30]

As implicações de tudo isso para a resiliência individual — ou fortaleza — são profundas. Por muitos anos, tem havido uma suposição comum de que se deve confiar muito mais nos indivíduos do que nos grupos. Um indivíduo pode se comportar mal, mas geralmente agirá racionalmente. Um grupo é, por sua própria natureza, irracional e perigoso. A psicóloga professora Jolanda Jetten e coautores explicam isso nos seguintes termos: "[...] tornar-se parte de um grupo é [enquadrado como] um processo de subversão e perda; à medida que nos tornamos parte da massa, perdemos nosso senso de identidade, perdemos nossa capacidade de raciocinar, perdemos nossa bússola moral, perdemos a agência e nos tornamos ovelhas, impotentes seguindo o rebanho. Cidadãos honestos se transformam em uma multidão estúpida. Pessoas sensatas se tornam vítimas do pensamento de grupo. Os pensadores se tornam zumbis. De acordo com esse modelo, se você deseja resultados ótimos, o melhor conselho que pode dar às pessoas (e à sociedade) é ficar sozinho e separado do grupo".[31]

Contudo, como defende Alex Haslam, "a simples mensagem de que 'grupos são ruins e de que nós automaticamente abusamos do poder' é realmente enganosa ao extremo".[32] Sua pesquisa, a de seu colega Stephen Reicher e a de sua inspiração, Henri Tajfel, mostram que, embora os grupos sejam, é claro, capazes de irracionalidade, preconceito e grandes atos de crueldade, eles também podem ajudar na felicidade, na resistência — e na fortaleza das pessoas.[33] A mensagem de Zimbardo era que "grupos são ruins". Na verdade, seria muito mais correto dizer que os grupos são a fonte de grande força individual. Essa força pode, em casos extremos, ser empregada para abusar e perseguir outras pessoas. Mas também pode ser usada para apoiar e ajudar. É por isso que Haslam fala sobre a "hipótese da agência": "Quando, e na medida em que, as pessoas se definem em termos de identidade social compartilhada, elas desenvolvem um senso de eficácia, agência e poder".[34]

Fortaleza, em outras palavras, é uma força coletiva, não algo que podemos adquirir por conta própria.

***

As razões para o poder e a resiliência desse grupo estão profundamente enraizadas em nosso DNA. Volte 300 mil anos e você descobrirá que havia três versões distintas de espécies humanas ou quase humanas vagando pelos diferentes continentes do planeta: *Homo neanderthalensis* na Europa, *Homo erectus* na Ásia e *Homo sapiens* na África. Avance o relógio para 250 mil anos atrás e o *Homo erectus* terá desaparecido, deixando o campo para o *Homo sapiens* e o *Homo neanderthalensis*. Alguns cruzamentos ocorreram entre as duas espécies — estima-se que compartilhamos aproximadamente 2% de nosso DNA com nossos primos neandertais distantes.[35] O *Homo sapiens* agora reinava supremo.

Por quê? Não é porque o *Homo sapiens* era mais inteligente do que o *Homo neanderthalensis*. Na verdade, o homem neandertal, com seu crânio mais longo, era provavelmente mais inteligente. É porque o *Homo sapiens* era mais sociável. Joseph Henrich, professor de biologia evolutiva humana na Universidade Harvard, esclarece a diferença entre as duas espécies: "Neandertais", escreve ele, "que tiveram de se adaptar aos recursos dispersos da Era do Gelo na Europa e lidar com condições ecológicas em mudança dramática, viveram em grupos pequenos e amplamente dispersos [...]. Enquanto isso, os imigrantes africanos [nossos ancestrais *Homo sapiens*] viviam em grupos maiores e mais interconectados [...]". Essa sociabilidade deu ao *Homo sapiens* uma poderosa vantagem evolutiva. "Mesmo que cada membro de [um] grupo social tenha apenas ideias rudimentares sobre coisas como encontrar comida, fazer ferramentas ou qualquer outra coisa", explica o escritor Matthew Syed, "a densidade dessas ideias significa que qualquer pessoa — mesmo uma pessoa inteligente — pode aprender mais com o grupo do que poderia descobrir sozinha durante toda a vida."[36] Efetivamente, o aprendizado torna-se *recombinante* — cada nova descoberta reforça e aumenta a sabedoria daqueles que vieram antes, permitindo um progresso extraordinário em um tempo muito curto. De acordo com Henrich, "a vantagem extra criada por mais inteligência individual nos neandertais teria sido ofuscada pelo poder da interconectividade social do cérebro dos africanos".[37]

Se a sociabilidade ajuda o sucesso de uma espécie, ela também requer esforço mental. "Problemas ecológicos são resolvidos vivendo em grupo", diz o renomado antropólogo evolutivo Robin Dunbar, "e viver em grupo é resolvido tendo-se um cérebro grande o suficiente para lidar com o estresse envolvido." "O problema de viver em grupos estáveis e permanentes", esclarece ele, "é que são necessárias consideráveis habilidades diplomáticas e sociais para evitar que o estresse e as inconveniências de viver próximo a outras pessoas nos sobrecarreguem."[38] Muitos mamíferos e pássaros, ele observa, passam tempo juntos apenas para fins de acasalar e criar seus filhos. O pequeno tamanho de seus cérebros corresponde a essas conexões sociais limitadas. Macacos, símios e humanos, ao contrário, são animais altamente sociáveis que vivem em grupos intimamente conectados. Seu cérebro grande permite que eles lidem com a complexidade que essa interação social envolve. A Hipótese do Cérebro Social postula que o tamanho do cérebro de uma espécie (o neocórtex cerebral que está associado ao aprendizado social, ao tamanho do grupo e à inovação individual)[39] restringe o tamanho de seu grupo social.

Entre os macacos e os símios, observou Dunbar, a coesão social é em grande parte alcançada e mantida por horas de cuidados mútuos — muito mais do que o necessário "para fins puramente higiênicos". (Para fundamentar sua afirmação, ele aponta que os macacos de pelo curto gastam tanto tempo cuidando de seus companheiros quanto os de pelo comprido, embora tenham menos motivos práticos para fazê-lo.) O cuidado "constrói um senso de anseio psicológico com o indivíduo de quem você cuida", ele argumenta.[40] Ele estimula a liberação de endorfinas, uma substância química no cérebro que age como um analgésico natural e que desencadeia prazer e sensação de bem-estar. Nós, humanos, empregamos vários métodos para alcançar uma sensação semelhante de união e, como consequência, experimentamos os benefícios de uma descarga de endorfina semelhante.

Se a sociabilidade é um elemento-chave do que é ser humano, então o seu oposto — a solidão — é algo que temos dificuldade em suportar e, por isso, procuramos evitar. John Cacioppo, um dos maiores especialistas mundiais em neurociência social, aponta que nossa mente interpreta o isolamento como um sinal de que fomos rejeitados por nossa tribo. Em sua opinião, "a dor social da solidão evoluiu como um sinal de que as conexões de alguém com os outros estão enfraquecendo e para motivar o reparo e a manutenção de conexões com outras pessoas que são necessárias para nossa saúde e bem-estar e para a sobrevivência de nossos genes".[41] Consequentemente, sentimo-nos ameaçados e vulneráveis. É claro que o isolamento não é uma coisa puramente física. Podemos morar em uma rua agitada ou em um prédio movimentado; podemos estar cercados por outras pessoas no trabalho. No entanto, se *sentimos* que estamos sozinhos, então essa experiência subjetiva torna-se objetivamente verdadeira para nós. Não adianta sentarem-se à mesa juntos se ninguém fala um com o outro.

A solidão é mentalmente debilitante. Como diz Dunbar, "nós tendemos a subestimar a importância do bem-estar psicológico como o alicerce sobre o qual nosso sucesso na vida se baseia [...] fazer parte de um grupo nos faz sentir adequadamente humanos".[42] Ao mesmo tempo, há um efeito fisiológico. Cacioppo e Louise Hawley, que estudaram pessoas que relataram sentir-se solitárias e as compararam com seus colegas mais satisfeitos, concluíram que a "correlação entre solidão e pressão arterial era considerável".[43] Eles descobriram que pessoas solitárias não fumavam, bebiam ou comiam mais (embora estivessem ligeiramente mais inclinadas a usar drogas recreativas).[44] Elas não se exercitavam menos, mas seus padrões de sono eram menos saudáveis do que os de seus colegas menos isolados socialmente. Elas eram mais propensas ao que é conhecido como microdespertar — uma indicação de que seu corpo as estava induzindo a serem hipervigilantes e atentas a possíveis riscos. Reconhecidamente, as diferenças medidas entre os padrões de sono de pessoas solitárias e não solitárias eram pequenas: descobriu-se que pessoas solitárias acordavam em média 1,95 vez por noite em comparação com a média de 1,57 entre pessoas não solitárias.[45] Mas, ainda assim, eram significativas. Curiosamente, amostras de urina coletadas de pessoas solitárias mostraram concentrações significativamente mais altas de epinefrina do que as de indivíduos não solitários. A epinefrina, que atende pela alcunha de *adrenalina*, é um estimulante de "luta ou fuga" que coloca nosso corpo em um estado vigilante. Não é de admirar que durmamos menos bem se estamos sozinhos. E, se não dormimos tão bem, perdemos o poderoso impacto restaurador na saúde do corpo que sabemos que uma boa noite de sono pode proporcionar.

Cacioppo e Hawley descobriram que pessoas solitárias também têm outros problemas. Seus voluntários relataram o mesmo número de eventos de vida estressantes que as pessoas não solitárias, mas recordaram mais casos de adversidades na infância e estresse crônico. Os diários que foram encorajados a manter mostraram que eles achavam as atividades cotidianas mais estressantes. Eles expressaram maiores sentimentos de desamparo e ameaça.⁴⁶ Tendiam a interpretar mal as expressões e intenções de outras pessoas, aumentando, assim, seus sentimentos de estranhamento. A solidão, em outras palavras, era um estado estressante para eles. Para a psicóloga clínica Catherine Haslam e seus coescritores, a ausência de relações sociais está "no cerne da condição depressiva".⁴⁷ Para Cacioppo e Hawley, "o isolamento social percebido (isto é, a solidão) é um fator de risco e pode contribuir para um pior desempenho cognitivo geral, declínio cognitivo mais rápido, pior funcionamento executivo, aumento da negatividade e da cognição depressiva, maior sensibilidade a ameaças sociais, um viés confirmatório na cognição social". A longa lista vai até o aumento da probabilidade de esquizofrenia, conforme observado pelo psiquiatra Robert Faris na década de 1930.⁴⁸

Em última análise, o aumento dos níveis de estresse em pessoas solitárias aumenta o desgaste do sistema nervoso do corpo. E, como a solidão está associada à pressão arterial sistólica elevada e pode contribuir para o desenvolvimento de hipertensão (um dos sintomas da pressão alta), ela desempenha um papel nas doenças cardiovasculares, a causa mais comum de morte.⁴⁹ A solidão pode matar.

Se a solidão encurta vidas, parece justo supor que a união as prolonga. E isso, de fato, tem se mostrado verdadeiro no que deve ser o mais antigo de todos os estudos sociais. Em 1938, o dr. Airlie Bock, da Universidade Harvard, começou a rastrear a vida de um subconjunto aleatório de alunos da faculdade. (A primeira amostra de 268 alunos da então instituição totalmente masculina incluía o futuro presidente John F. Kennedy em suas fileiras.) Mais recentemente, ex-alunos, seus filhos e vários grupos de comparação foram adicionados à mistura. Ao longo das mais de oito décadas em que esteve em funcionamento, o Estudo sobre o Desenvolvimento Adulto da Universidade Harvard reuniu, assim, uma vasta quantidade de dados sobre os indivíduos, mais ou menos do berço à sepultura: suas realizações, suas relações familiares e sua saúde física e mental. A conclusão? De acordo com o dr. George Vaillant, que substituiu Bock como diretor do estudo por muito tempo, a conexão social é tudo. Seu poder é tanto mental como físico. Ela torna nossas memórias mais nítidas.[50] De maneira mais geral, ela nos deixa mais felizes (Vaillant intitulou um relatório como "Felicidade é amor: ponto-final").[51] Ao mesmo tempo, como ele disse em 2017, "a descoberta surpreendente é que nossos relacionamentos e como somos felizes neles tem uma influência poderosa em nossa saúde. Cuidar do corpo é importante, mas cuidar dos relacionamentos também é uma forma de autocuidado".[52]

A importância da interconexão social é algo que o comentarista social norte-americano Robert Putnam destacou em seu agora famoso livro publicado originalmente em 2000, *Jogando boliche sozinho*. Era motivo de preocupação para ele que muitas organizações comunitárias tradicionais — das quais os clubes de boliche talvez fossem as mais emblemáticas — tivessem visto seu número de membros diminuir ao longo dos anos. O boliche pode ter se tornado mais popular no que se refere ao número total de pessoas envolvidas, observou ele, mas entre os anos 1960 e 1990 o número de membros das ligas caiu de cerca de 8% de todos os homens para apenas 2%. As consequências adversas, argumentou ele, estavam à vista de todos. "Dezenas de estudos minuciosos de Alameda (Califórnia) a Tecumseh (Michigan) estabeleceram além de qualquer dúvida", escreveu ele, "que a conexão social é um dos determinantes mais poderosos de nosso bem-estar."[53] O declínio do tradicional clube de boliche foi um elemento na erosão desse bem-estar.

Duas décadas depois, em 2020, quando Putnam revisitou seu trabalho original, ele observou como pesquisas subsequentes confirmaram suas descobertas. "Nos últimos vinte anos, mais de uma dúzia de grandes estudos desse tipo nos Estados Unidos, na Escandinávia e no Japão mostraram que pessoas socialmente desconectadas têm entre duas e cinco vezes mais chances de morrer por todas as causas em comparação com indivíduos correspondentes que têm laços estreitos com a família, os amigos e a comunidade."[54] Ele também lembrou a seus leitores os benefícios extraordinários da coesão do grupo. "Quanto mais integrados estivermos com nossa comunidade", concluiu, "é menos provável que tenhamos resfriados, ataques cardíacos, derrames, câncer, depressão e morte prematura de todos os tipos." Na opinião dele, "o capital social pode de fato servir como um mecanismo de ativação fisiológica, estimulando o sistema imunológico das pessoas a combater doenças e amortecer o estresse". E ele criou uma maneira impressionante de provar seu ponto de vista. "Como regra geral, se você não pertence a nenhum grupo, mas decide se juntar a um, você reduz pela metade o risco de morrer no próximo ano." Ou, dito de outra forma, "se você fuma e não pertence a nenhum grupo, é uma questão estatística se você deve parar de fumar ou começar a pertencer a algum grupo".[55]

Uma pesquisa de Alex Haslam de alguns anos atrás, entre aqueles que se recuperavam de ataques cardíacos, confirma a tese de Putnam. Na época em que Haslam e sua equipe realizaram seu estudo, as cirurgias cardíacas ainda envolviam técnicas altamente invasivas e, como resultado, níveis particularmente elevados de medo e estresse para o paciente. De fato, de acordo com um estudo, pacientes cardíacos em recuperação tinham duas vezes mais probabilidade de desenvolver um distúrbio psiquiátrico posteriormente do que outros pacientes.[56] Aqueles que participaram do estudo, conduzido depois que o paciente não estava mais em situação grave, eram perguntados a respeito de sua relação com a família e os amigos. Eles também foram questionados sobre o nível de apoio social que sentiram ter recebido no hospital, quão estressados se sentiram e como descreveriam sua sensação geral de bem-estar. Verificou-se que aqueles que relataram sentir que receberam forte apoio social também foram mais otimistas sobre outros aspectos de sua experiência. De fato, quanto maior o nível de apoio que eles sentiram ter recebido, maior sua positividade sobre aspectos de sua experiência, como o ambiente hospitalar, estresse menor e maiores níveis de autoestima.

Haslam e seus colegas agora acompanhavam ex-pacientes com mais de cinquenta anos por um período de quatro anos, perguntando-lhes como se sentiam apoiados pelos grupos dos quais faziam parte. (Vale notar que normalmente se pode esperar que essa análise inclua uma avaliação das circunstâncias familiares e dos grupos de amizade, mas nesse caso a equipe de pesquisa se concentrou em laços extrafamiliares, pedindo aos participantes do estudo que lhes falassem sobre a adesão a clubes sociais e sociedades.) As correlações foram fascinantes e reveladoras: 10% dos participantes relataram estar deprimidos no início do estudo.[57] Ao final, aqueles que disseram que não pertenciam a um grupo tinham 41% mais chances de terem uma recaída na depressão. Aqueles que relataram estar envolvidos com três ou mais grupos tiveram apenas 15% mais chances de ter recaídas. Os efeitos mensuráveis foram mais impressionantes entre aqueles que tinham um histórico anterior de depressão. Aqui, a adesão a um grupo reduziu o risco de recaída na depressão em 24%; a adesão a três grupos envolveu uma redução de 63%.

Considerando estatísticas como essas, não deveria ser nenhuma surpresa que um grupo de especialistas que examinou 148 estudos, envolvendo mais de 300 mil pacientes com ataque cardíaco durante um período médio de sete anos, descobriu que o maior preditor de sobrevivência a ataques cardíacos não era "parar de fumar" (o fator número dois), mas relações sociais mais fortes.[58]

Padrões semelhantes foram detectados em outros lugares. Jolanda Jetten e Janelle Jones descobriram que membros de esportes coletivos bem unidos, como *bobsleigh*, *luge* e *skeleton*, experimentam uma recuperação mais rápida da frequência cardíaca após esforço extenuante. Elas também descobriram que as pessoas que se ofereceram para um teste de resistência ao frio (segurando com a mão não dominante um balde de água gelada pelo maior tempo possível) conseguiam continuar por mais tempo se eram lembradas de suas identidades de grupo.[59] Uma ampla revisão de toda uma gama de grupos diferentes, de pacientes cardíacos na Noruega a crianças em idade escolar na Austrália, constatou repetidas vezes que as pessoas que tinham elevados níveis de alta identificação social eram menos propensas a apresentar sintomas de depressão. Outras pesquisas independentes na Escócia confirmaram que, de quanto mais grupos uma pessoa identifica que faz parte, menor é a associação com a depressão.[60] Entre as mulheres diagnosticadas com câncer de mama, aquelas que se juntaram a um passeio de moto para arrecadar fundos para outras mulheres apresentaram uma redução "de moderada a grande" no sofrimento relacionado ao câncer que elas haviam sentido anteriormente.[61] Entre os universitários, foi demonstrado que os indivíduos são menos propensos a serem negativos sobre si mesmos ("Eu falhei porque sou estúpido") em proporção direta ao número de grupos aos quais eles se consideram pertencentes.[62]

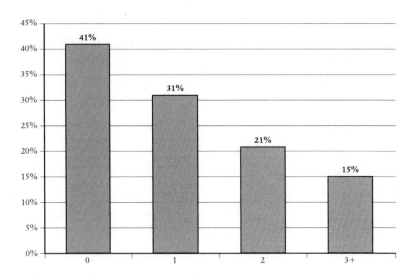

Figura 4: Participação em grupo como proteção contra a depressão. Este estudo de 2013 mostra que aqueles que pertenciam a três ou mais grupos eram significativamente menos propensos a cair em depressão do que aqueles que não pertenciam a nenhum.

O grande cientista social pioneiro Emile Durkheim cunhou o termo *efervescência coletiva* para descrever a sensação de energia e poder que as pessoas experimentam quando se reúnem para um propósito compartilhado. A historiadora Barbara Ehrenreich descreve em *Dançando nas ruas* como dança, música e folia coletiva (seja por razões religiosas ou seculares) já foram a fonte de grande força individual e de que modo, já que esses rituais tenderam a declinar em muitas sociedades, as pessoas sofreram proporcionalmente. "Se a destruição das festividades não causou realmente a depressão", escreve ela, "ainda pode ser que, ao abandonar festividades tradicionais, as pessoas tenham perdido uma cura potencialmente eficaz para essa depressão."[63] E ela cita uma passagem de *A riqueza das nações*, de Adam Smith: "O Estado, encorajando, isto é, dando liberdade a todos aqueles que, para seu próprio interesse, tentassem, sem escândalo ou indecência, divertir e distrair o povo pela pintura, poesia, música, dança [...], facilmente dissiparia, na maior parte deles, aquele humor melancólico e sombrio".

Dadas as evidências esmagadoras dos benefícios de fazer parte de um grupo, é tentador perguntar por que não ouvimos mais sobre isso. Existem várias razões possíveis. Uma — apresentada por Alex Haslam — é que os médicos se sentem desconfortáveis com essas verdades gerais e difíceis de categorizar; eles preferem se concentrar em condições físicas e mentais individuais do que reconhecer "causas estruturais comuns". Como ele diz, "podemos passar muito tempo dizendo 'você tem esse transtorno ou esse transtorno ou esse transtorno?', mas, na medida em que você acaba compartimentando todos esses transtornos, isso o cega de alguma forma [...] para aquelas semelhanças ou variáveis sociais estruturais que podem estar alimentando essas condições".[64] Ele acredita que existe uma "epidemiologia horizontal" que sustenta essas condições — uma linha compartilhada por causas sociais que é comum a uma série de doenças aparentemente não relacionadas.

Também é difícil estudar explicações complexas e em rede para problemas comuns, e os médicos hoje em dia têm tão pouco tempo para avaliar, diagnosticar e prescrever, que é mais fácil olhar para explicações individuais do que considerar fatores de grupo. Os mais céticos podem ainda sugerir que também haja uma dimensão financeira envolvida. As empresas farmacêuticas ganham dinheiro vendendo remédios, não defendendo uma maior sociabilidade. Mesmo assim, Haslam tinha esperança em sua voz quando me disse: "Eu acordo todas as manhãs e acho que hoje é o dia em que Bill Gates baterá à minha porta e dirá 'Vá em frente!'".[65]

Então, grupos claramente nos ajudam. Mas que tipos de grupos nos trazem mais benefícios?

9

FORTALEZA EM EQUIPE
EXTRAINDO FORÇA DOS OUTROS

QUANDO A LUFTWAFFE EMBARCOU em sua campanha de bombardeio em Londres em setembro de 1940, as autoridades britânicas se preocuparam não apenas com a morte e a destruição que isso causaria, mas também com a devastação psicológica que poderia infligir aos londrinos. Por 57 noites consecutivas, os aviões alemães bombardearam intensamente a cidade, destruindo prédios e ruas inteiras. Somente na primeira noite, 430 pessoas foram mortas e 1.600 ficaram gravemente feridas.[1] Parecia inconcebível que os civis pudessem suportar o medo e o estresse que esses ataques implacáveis causariam. "Os especialistas previram um surto de neurose histérica em massa entre a população civil", escreveu o cientista social Richard Titmuss. "Sob essa tensão, muitas pessoas regrediriam a um nível anterior de necessidades e desejos. Elas se comportariam como crianças assustadas e insatisfeitas."[2] Winston Churchill temia um pânico público que atrapalhasse os planos de defesa.[3]

Isso não aconteceu. Repetidamente, os diários pessoais mantidos durante a guerra e compartilhados com o programa de

Observação em Massa comissionado pelo governo mostram níveis extraordinários de determinação e resiliência. Um sobrevivente comentou: "Depois de passar por três noites de bombardeio, você não consegue evitar se sentir seguro pela quarta vez".[4] Uma mulher que teve de rastejar para fora da janela quebrada de uma casa em Hampstead, no norte de Londres, depois que foi bombardeada, escreveu: "Parece uma coisa terrível de se dizer, quando muitas pessoas devem ter sido mortas e feridas ontem à noite; mas nunca em toda a minha vida experimentei uma *felicidade tão pura e impecável*".[5] E uma pessoa de 28 anos de Maida Vale registrou: "Sinto muito mais certeza e autoconfiança, e muito menos timidez e 'complexo de inferioridade', como resultado da descoberta de que não sou a covarde que pensava". E ela concluiu: "Tenho um sentimento de responsabilidade pessoal muito maior em todos os aspectos".[6]

Charles Fritz, que mais tarde foi pioneiro na pesquisa sobre como as pessoas reagem aos desastres, descreveu de que modo a Grã-Bretanha que ele testemunhou em 1943, como membro do Corpo Aéreo dos Estados Unidos, era uma terra de casas bombardeadas e escassez de alimentos e roupas. "Sob essas condições", escreveu ele, "pode-se esperar encontrar uma nação de pessoas em pânico e cansadas da guerra, amarguradas pelas mortes e pelos ferimentos de seus familiares e amigos, ressentidas com as privações prolongadas de seu estilo de vida, ansiosas e desiludidas com o futuro e, de forma mais geral, exibindo comportamentos pessoais e sociais indicando um estado de baixo moral e espírito de equipe." "Em vez disso", prosseguiu, "o que se encontrou foi uma nação de pessoas gloriosamente felizes, aproveitando a vida ao máximo, exibindo uma sensação de alegria e amor pela vida que era verdadeiramente notável."[7] Essa talvez seja uma visão excessivamente cor-de-rosa, e não há dúvida de que o chamado espírito

Blitz que tais testemunhos exemplificam possa ter sido posteriormente exagerado e glamourizado para fins de propaganda. Dito isso, não há dúvida de que algo extraordinário ocorreu.

Do outro lado da Europa, o escritor soviético Aleksandr Fadeev estudava como os sobreviventes mais jovens do cerco de Leningrado lidavam com sua provação. "A marca daquele inverno terrível permaneceu nos rostos [das crianças] e era expressa em suas brincadeiras", escreveu ele em 1943. "Muitas crianças brincavam sozinhas. Mesmo em jogos coletivos, elas jogavam em silêncio, com rostos sérios."[8] Choramingavam passivamente, sem fazer nenhuma tentativa de pedir ajuda. Todas as suas energias estavam concentradas na aquisição de alimentos; elas iriam procurá-los sem parar, escondendo pedaços microscópicos de pão em bolsos e caixas de fósforos. No entanto, em questão de meses, escreveu Fadeev, "todas as crianças estavam mais ou menos livres do terrível trauma". Um ano depois, "a maioria das crianças parecia completamente normal e saudável". Um relatório dos Aliados concordava: "A maioria das crianças que permaneceu em Leningrado desenvolveu um humor sardônico e simples que era indestrutível".[9]

Para aqueles que adotam o modelo Garra de resiliência, os sobreviventes do Blitz e de Leningrado sem dúvida exemplificam o poder do indivíduo para superar até mesmo as circunstâncias mais terríveis. Mas o que eles realmente demonstram é o poder extraordinário do grupo. Charles Fritz descreveu como o Blitz criou um senso de comunidade: "O compartilhamento generalizado do perigo, da perda e da privação produz uma solidariedade íntima, principalmente de grupo, entre os sobreviventes [...]. Essa fusão de necessidades individuais e sociais proporciona um sentimento de pertencimento e um senso de unidade raramente alcançados em circunstâncias normais".[10] Ele observou que a experiência compartilhada causava um nivelamento: "As tradicionais distinções de classe britânicas haviam praticamente desaparecido. Pessoas que nunca haviam falado umas com as outras antes da guerra agora se envolviam em relações pessoais calorosas e afetuosas; falavam abertamente umas com as outras sobre suas preocupações, seus medos e esperanças; e compartilhavam alegremente seus escassos suprimentos com outros que tinham maiores necessidades".[11] Ele chegou ao ponto de sugerir que "as pessoas que vivem em cidades fortemente bombardeadas tinham um moral significativamente maior do que as pessoas nas cidades levemente bombardeadas" — sua experiência compartilhada foi mais intensa. Em Leningrado, havia um forte sentimento de solidariedade grupal entre os jovens sobreviventes, acompanhado de "completo desprezo" pelos "invasores". Provavelmente nunca saberemos quais traumas individuais espreitam sob a superfície. Mas a experiência compartilhada e um senso de coesão de grupo ajudaram as pessoas a enfrentar a tempestade.

E essa solidariedade em meio ao conflito também demonstra outra coisa. Para que um grupo seja eficaz, não há necessidade de um objetivo comum restrito, carteirinhas de membro e um local de reunião. Ao que parece, grupos poderosos podem incluir afiliações surpreendentemente amplas.

Robert Putnam oferece uma distinção interessante entre duas formas de grupo: grupos de vínculo e grupos de ponte. Os primeiros, diz ele, são socialmente exclusivos; os últimos, mais socialmente inclusivos. Grupos exclusivos de vínculo exibem um forte grau de homogeneidade entre seus membros. Eles podem, por exemplo, assumir a forma de um grupo de recursos baseados em raça no trabalho ou um grupo de leitura composto por mulheres que frequentam uma determinada igreja. Por sua própria natureza, eles incluirão apenas aqueles que têm algo significativo em comum. Grupos inclusivos de ponte reúnem pessoas que podem ter origens muito diferentes, mas que se uniram para um propósito específico ou uma variedade de propósitos. Um grupo de direitos civis ou dedicado a questões ecológicas vem à mente nesse contexto. Podemos encontrar parentesco com aqueles que são superficialmente diferentes, mas com quem compartilhamos um terreno comum.[12]

É claro que somos mais propensos a formar grupos com aqueles que consideramos mais semelhantes a nós. Embora os perigos correspondentes desse viés, às vezes chamado de *homofilia*, muitas vezes sejam bem aparentes, isso não torna o fenômeno menos onipresente. Pesquisadores que estudaram 18 mil participantes espalhados por 42 países concluíram que o paroquialismo nacional não é privilégio de culturas ou países específicos. Ele pode ser encontrado em todos os lugares. Cidadãos de todo o mundo, por exemplo, privilegiam os seus compatriotas em detrimento dos estrangeiros.[13]

Pode-se esperar que os grupos de vínculo sejam mais eficazes em gerar força individual do que os grupos de ponte, mas, como demonstram aqueles que vivenciaram a Segunda Guerra Mundial, esse não é necessariamente o caso. Também é um fato que não é preciso muito para criar um vínculo. As pessoas que são encorajadas a se autoclassificarem como "idosas" são mais propensas a autodiagnosticar a perda auditiva e a aceitar que precisam de um aparelho auditivo do que seus colegas não conscientes do grupo. Aqueles que se identificam como pertencentes à categoria médica de asmáticos têm maior probabilidade de tomar seus remédios do que aqueles que não se identificam. Da mesma forma, aqueles que recebem conselhos — por mais bem-intencionados — de um grupo do qual não se consideram membros têm menos probabilidade de segui-los: algo que vale a pena ter em mente nestes dias de resistência duradoura às vacinas.[14] Um estudo sobre os afro-americanos, por exemplo, demonstrou resistência a conselhos dietéticos de fontes que consideravam brancas e de classe média. Também vale ressaltar que diferentes grupos exercem diferentes níveis de influência. Os jovens que se veem mais como membros de um grupo familiar do que como parte de um grupo de pares adolescentes têm muito menos probabilidade de começar a fumar.[15] Para o cientista social Xavier de Souza Briggs, "o capital social de vínculo é bom para 'sobreviver', mas o capital social de ponte é crucial para 'progredir'".[16] Grupos de vínculo e ponte também não são estáticos. Há muitas evidências para demonstrar que um grupo de transição a princípio vagamente afiliado pode alcançar uma proximidade excepcional em circunstâncias excepcionais.

"Circunstâncias excepcionais" incluem desastres e catástrofes, é claro, e é exatamente por isso que tantas histórias de infortúnio também incluem um senso catalisador de comunidade. Rebecca Solnit, autora de *A Paradise Built in Hell* [Um paraíso construído no inferno], descreve como, à medida que as pessoas se afastavam das Torres Gêmeas no Onze de Setembro, uma atmosfera de solidariedade de grupo logo foi criada. Ela conversou com Astra Taylor, então com vinte e poucos anos e trabalhando em uma editora em Tribeca, no Lower West Side de Manhattan, que estava lá naquele dia. "Estávamos todos tentando descobrir isso juntos", disse ela a Solnit. "O que estava acontecendo conosco? Deveríamos ir para casa? O que deveríamos fazer?" A princípio, o desastre teve um efeito isolador: "Estávamos meio que nas ruas, e havia uma enxurrada de pessoas vindo para o Norte, pessoas cobertas de poeira que corriam sem parar por suas vidas. Ainda havia centenas de nós nas ruas sentindo-nos estranhamente isolados".[17] Mas então, quando Taylor e seu irmão de dezesseis anos caminharam para o Village e se juntaram a outros para beber uma cerveja, depois fizeram fila para atravessar a ponte de Williamsburg em direção ao Brooklyn, ocorreu uma mudança. "Provavelmente estávamos andando a esmo por duas horas, esperando para cruzar a ponte, estava ficando calor, e esse foi o momento em que você sentia sua pequena suavidade. Você era apenas um ser humano pequeno e dócil entre todos esses outros que desejam apenas cruzar esta água. Finalmente, fomos autorizados a cruzar a ponte Williamsburg, e as pessoas que nos encontraram do outro lado eram hassídicas [membros de um ramo judaico ultraortodoxo que tem uma enorme população no Brooklyn]. Eles nos receberam com garrafas de água." "A sensação na rua era de comunidade e calma", disse ela. "Havia uma sensação de calma nas ruas no Onze de Setembro, de confiança nas pessoas ao redor — era de ficar impressionado com a inteligência com a qual as pessoas estavam lidando com as circunstâncias." Taylor também notou como foram diferentes as respostas finais dessas pessoas que experimentaram os horrores daquela manhã de Manhattan em primeira mão para as daqueles que os assistiram se desenrolar na tela da TV. Entre a comunidade nas ruas, "havia camaradagem, sem histeria, sem pânico, você sentia que as pessoas iriam se unir. Isso foi obviamente o que aconteceu nas torres, houve muito heroísmo naquele dia". Por outro lado, os telespectadores com quem ela falou se sentiram muito diferentes: "Você fica isolado e assistindo ao noticiário, e ele é histérico [...] tão exagerado, e eles estão apenas mostrando a imagem repetidas vezes do avião atingindo a torre e a torre desabando. A experiência na televisão foi muito diferente da experiência na rua".

Nos filmes de desastre, o momento da catástrofe é invariavelmente mostrado como um momento de pânico em massa, enquanto pessoas gritando fogem para salvar suas vidas, agitando os braços à sua frente. A realidade é mais complexa. O sociólogo Enrico Quarantelli, cuja pesquisa foi financiada pelo Departamento de Defesa dos EUA, que assumiu em seu planejamento de cenário de guerra nuclear que um ataque nuclear seria imediatamente seguido por pânico em massa, chegou à conclusão de que — na verdade — esse resultado é altamente improvável. "Em geral", sugeriram Quarantelli e seu coautor Russel Dynes em um artigo de 1975, "a cooperação é encorajada em vez do conflito." "Enquanto muitas situações de estresse acentuam o status e outras diferenças", dizem eles, "os desastres democratizam a vida social" e levam a uma "identificação comunitária compartilhada."[18] Ou como o jornalista Sebastian Junger colocou em seu livro *Tribe* [Tribo]: "O que as catástrofes parecem fazer — às vezes no espaço de alguns minutos — é voltar o relógio em dez mil anos de evolução social. O interesse próprio é integrado ao interesse do grupo porque não há sobrevivência fora da sobrevivência do grupo". Esse vínculo social é tão poderoso, argumentou Junger, que ele "cria um vínculo social do qual muitas pessoas [posteriormente] sentem muita falta".[19]

Essa nostalgia por um período de sofrimento é uma contradição desconcertante dentro da psique humana. Quando Junger entrevistou pessoas que sobreviveram ao cerco de Sarajevo durante a guerra civil que separou a Iugoslávia e na qual milhares de indivíduos morreram, descobriu que repetidas vezes elas falavam disso como sendo o pior e o melhor dos tempos. "O que quer que eu diga sobre a guerra, ainda a odeio", afirmou a jornalista Nidžara Ahmetašević antes de dizer: "Senti falta de estar perto das pessoas, senti falta de ser amado dessa forma. Na

Bósnia, como é agora, não confiamos mais uns nos outros; nos tornamos pessoas muito más. Não aprendemos a lição da guerra, que é o quão importante é compartilhar tudo o que você tem com os seres humanos próximos a você".[20] As pessoas eram mais felizes durante a guerra?, Junger arriscou-se a perguntar. "Nós éramos *os mais felizes!*", ela exclamou, acrescentando: "E ríamos mais." A identidade de grupo aparentemente superou o sofrimento individual — pelo menos, em retrospecto.

A adversidade compartilhada cria um sentimento compartilhado, mas a dinâmica varia de acordo com a natureza dessa adversidade. Quando São Francisco foi atingida por um terremoto e depois consumida por um incêndio em 1906, por exemplo, uma jornalista, Pauline Jacobson, registrou que "o indivíduo, o *eu* isolado, estava morto, o *eu* social reinava. Nunca, mesmo quando as quatro paredes de nosso próprio quarto em uma nova cidade se fecharem novamente ao nosso redor, sentiremos a velha solidão nos isolando de nossos vizinhos".[21] Um desastre natural evocou uma resposta da comunidade. No entanto, quando o desastre é causado por outros humanos, o senso de comunidade também é alimentado por uma poderosa consciência dos grupos internos e externos, que discuti anteriormente. Há uma atração dupla de experiência compartilhada e hostilidade ao grupo externo que é visto como culpado pela angústia.

É claro, isso é particularmente aparente em situações de guerra. Também foi identificado em lugares como a Irlanda do Norte, onde a tensão intercomunitária muitas vezes se transformou em agitação e violência. A professora Orla Muldoon, que produziu várias análises das comunidades protestante e católica na Irlanda do Norte durante o período dos "The Troubles"

(1968–1998), descobriu que as pessoas que se identificavam mais intimamente com sua própria comunidade particular — neste caso, a força do compromisso de se autodenominarem tanto "irlandeses do Norte" (refletindo uma conexão com o Reino Unido) como "irlandeses" (uma afinidade com a Irlanda unida) — provavelmente sofreriam menos de tept em comparação com aqueles que tinham uma conexão mais fraca com essas identidades protetoras.[22] Outro estudo dos The Troubles descobriu que, enquanto dois terços (145) das 217 pessoas entrevistadas relataram ter testemunhado tiroteios na rua em primeira mão, não havia evidências que sugerissem que os níveis de doenças psiquiátricas aumentaram ao longo das três décadas em que houve conflito constante entre as duas comunidades e os enviados para policiá-las. Na verdade, "a taxa de suicídio caiu acentuadamente, enquanto a taxa de homicídios aumentou de forma rápida".[23] Curiosamente, a depressão diminuiu sobretudo "em áreas com tumultos mais graves" — em outras palavras, onde grupos internos e externos estavam mais polarizados. Examinando a pesquisa, Catherine Haslam e seus coautores acrescentaram outra linha de pensamento à dinâmica grupo interno/grupo externo: "[As] descobertas sugerem que as pessoas têm maior probabilidade de serem traumatizadas pela violência que flui do conflito intergrupal se não se definem em termos de uma identidade social que lhes permita dar sentido a esse conflito". É algo que devemos ter em mente ao testemunhar eventos em lugares como Gaza ou Iêmen: as pessoas que têm um senso de identidade compartilhado muito provavelmente verão ações que, para quem está de fora, convidam à condenação como a busca de um objetivo justo. A fidelidade do grupo pode nos cegar para o que está acontecendo diante de nossos olhos.

Mas os benefícios da solidariedade grupal não surgem apenas em circunstâncias extremas ou com aspectos potencialmente negativos. Emile Durkheim argumentou em seu influente livro de 1897, *O suicídio*, não apenas que as taxas de suicídio caem em tempos de guerra e revolução, quando a emoção coletiva e a paixão política compartilhada são inflamadas, mas que são mais baixas entre grupos com culturas comunais particularmente fortes (ele observou que a taxa de suicídio nas comunidades protestantes era várias vezes maior do que nas comunidades católica e judaica mais restritas social e religiosamente) e dentro de famílias numerosas.[24] O fato de essa fortaleza poder surgir da afiliação com outros semelhantes, ou em uma situação parecida, não deveria nos surpreender. Por décadas, o Alcoólicos Anônimos reconheceu que colocar estranhos com um senso de identidade compartilhado juntos em uma sala pode ser um meio poderoso para ajudá-los a superar seu vício. O reconhecimento do poder da comunidade para os 2 milhões de membros em 150 países que a organização atende, a qualquer momento, também está embutido em seu programa de doze passos.[25] Ele contém, como seria de esperar, etapas que lidam diretamente com os problemas que o álcool pode causar, mas é interessante notar que há um forte componente social. A oitava etapa do programa envolve a compilação de uma lista de todos os que foram prejudicados pelo alcoólatra em recuperação; o nono passo é entrar em contato com eles para fazer as pazes.[26]

Grupos coesos podem surgir nos ambientes mais improváveis e pouco promissores, como descobri quando conversei com o ex-policial Stevyn Colgan. Como ele mesmo me disse, não era o candidato mais provável para a carreira que escolheu. Aos dezoito anos, ele tinha "notas tão baixas, que as cobras poderiam deslizar sobre elas", e seu futuro parecia muito longe de certo. Por sorte, uma aposta desafiadora com seu pai de que ele não conseguiria ficar seis meses na polícia resultou em sua inscrição na Academia de Polícia Hendon para começar o treinamento básico. Um recruta pouco ortodoxo, Colgan então se tornou um oficial pouco ortodoxo, constantemente fazendo perguntas e desafiando suposições. Duas perguntas em particular o incomodavam. Primeiro, se os membros da força foram ensinados que o objetivo principal do policiamento era a prevenção do crime, por que seu treinamento básico não incluía um único minuto sobre prevenção do crime?[27] Segundo, por que a polícia era tão propensa a oferecer teorias sobre as causas-raiz do crime sem jamais testá-las?

Ele me deu um exemplo: "Costumava-se supor que os roubos aconteciam durante as férias de verão porque as crianças não estavam na escola". Colgan não estava convencido. "Nunca consegui entender como uma criança passava de estudante a ladrão. Eu nunca consegui descobrir isso e comecei a investigar." Ao fazer isso, ele rapidamente descobriu que as crianças em idade escolar não faziam um ajuste sazonal do latim para o furto. Em vez disso, os criminosos ficavam cientes do fato de que as casas estavam mais propensas a ficar desocupadas no verão, quando seus proprietários estavam de férias, e aprenderam a identificar sinais úteis, como lixeiras deixadas na rua por muito tempo depois que os lixeiros as tinham esvaziado.

A curiosidade e a engenhosidade de Colgan o levaram a ser alocado para uma pequena equipe chamada Unidade de Resolução de Problemas, que se dedicava a resolver problemas aparentemente intratáveis.[28] Um deles era a "comunidade fragmentada" que ocupava um grande conjunto habitacional em Greenwich. "Havia muitos pais ausentes", ele me disse, "e as crianças estavam descontroladas. Como elas não tinham uma família funcional à qual pertencer, criaram a sua própria. O problema das gangues estava começando a surgir. Era um conjunto habitacional disfuncional", disse ele. "Ninguém falava com mais ninguém." Após um esfaqueamento fatal e um funeral muito divulgado, no qual o caixão da vítima foi carregado por membros de sua gangue usando máscaras, o então primeiro-ministro, Tony Blair, perguntou à polícia o que poderia ser feito, e Colgan e sua equipe começaram a trabalhar regularmente. Eles tentaram várias iniciativas comunitárias. A primeira foi uma feira mundial de alimentos — "uma festa de rua com muita comida diferente". Praticamente ninguém apareceu. Então, tentaram montar um centro juvenil. Também falhou.

Mas Colgan não desistiu. "Uma das coisas que aprendi ao longo de muitos anos é que, se você deseja reunir uma comunidade, precisa encontrar pontos em comum — algo em que todos possam se concentrar e que todos desejem." Era apenas uma questão de encontrar que ponto de semelhança ressoava com essa comunidade em particular. Um passeio pelo conjunto habitacional forneceu a resposta. Muitas pessoas tinham cachorros. Uma exposição de cães foi lançada, envolvendo escolas e veterinários locais, o abrigo Battersea Dogs Home e, até mesmo, uma exibição de cães policiais. O evento foi notavelmente bem-sucedido. E teve um impacto duradouro. "Sabíamos que havíamos feito uma fissura na armadura", disse Colgan, "quando vimos uma velhinha passeando com seus dois cachorrinhos, e ela estava se divertindo com um rapaz negro de quase dois metros de altura, dizendo que seu cachorro estava muito gordo. Eu pensei, essas duas pessoas teriam cruzado a rua para evitar uma à outra; ela teria ficado com medo dele, e ele teria pensado que ela era uma velha bisbilhoteira. Foi uma alegria." Mais tarde, foi relatado que o medo dos residentes diminuiu. Um amor compartilhado por cachorros foi o capital de transição necessário. O fato é que todos se sentem menos estressados e ansiosos quando há uma comunidade ao redor.

O progresso em direção a um senso de identidade compartilhado é bem capturado por Catherine Haslam e seus coautores no que eles veem como um processo de três estágios. Primeiro, vem a *reflexão da identidade*. Em seguida, a *representação da identidade*. E, finalmente, a *realização da identidade*:

Reflexão da identidade	O grupo se pergunta (ou os líderes do grupo perguntam): *Quem somos nós?* Uma decisão é tomada sobre os valores do grupo e seus membros pensam a respeito de como eles os representam.
Representação da identidade	*O que nós queremos ser?* Essa é a fase em que o grupo pensa sobre quais são suas aspirações — e o que quer realizar.
Realização da identidade	É aqui que o grupo realiza ações que lhe permitirão atingir os objetivos acordados: *Como nos tornamos quem queremos ser?*

Não é difícil mapear o trabalho de Stevyn Colgan com o conjunto habitacional de Greenwich nesse processo. Ou para entender por que o psicólogo John Turner, assistente de longa data de Henri Tajfel, fala sobre a estranha contradição que está no centro de tudo. Os grupos parecem ser mais eficazes quando seus membros se sentem incluídos neles. Os membros exibem maior força pessoal quando se definem com base em sua participação no grupo em vez de suas características individuais.

Como demonstrou o experimento de obediência de Stanley Milgram, uma comunidade tem poder mesmo quando seus membros são apenas duas pessoas — mesmo assim, é preciso que elas sejam de fato uma comunidade. Falar com um estranho aleatório sobre preocupações e inquietações não é suficiente por si só na maioria das situações. "Existem poucas evidências de que a expressão das emoções tenha qualquer efeito benéfico após o luto", aponta o psicólogo Mark Seery, "e há algumas evidências de que pode até impedir o enfrentamento bem-sucedido."[29] Quando ele e sua equipe começaram a tentar entender como telespectadores foram afetados por assistir repetidamente ao ataque ao World Trade Center, eles descobriram que aqueles que foram encorajados a falar sobre suas ansiedades e preocupações não ficaram em melhor situação com a experiência, e aqueles que optaram por internalizar suas emoções não foram pior. "A noção de que expressar os pensamentos e sentimentos de alguém logo após um trauma coletivo é um passo necessário para um ajuste de longo prazo bem-sucedido não foi apoiada", diz Seery. "Em vez disso, as pessoas que optam por não se expressar parecem capazes de lidar com o ocorrido de maneira muito eficaz." Para que uma interação seja benéfica, em outras palavras, deve haver algum tipo de vínculo ali. Tem de haver um meio pelo qual um indivíduo se conecte com outro.

Isso levanta uma questão interessante sobre aqueles que optam pela terapia para ajudá-los a lidar com a vida cotidiana. Se apenas falar sobre algo não ajuda, por que pagar alguém para ouvi-lo falar seria mais eficaz? Os céticos apontariam para o fato de que existem, de acordo com uma estimativa, pelo menos quinhentos tipos diferentes de psicoterapia e que há evidências que sugerem que nenhum deles é mais eficaz do que o outro. Também argumentariam que a terapia não é uma cura mágica para tudo. Considere uma das aflições mentais mais comuns —

a depressão —, que afeta cerca de um quinto de todas as pessoas no planeta em algum momento de sua vida (e o cidadão comum com histórico de depressão terá quatro episódios).[30] Muitos procuram ajuda profissional para isso, mas, ainda assim, há uma alta taxa de fracasso. Mesmo quando as pessoas recebem o que geralmente é considerado o tratamento mais eficaz (terapia cognitivo-comportamental, ou TCC, combinada com medicação antidepressiva), as chances são de que cerca de um quarto sofra uma recaída nos primeiros dois anos.

Mas isso não nega o papel de vital importância que a terapia pode desempenhar. Bons terapeutas podem ser extremamente benéficos. Eles têm a capacidade de projetar empatia, construir relacionamento e garantir que eles e seus pacientes compartilhem objetivos. Em outras palavras, eles oferecem a possibilidade de uma poderosa conexão *social* compartilhada com o cliente.

Quanto às técnicas que os terapeutas usam, é possível que não haja muito o que escolher entre terapia comportamental (adaptação de comportamentos não saudáveis), TCC (mudança de modos de pensar não saudáveis), terapia interpessoal (abordagem de interações não saudáveis com outras pessoas), terapia centrada na pessoa (que ajuda os indivíduos a encontrarem suas próprias soluções para os problemas) ou qualquer uma das muitas outras terapias oferecidas. Em 1936, o psicólogo Saul Rosenzweig cunhou o termo "Veredicto do Pássaro Dodô" em relação às várias formas de terapia oferecidas por seus contemporâneos — sua visão era que, assim como o Dodô em *Alice no País das Maravilhas*, de Lewis Carroll, diz ao final da Corrida Caucus, por ele organizada, que "todos ganharam e todos devem ter prêmios",[31] então todas as terapias são tão boas quanto as outras e todas merecem ganhar. Muitos profissionais discordariam veementemente, mas numerosos estudos desde a época de Rosenzweig chegaram a conclusões semelhantes às dele. Em grande medida, porém, esse não é o ponto. O importante é que todos se baseiam em uma forte relação terapeuta-paciente, uma relação que cria um vínculo conhecido como "aliança terapêutica".[32]

O que uma forte aliança terapêutica consegue é uma reativação da conexão do paciente com os outros. Uma escola de pensamento sustenta que a depressão não é tanto uma questão de um desequilíbrio químico no corpo que precisa ser reparado, mas (nas palavras da psicóloga clínica Tegan Cruwys e seus coautores) "um distúrbio fundamentalmente social".[33] A verdadeira depressão (em oposição a apenas sentir-se um pouco deprimido) é caracterizada por mudanças cognitivas e comportamentais que incluem retração social. É essa retração que precisa ser abordada e combatida.

As atividades físicas que algumas terapias recomendam podem ser muito benéficas a esse respeito, não por causa do exercício em si, mas devido à oportunidade adicional que oferecem para o vínculo social. Um grupo de residentes de uma casa de repouso que sofre de demência e realizou um programa de exercícios intensivos registrou as mesmas pontuações mais baixas em uma escala padronizada de depressão após quatro meses que um grupo de comparação que permaneceu sentado o tempo todo, mas foi encorajado a conversar, cantar, ouvir música ou realizar leituras. Ambos os grupos foram ajudados não pelos regimes que foram instruídos a seguir, mas pelo fato de estarem em um grupo. Os pesquisadores suecos que realizaram esse estudo também descobriram que um grupo de controle de idosos, que não receberam nada para fazer, não apresentou melhora semelhante em seus níveis de depressão. Outros pesquisadores chegaram a resultados semelhantes. De acordo com um deles: "Grande parte do efeito positivo do exercício sobre a depressão em pesquisas anteriores deve-se não apenas à melhora do condicionamento aeróbico, mas também ao aspecto social das condições do exercício".[34]

Olhando para o trauma de maneira geral, o psicólogo Alex Haslam e seus coautores argumentaram que "a resiliência diante do trauma é normalmente associada a processos que ajudam a restaurar, manter ou aprimorar o senso de identidade de uma pessoa e seu senso de conexão significativa com os outros".[35]

E há uma palavra para a maneira como ela é atingida: sincronia.

10

SINCRONIZADOS, ALINHADOS E CONECTADOS
O PODER DA SINCRONIA

"QUANDO VOCÊ FICA TRAUMATIZADO, perde a sincronia no nível mais elementar", afirma o psiquiatra Bessel van der Kolk.[1] Da mesma forma, a capacidade de transcender ou aceitar o trauma envolve voltar à sincronia — com nós mesmos e com os outros. No nível pessoal, restabelecemos nosso senso de identidade e controle; no nível social, restabelecemos nossa conexão com os outros e nos movemos "em sincronia" com eles. E as duas forças se interconectam e se reforçam.

É um processo que Van der Kolk viu em ação após o Onze de Setembro. Um senso de comunidade garantiu que as pessoas não sentissem vergonha de si mesmas, "porque seu vizinho pode ter os mesmos sentimentos de terror e medo que você". Também eliminou uma sensação de impotência e construiu um "lócus interno de controle" para eles ("o fator-chave no enfrentamento saudável ao longo da vida").[2] E, com o crescente senso de identidade e controle das pessoas, surgiu um ciclo de reforço de interconexão com a comunidade. "Esse reconhecimento e essa experiência espelhada nos outros nos ajudam a nos sentir absorvidos em uma comunidade solidária ao nosso redor, nos fazem sentir compreendidos e aceitos, e você não se sente digno de exclusão."[3] Catherine Haslam e seus coautores, por sua vez, descrevem o que acontece quando ocorre o inverso: "Quando o trauma tem um impacto psicológico adverso, é porque compromete fundamentalmente o sentido social de uma pessoa e seu relacionamento com o mundo em geral".[4] Os veteranos norte-americanos dos conflitos do Iraque e do Vietnã que descrevi anteriormente, que ficaram traumatizados por suas experiências de guerra, sofreram uma perda de sincronia consigo mesmos e com os outros: "Eu bebia para tentar me livrar da parte violenta de mim de que eu realmente não gostava", lembrou um deles. "Quero dizer, apenas me entorpecia, tentava não sentir."[5]

Quando os regimes totalitários procuram esmagar os oponentes, eles o fazem desumanizando-os como indivíduos e os removendo da comunidade mais ampla. Primo Levi descreve como os cativos de Auschwitz foram deliberadamente privados de talheres: "Sem uma colher, a sopa diária não poderia ser consumida de outra maneira senão lambendo-a como fazem os cães". "Quando o campo de Auschwitz foi libertado", ele diz adiante, "encontramos no armazém milhares de colheres de plástico transparente novinhas em folha, além de dezenas de milhares de colheres de alumínio ou mesmo de prata que vinham das bagagens dos deportados à medida que chegavam. Portanto, não era uma questão de economia, mas uma intenção precisa de humilhar."[6] Com intenção semelhante, aqueles que dirigiam o campo tatuaram cada prisioneiro com um número que não apenas os marcava como gado, mas também representava um ataque direto à identidade comunitária judaica ("precisamente para distinguir os judeus dos bárbaros, a tatuagem é proibida pela lei mosaica [Levítico 19:280]").[7]

O mesmo processo foi observado em outras guerras. Bierina Kellezi, que fez parceria com um dos criadores do experimento da prisão da BBC, Stephen Reicher, para examinar o devastador conflito de Kosovo de 1998–1999, descreveu como as tropas sérvias estupraram sistematicamente os albaneses.[8] Eles faziam isso para deixar os indivíduos traumatizados e desmoralizados. Ao mesmo tempo, procuravam explorar um tabu da comunidade sobre o estupro que, no passado, frequentemente fazia com que as vítimas fossem banidas da comunidade, e suas famílias ficavam estigmatizadas por não as proteger. Em alguns casos, essas táticas foram bem-sucedidas. "Ele não é mandado embora de onde mora, mas as pessoas não falam com ele", disse um entrevistado sobre um homem vítima de estupro. "Ela é forçada a deixar a família e não tem outra saída a não ser se envolver com a prostituição", disse outro sobre uma mulher que havia sido violentada pelas tropas sérvias.[9] Mas onde o trauma podia ser conectado ao bem-estar da comunidade os indivíduos eram capazes de superar o que havia acontecido com eles. "Eu escondi meu filho dentro do meu peito e pensei 'deixe as balas me levarem, só meu filho deve sobreviver'", disse uma mulher com orgulho.

De maneira mais geral, nós, como indivíduos, somos constantemente solicitados a nos comportar como membros da comunidade e somos estigmatizados se achamos que não somos. O escritor David Berreby vê essa realidade pelo prisma da experiência da infância. "Uma criança em qualquer sociedade é um pequeno estrangeiro", diz ele. "Os adultos riem de seus erros fofos de comportamento." Esse riso é uma maneira gentil de instruí-la nos modos corretos de comportamento. Mais tarde, as ferramentas usadas para lembrá-la da importância de determinados costumes e tradições serão menos benignas. "Fortes emoções marcam as regras como importantes. Meninos não choram.

Ninguém trabalha no sábado. As mulheres cobrem os cabelos na rua. A criança pequena logo aprende que tais padrões não são apenas regularidades na vida, como a escuridão após o pôr do sol. Em vez disso, eles têm uma característica: quando uma criança os perturba, os adultos (e outras crianças) garantem que ele ou ela sinta vergonha, culpa, medo e dor."[10]

Nossa fiação de sincronização tem um forte elemento físico. Bessel van der Kolk observou que as pessoas que sofrem de trauma acham muito difícil fazer contato visual com outras pessoas e, quando tentam fazê-lo, não seguem os padrões recíprocos (inconscientes) da linguagem corporal normal. Ele compartilha um exemplo em que a restauração da sincronização física restaurou a sincronização comportamental: "Steve Gross dirigia o programa de brincadeiras no Trauma Center. Steve sempre andava pela clínica com uma bola de praia de cores vivas e, quando via crianças zangadas ou travadas na sala de espera, abria um grande sorriso para elas. As crianças raramente respondiam. Então, um pouco mais tarde, ele voltava e sem querer deixava cair a bola perto de onde uma criança estava sentada. Quando Steve se inclinava para pegá-la, ele a cutucava gentilmente na direção da criança, que geralmente dava um empurrão indiferente em troca. Gradualmente, Steve começava a ir e vir, e em pouco tempo você veria sorrisos em ambos os rostos. A partir de movimentos simples e ritmados, Steve criou um lugar pequeno e seguro onde o sistema de engajamento social poderia começar a ressurgir".[11]

Todos os tipos de interação física podem gerar tal resultado. "Movimentar-se, dançar com outras pessoas, obter um senso de ritmo que muitas pessoas ao redor do mundo, exceto no mundo ocidental, usam — tocar tambores juntos, cantar juntos, fazer música — ajuda a restabelecer esse senso de comunidade e estar em sincronia com as pessoas ao seu redor", afirma Van der Kolk.[12] Por sua vez, Barbara Ehrenreich argumenta que "esses rituais servem para quebrar a sensação de isolamento do sofredor e reconectá-lo com a comunidade humana": eles o libertam "da prisão do *eu*", da "tarefa ansiosa de avaliar como alguém se posiciona no grupo ou aos olhos de um Deus sempre crítico". Eles fazem com que os indivíduos se sintam parte de algo maior, algo compartilhado.[13]

Essa sensação prazerosa e reconfortante de união ocorre porque, assim como acontece com os macacos, as atividades humanas vão desde comer, rir, dançar, marchar e realizar rituais juntos até compartilhar histórias, e tudo isso desencadeia a liberação de endorfinas — aquelas substâncias químicas que, como explica Robin Dunbar, são "trinta vezes mais eficazes como analgésicos do que a morfina".[14] Ele e sua colega pesquisadora Emma Cohen me contaram sobre um experimento que realizaram que demonstra lindamente a ligação. Primeiro, eles disseram, colocaram membros da equipe de remo da Universidade de Oxford durante seu treino matinal regular em máquinas de remo individuais e mediram o aumento desses neurotransmissores nos atletas. Uma semana depois, repetiram o exercício com o mesmo grupo, mas dessa vez colocando as máquinas de remo na formação de um barco virtual. O resultado, eles descobriram, foi a duplicação dos níveis de endorfina da semana anterior.[15]

Emma Cohen realizou um exercício semelhante com o time de rúgbi da Universidade de Oxford. Nele, ela conseguiu que metade da equipe se aquecesse sozinha e metade realizasse exercícios de aquecimento em duplas. "Depois", ela explicou, "eles realizaram um teste de *sprint* realmente desafiador, que é parte cotidiana de seu treinamento. Normalmente, levaria cerca de quatro minutos, mas eles conseguiram economizar por volta de seis segundos e meio do tempo normal se tivessem realizado o aquecimento de forma sincronizada com um companheiro de equipe." Como ela apontou, não é que o teste de *sprint* fosse uma atividade comunitária — era um esforço individual. Ainda assim, aqueles que já haviam realizado um simples ato de vínculo social se saíram melhor (uma "melhoria de 2,5%") e o fizeram sem relatar maior fadiga ou experimentar batimentos cardíacos mais altos.[16]

Esses aumentos nos níveis de endorfina não ocorrem apenas quando praticamos esportes juntos. Eles acontecem quando comemos juntos (uma atividade que demonstrou estar fortemente correlacionada a um senso de satisfação com a vida)[17] e quando temos "conversas significativas" (em oposição a *conversa fiada*) com outras pessoas.[18] Robin Dunbar observou aumentos nos níveis de endorfina entre estranhos que participam de corais — quanto maior o coro, maior a liberação de endorfina. Em sua opinião, esse fenômeno ajuda a explicar por que a seleção nacional de rúgbi da Nova Zelândia, os All Blacks, é tão bem-sucedida. Eles podem ter a desvantagem teórica de serem provenientes de uma população pequena, mas têm o ritual de aquecimento *haka* a seu favor. "Tem todas as características de um bom ritual, cada elemento que ativa o sistema de endorfina [...]. A chave é certamente que, sob a influência de níveis acentuados de endorfina, a equipe entra na briga em um estado elevado de alerta, com uma sensação de calma e limiares de dor aumentados que lhes permitem absorver muito mais as punições e a exaustão durante o jogo que se segue."[19]

De acordo com Joe Devlin, médico da Universidade de Londres, a sincronia ocorre até mesmo entre estranhos que formam uma plateia de teatro. Ele me contou como, quando sua equipe monitorou os batimentos cardíacos de pessoas que assistiam a um musical do West End, eles descobriram que os corações aceleravam e desaceleravam em uníssono. "Normalmente, em um grupo de indivíduos, cada um terá suas próprias frequências e ritmos cardíacos, com pouca relação entre si", explicou. "Mas casais românticos ou companheiros de equipe altamente eficazes realmente sincronizam seus corações para que batam no mesmo ritmo, o que em si é surpreendente." "Acontece", continuou, "que, em espécies sociais (como os humanos, mas outras também), parte do sistema nervoso autônomo aumenta a atividade quando estamos com outras pessoas. É a parte do sistema que também está envolvida na emoção; então, como consequência, estar com outras pessoas tende a aumentar as respostas emocionais, boas ou más. É uma das razões pelas quais sentimos uma energia em ambientes de público ao vivo que falta quando você está sozinho."[20] Robin Dunbar aponta que o toque também melhora a sincronia: abraçar, por exemplo, demonstrou aumentar os sentimentos positivos e reduzir os negativos nos dias em que as pessoas estão passando por dificuldades de relacionamento.[21]

Na verdade, todo grupo humano, seja secular ou religioso, oferece o poder benéfico da sincronia (Alex Haslam afirma que "os principais benefícios de ir à igreja não têm nada a ver com fé e tudo a ver com a comunidade").[22] Para o falecido rabino Jonathan Sacks, os grupos oferecem uma alegria compartilhada que é descrita pela palavra hebraica *simcha* (o *ch* é, como na palavra "*Chanukah*", articulado na garganta), que aparece várias vezes no Antigo Testamento. É uma palavra, segundo Sacks, que "tem uma nuance intraduzível", porque, enquanto a felicidade ou a alegria podem ser experimentadas sozinhas, "*simcha*, ao contrário, não é uma emoção privada. Significa felicidade compartilhada. É um estado social, um predicado do 'nós', não do 'eu'". A palavra reconhece que parece haver algo transformador em experimentar emoções — mais positivamente, alegria — ao lado dos outros e com eles. Isso mostra que estamos sincronizados e podemos ver nossas próprias emoções refletidas. Como afirmou Sacks: "Não existe isso de sentir *simcha* sozinho".[23]

Claro, como Cohen apontou, o processo também pode funcionar de outra maneira. "Houve", ela relatou, "um pequeno e adorável estudo que mostrou que, quando você tem um amigo, você percebe uma situação potencialmente desafiadora como mais fácil do que se você não tivesse um amigo."[24] O estudo a que ela se referiu envolvia fazer com que as pessoas em um campus ficassem no sopé da colina, usassem uma mochila pesada e, em seguida, estimassem a inclinação do monte. Aqueles que por acaso tinham um amigo com eles na época invariavelmente estimaram que a colina era menos íngreme do que aqueles que estavam sozinhos.

A sincronia, então, nos entusiasma e nos faz sentir otimistas e engajados. Mas isso realmente aumenta a sensação de controle pessoal que é tão importante para o nosso bem-estar? Isso é algo que Katharine Greenaway e sua equipe se propuseram a entender, e o fizeram observando as afiliações políticas nos EUA antes e depois das eleições presidenciais de 2012. Sua suposição de trabalho era que era possível que os partidários de Mitt Romney, o candidato republicano, pudessem se sentir impotentes após a vitória de seu rival, o então presidente democrata Barack Obama. O que eles descobriram, porém, foi que um forte senso de afiliação com um determinado partido estava intimamente associado a um "sentimento de controle pessoal significativamente maior", independentemente de o partido perder ou ganhar. Os republicanos podem ter sofrido uma grande derrota nas eleições, mas seus apoiadores mais próximos não se sentiram menos atuantes como resultado. "O fato de os grupos poderem fornecer às pessoas uma sensação de controle pessoal, mesmo quando o próprio grupo experimentou um fracasso profundo, demonstra a poderosa proteção psicológica oferecida pelas identidades sociais",[25] concluíram os pesquisadores.

Um senso de controle individual entre os atletas Superelite também pode, repetidamente, ser visto como derivado em grande parte de seu relacionamento com um grupo mais amplo. A dra. Pippa Grange, uma das psicólogas esportivas mais conceituadas do mundo, que trabalhou com a seleção inglesa de futebol de Gareth Southgate quando eles chegaram às semifinais da Copa do Mundo de 2018, e cujo brilhantismo simples e descomplicado foi celebrado por pessoas como a pesquisadora Brené Brown, é muito clara sobre o assunto. "Certamente a capacidade de superar e dar sentido a um evento negativo e adicioná-lo ao seu armário de resiliência é uma coisa valiosa", ela me disse quando pedi sua opinião sobre a pesquisa dos grandes medalhistas britânicos. "Mas o que essa pesquisa não mostra realmente é quantos desses jovens tiveram um mentor realmente forte ou relacionamentos familiares que os apoiaram muito e os ajudaram a superar os desafios."[26]

Não apenas mentores ou membros da família. Grange também mencionou o poder das redes comunitárias e dos grupos de amizade. Todas essas entidades, disse ela, deram aos atletas individuais um "fator de estabilidade e enfrentamento" adicional que os ajudou. Na opinião dela, "se olharmos apenas para a adversidade ou a tragédia pela qual alguém passou e não olharmos para todas as coisas que o ajudam a superar isso, obteremos uma imagem bastante distorcida". É lógico. Se você se encontra muito longe da costa e corre o risco de ser arrastado para o mar, é mais provável que faça esse esforço adicional que o levará de volta à terra firme se puder ver e ouvir as pessoas que estão querendo que você continue. Você não está sozinho. Seu grupo está lá para apoiá-lo. É estranho pensar como esse grupo de apoio é tirado de cena em tantos relatos de resiliência individual.

Quanto à sincronia e à identidade individual, isso é algo a que o grande especialista em comportamento humano Robert Cialdini dedicou uma pesquisa considerável. "A experiência da unidade [é] sobre identidades, identidades compartilhadas", escreve na edição de 2021 de seu livro clássico *Influence*.[27] Ele observa que "um estudo dos registros de um grande banco indiano revelou que agentes de crédito aprovaram mais pedidos de empréstimo e deram mais condições favoráveis a requerentes da mesma religião". Ele descreve como simples sinais de similaridade influenciam nossa avaliação dos eventos: "Depois de uma falha de serviço em um restaurante de Hong Kong, os clientes estavam menos dispostos a culpar um garçom que compartilhava seu sobrenome".[28] "[As] pessoas muitas vezes não conseguem distinguir corretamente entre suas próprias características e as dos outros membros, o que reflete uma confusão entre o *eu* e o outro", escreve Cialdini. Incluímos a identidade de grupo à nossa e agimos de acordo: "As pessoas tendem a dizer 'sim' a alguém que consideram uma delas".

O poder até mesmo de atos muito simples de sincronização foi fascinantemente demonstrado por três pesquisadores canadenses interessados no funcionamento do viés inconsciente. Eles pediram a voluntários para assistir a um vídeo de 140 segundos de atores pegando e bebendo copos de água. Os pesquisadores variaram as etnias dos atores (usando atores negros ou brancos) e variaram se os participantes foram ou não convidados a imitar o gole que podiam ver na tela. A pesquisa que eles realizaram posteriormente mostrou que — em curto prazo, pelo menos — o viés racial inconsciente foi apagado entre aqueles que sincronizaram os goles dos atores com os seus. "Imitar os membros do grupo externo, portanto, reduz o viés implícito contra esse grupo externo", concluíram os pesquisadores.[29]

A ideia de que a identidade é, em parte, um atributo de grupo pode ser difícil de engolir para os totalmente individualistas. No entanto, pesquisas, após descobertas, apontam nessa direção. Também é evidente que o grupo estabelecido aprimora o indivíduo. Pesquisadores do departamento de psicologia da Universidade de Nova York descobriram uma maneira interessante de testar isso. Eles designaram voluntários aleatórios tanto para uma equipe de quatro pessoas que foram informadas de que estavam competindo com outras equipes como para um grupo de quatro pessoas que foram informadas de que estavam competindo individualmente. Os voluntários foram, então, apresentados a vários desafios que variavam de tarefas de memória e sudokus a testes de palavras e brainstorming (problemas complicados como "ordenar itens necessários para a sobrevivência em um cenário de queda de avião no inverno"). Aqueles que trabalharam como grupos superaram aqueles que operaram como indivíduos. Os dispositivos de escaneamento cerebral que rastrearam a "sincronia neural" dos voluntários descobriram que, no início, as equipes não mostravam mais sincronia do que os indivíduos trabalhando sozinhos, mas que, no final do experimento, as equipes exibiam um alto grau de sincronia. De fato, quanto maior a sincronia, melhor a tomada de decisão coletiva. Estar no mesmo comprimento de onda genuinamente levou a um trabalho melhor, com a única exceção sendo um exercício de digitação, no qual trabalhar em conjunto teve o efeito de desacelerar as pessoas.[30]

A maioria de nós já experimentou aquele lampejo de irritação que ocorre quando estamos em um show com um amigo ou parceiro e descobrimos que eles estão olhando para o telefone em vez de compartilhar a experiência. De acordo com Garriy Shteynberg, psicólogo do Tennessee, isso ocorre porque associamos aprender algo ao mesmo tempo que outras pessoas, com o que ele chama de "coordenação intragrupo".[31] Em experimentos que conduziu, ele descobriu que, quando aqueles envolvidos em um evento on-line acreditavam que outras pessoas como eles estavam participando, sua memória do evento melhorou. Como ele diz, "as pessoas dedicam maiores recursos cognitivos a qualquer aspecto de seu ambiente que seja considerado sincronizado com um outro socialmente próximo".[32] De filmes de terror a campanhas publicitárias de caridade, nossa resposta emocional a estímulos é intensificada quando nossa experiência é compartilhada com pessoas com as quais sentimos uma afinidade.[33] Da mesma forma, alunos que tiveram sua atividade cerebral registrada durante as aulas de biologia mostravam uma sincronia marcante quando eram colocados em pares ou grupos de discussão ou assistiam a vídeos juntos.[34]

Quando nos sentimos parte de um grupo e em sincronia com ele, experimentamos um brilho protetor. O *eu* e o outro se sobrepõem, e nosso senso de identidade floresce de acordo. Qualquer coisa que nos desconecte do grupo tem um efeito adverso invisível, mas poderoso, em nosso bem-estar e, por extensão, em nossa fortaleza. Pode ser hora de se levantar e dançar.

11

Três contos da fortaleza
Encontrando força na conexão

ANNA HEMMINGS ESTAVA MAIS DO QUE CANSADA. Ela foi dominada por uma exaustão que a envolveu completamente. Quando foi para o chuveiro, não conseguia ficar de pé ou levantar os braços. Toda a sua energia parecia ser canalizada para transmitir dor através de seu corpo dolorido. E, no entanto, tinha apenas 28 anos; estava no auge. Também era tricampeã mundial de canoagem. Aquilo não deveria estar acontecendo com ela.

Anna percebeu que algo não estava certo quando começou a sentir dores musculares intensas após as sessões diárias de treinamento. Um certo grau de fadiga muscular era de esperar, e ela estava acostumada. Mas dessa vez era algo diferente. Era doloroso e cansativo. Os médicos disseram que não havia nada fisicamente errado com seu corpo, mas se esforçaram para sugerir o que ela deveria fazer. "Tentei a medicina convencional, tentei terapias alternativas, e nada estava funcionando", ela me disse. "Fui ver um médico e ele me disse: 'Não há tratamento, não há cura, você pode voltar a andar de caiaque, mas nunca mais participará de campeonatos de alto nível'. Seu diagnóstico — que Anna sofria de síndrome de fadiga crônica (também conhecida como SFC) — pareceu-se com um dar de ombros, algo abrangente que dizia: "Nós vemos que você está doente, mas não sabemos realmente por quê".

Durante todo o tempo, Anna estava perdendo as qualificações para eventos e com medo de que seu objetivo de competir nas Olimpíadas do ano seguinte estivesse lhe escapando. Em algum momento, ela sentiu que não tinha escolha a não ser temporariamente jogar a toalha. "Foi isso, não voltei a treinar por dezoito meses." Ela passou o verão de 2004 desanimada como espectadora dos Jogos Olímpicos de Atenas, dos quais queria desesperadamente participar. "Piorou porque, quando adoeci, fiquei mais isolada", lembra. "Quando fiquei doente, não saía muito. Eu estava morando sozinha. Estava redecorando meu apartamento sozinha. Não falava com ninguém sobre como estava me sentindo. Eu dizia: 'Sim, sim, estou bem' quando as pessoas perguntavam. Mas eu estava física e emocionalmente isolada."[1]

Então, com a ajuda de seus patrocinadores, Anna foi encaminhada a um novo médico. John Eaton vinha refinando uma abordagem que denominou Terapia Reversa — um método que "ensina as pessoas a identificarem os gatilhos que levam o cérebro a criar sintomas como fadiga e dor inexplicável".[2] Ele a encorajou a destrinchar cada ação que ela havia realizado e que a levou ao seu estado atual e a documentar as flutuações em sua condição. Vários padrões surgiram, e Hemmings percebeu que a condição de Anna tinha diferentes causas-raiz, mas era possível perceber um problema subjacente — ela não estava se conectando com os outros e não estava facilitando a conexão dos outros com ela. "Um dos maiores gatilhos para mim foi a não expressão de emoções", disse ela. As pessoas perguntavam como ela estava, e Anna apenas dizia: "Bem". Ela escondia seus baixos emocionais até mesmo de amigos e familiares mais próximos. "Eu realmente não me abria com ninguém", lembra a pessoa que nomeou sua própria persona como *Pokerface Anna*.*

Ela se juntou ao renomado técnico canadense Frédéric Jobin e viajou para o Canadá e a Flórida para estar com ele, mas "eu não iria ficar lá em tempo integral e, quando voltei para o Reino Unido, estava treinando por conta própria." Em casa, Anna treinava intensivamente durante quatro ou cinco horas por dia, mas, como ela me disse, 95% do tempo ela o fazia sozinha. "Embora eu ligasse para meu treinador e nos comunicássemos por e-mail, não era o mesmo que ter alguém na margem do rio para conversar depois de cada sessão de treinamento e ter aquela descarga emocional." (Nestes dias de intermináveis reuniões virtuais, vale a pena notar que a vida no mundo virtual não alcança a sincronia de estarmos juntos. Como diz o autor Douglas Rushkoff, "você não pode ver se a respiração de alguém está sincronizada com a sua. Portanto, os neurônios-espelho nunca disparam, a oxitocina nunca passa pelo seu corpo, você nunca tem essa experiência de ligação com o outro ser humano".)[3] Eaton a ajudou a avaliar os perigos dessa abordagem. "Para mim, era tudo o programa de treinamento. Mas meu erro foi não perceber a importância do ambiente, das conexões e de estar perto de parceiros de treino [...]. Sou extrovertida, mas acho que não tinha percebido o quanto precisava dessa energia das pessoas." À medida que ficou cada vez mais doente e, consequentemente, menos inclinada a procurar companhia, um círculo vicioso foi criado.

Com a ajuda do dr. Eaton, Hemmings percebeu que seu sistema límbico estava sinalizando alerta vermelho e que ela havia

---

* Em tradução literal, Anna Cara de Pôquer. Essa é uma expressão utilizada para descrever pessoas que se mostram indiferentes, que não demonstram emoções, em referência aos jogadores de pôquer, que não mostram reações para não entregar o jogo. (N. E.)

ignorado os avisos. Estresse físico intenso combinado com isolamento foi interpretado por seu corpo como um sinal de que algo estava terrivelmente errado, e ele respondeu de acordo. Ela precisava reforçar as conexões sociais em sua vida. "Achei que tudo o que eu precisava fazer era seguir um ótimo programa de treinamento e trabalhar muito duro. Na verdade, não. Eu não sou um robô. Eu precisava de conexão humana. Eu precisava de apoio emocional e de um lugar para desabafar." Seu caminho para a recuperação foi complexo e envolveu várias estratégias. Mas renovar o contato com os outros provou ser um tônico vital. "Percebi que, para sobreviver, preciso ter conexões muito fortes com as pessoas. Eu estava tão cega em relação à minha missão, que fiquei focada demais."

Demorou um pouco para que a confiança de Anna alcançasse seu retorno a uma melhor saúde física e mental. Quando isso aconteceu, ela embarcou em uma trajetória notável. Primeiro, se classificou para o Campeonato Europeu. Depois, venceu a corrida de 32 quilômetros com uma arrancada rápida. Na época do Campeonato Mundial, em outubro de 2005, sua autoconfiança havia voltado. Ela conquistou o título mundial, cruzando a linha quase um minuto à frente de sua rival mais próxima. Com seis medalhas de ouro no Campeonato Mundial, ela continua sendo a canoísta feminina mais bem-sucedida da história da Grã-Bretanha. Seu retorno foi extraordinário.

Damian Scarf não teve o começo mais fácil na vida. "Fui reprovado no ensino médio, o que significava que não poderia entrar na universidade por alguns anos", ele me disse. "A consequência da reprovação foi que passei um ano recebendo benefícios do governo. Quando finalmente consegui entrar, estava muito focado em passar de período. Eu realmente não tinha aspirações de fazer muito além disso." Mesmo assim, em seu primeiro ano na universidade, Scarf conseguiu obter uma mistura de notas B e C.[4] Inspirado e motivado por seu sucesso, ele começou a trabalhar ainda mais. Logo estava alcançando As e Bs. E, então, ele realmente dobrou seus estudos acadêmicos, cortando a socialização para dar mais espaço para eles, e, em seu terceiro ano, decidiu parar de jogar rúgbi, que ele passou a considerar uma distração.

À medida que o trabalho tomava conta de sua vida, a conexão com os outros enfraquecia. "Eu não fazia parte de nenhum tipo de grupo social ou recreativo", lembrou. "E isso então culminou em não sair com a família, não ir aos aniversários ou passar algum tempo com as pessoas que eu amava." Mas havia um preço psicológico a ser pago por esse isolamento autoimposto. "Minha ansiedade me controlava. Toda vez que eu não estava estudando, minha cabeça se enchia de barulho sobre ser um fracasso, sobre não trabalhar duro o suficiente, sobre não ter o que é preciso para ter sucesso." "No meu terceiro ano", continuou, "minha ansiedade ficou mais focada em minha aparência física. Eu me tornei bulímico; estava regularmente comendo e me forçando a vomitar. Eu me levantava às seis para correr, chegava à biblioteca às oito, antes de sua abertura, estudava até as onze da noite, quando as portas eram trancadas, e depois pedalava para casa. Mantive esse cronograma sete dias por semana." Por fim, esse regime punitivo o levou ao colapso físico. Dominado pela ansiedade e tendo perdido 22 quilos, Scarf teve de ser internado e perdeu as provas do final do semestre.

Seu quarto ano foi, no mínimo, pior. Sem se deixar abater pelos alarmes que seu corpo estava tocando, ele mais uma vez intensificou seu compromisso acadêmico, levantando-se às três ou quatro da manhã para estudar e depois saía correndo para a biblioteca para estar lá no horário de abertura. Ele sabia que não se sentia bem, mas confiava que seus problemas de saúde mental seriam temporários: "Eu esperava que ao final do quarto ano minha ansiedade diminuísse". O fim das provas, porém, não pressagiava o fim da sua ansiedade. Ao contrário, as coisas pioraram. "A eliminação de todos aqueles grupos [sociais] criou um buraco, e agora, sem estudo e provas para preenchê-lo, a depressão o fez."

Foi só nessa fase que Damian percebeu que teria de pedir ajuda. Ele sabia que precisava reconstruir seu relacionamento com amigos e familiares e restaurar seus vínculos com o mundo ao seu redor. As conexões sociais em si não teriam evitado que ele passasse pelos problemas pelos quais passou: "Pelo menos, no meu caso, não acho que manter essas conexões teria me impedido de desenvolver ansiedade e depressão". No entanto, ele percebeu que "definitivamente elas teriam reduzido o impacto. Eu teria sido mais resiliente".

Hoje, Damian é o dr. Scarf, professor sênior da Universidade de Otago, na Nova Zelândia, e um homem que foi capaz não apenas de assimilar sua experiência pessoal, mas também de utilizá-la em seus estudos acadêmicos e ajudar os outros ao mesmo tempo.

Há algum tempo, por exemplo, ele se interessou por um projeto social de longa data na Nova Zelândia que envolvia adolescentes que faziam parte da tripulação de um impressionante veleiro, o *Spirit of New Zealand*, e também lá residiam.[5] Trabalhando com uma equipe que incluía seu mentor Jackie Hunter, Damian observou sessenta crianças com idades entre oito e quinze anos que passaram dez dias no navio. Cada criança foi acompanhada um mês antes da aventura, no primeiro dia a bordo, no último dia e nove meses depois, e os resultados foram comparados com os de um grupo de controle de 120 crianças que não estavam envolvidas no projeto.

O regime no *Spirit of New Zealand* era rigoroso e espartano. Nenhuma tecnologia era permitida (especificamente, nenhum telefone), roupas de marca eram proibidas, as crianças dormiam em beliches em quartos apertados e sua rotina de higiene dependia fortemente de banhos de mar. Novos membros da tripulação foram designados para grupos de "Vigilância" — Vigilância Azul, Vigilância Vermelha, e assim por diante — e, ao longo da viagem, receberam várias responsabilidades da tripulação profissional de doze pessoas do barco — por exemplo, "trabalhar com outros para limpar 'montanhas de pratos' em uma cozinha apertada, puxar cordas por horas com os outros e fazer vigia às duas da manhã".[6] Todos os dias uma pessoa diferente era escolhida a líder da Vigilância. Todas as noites havia uma discussão em grupo sobre os acontecimentos daquele dia e as lições aprendidas. Muitas das crianças inicialmente sofriam de enjoo e, com frequência, de saudades de casa.[7]

Scarf ficou fascinado ao ver a mudança gradual que se abateu sobre os adolescentes. "Desde o primeiro dia, você tem quarenta jovens parados no cais, olhando para os sapatos, sem querer falar uns com os outros", disse ele. "E então, no último dia, você tem quarenta jovens que estão chorando porque precisam se separar depois de dez dias." Suas pontuações de resiliência combinavam com seu humor. No primeiro dia, elas não estavam mais altas do que quando foram medidas pela primeira vez, um mês antes. No décimo dia, elas aumentaram significativamente. E essa melhora ainda era aparente quando as medições finais foram feitas nove meses depois.[8] Curiosamente, quanto mais adversas as condições físicas de qualquer expedição marítima, mais os grupos se uniram e maior foi a força que extraíram uns dos outros — ou, como disse Scarf, "na verdade, encontramos algumas evidências de que, quanto pior o clima, maior o ganho de resiliência; quanto mais agitado o mar, mais eles meio que se fundem com o grupo e se apoiam em seu time para obter suporte". E, quanto maior o sentimento de pertencimento a bordo, maior a resiliência medida nove meses depois.[9]

"A identidade compartilhada é a chave", explicou Scarf. "Eles se identificam como membros desse grupo de observação. Em que consiste essa identidade? Eles podem nadar ao redor de um barco em águas geladas às seis horas da manhã, podem trabalhar juntos para içar as velas, podem fazer vigia às duas da madrugada, podem lidar com o enjoo, podem lidar com o fato de estar em um barco no meio do nada. Essa é a identidade desse grupo de Vigilância. O que esse grupo significa, ou o que é essa identidade, é o que é a chave aqui. E, nesse caso, essa identidade consiste em um grupo de pessoas que são resilientes." Ele também apontou que não se trata apenas de pertencer a um grupo em si, mas da aceitação do indivíduo pelo grupo: "As pessoas ao nosso redor nos aceitam pelo que somos, seja para o bem ou para o mal, ou talvez pelas partes de nós que escondemos dos outros". Essa "aceitação incondicional" é "provavelmente uma chave para construir resiliência e autoestima". "Precisamos dar às pessoas um espaço onde elas possam ser elas mesmas e onde não haja partes de si mesmas que precisem esconder."

De maneira mais geral, Scarf me disse: "O número de grupos aos quais pertencemos não apenas reforça nossa resiliência, mas também protege contra o desenvolvimento de depressão, pode ser curativo para a depressão existente e ajuda a prevenir a recaída da depressão". "Mesmo quando envelhecemos, os grupos são cruciais", acrescentou. "A quanto mais grupos pertencemos, mais lento é nosso declínio cognitivo." Ele descreveu os "Men's Sheds" [galpões para homens] que estão se proliferando em todo o mundo: reuniões informais, normalmente realizadas em oficinas ou galpões genéricos, nas quais aposentados podem se juntar a outros em atividades práticas. Essas são pessoas que tradicionalmente têm sido difíceis de alcançar e relutam em estabelecer novas conexões com estranhos. O projeto Men's Sheds ajudou a quebrar suas inibições e os encorajou a se unirem a outras pessoas (com uma desculpa conveniente de que estão trabalhando em um projeto de carpintaria).

Eu encontrei Damian Scarf pela primeira vez por meio de sua palestra no TEDx e fiquei impressionado com uma expressão que ele usou: "cura social". Damian estava explicando como, embora todos nós recebamos avisos sobre os perigos de fumar e a sabedoria de comer de forma saudável e praticar mais exercícios, nunca somos informados sobre os benefícios de fazer parte de um grupo. E, no entanto, explicou ele, "construir relacionamentos sociais, ter um apoio social alto em vez de baixo, tem um impacto comparável na redução da mortalidade a um fumante moderado que está parando de fumar. Isso excede fatores bem conhecidos, como o aumento da atividade física e uma alimentação saudável". "Talvez", concluiu ele, "nossos médicos devessem nos perguntar sobre o número de grupos aos quais pertencemos." Isso, de fato, é uma cura social.[10] Ou, como um participante de pesquisa disse à psicóloga Catriona Matheson e seus colegas em um contexto adjacente, "você não pode ser resiliente sozinho, pode?".[11]

Estou no terceiro andar da ala Highgate do hospital Whittington, um edifício de tijolos vermelhos que fica em uma rua sinuosa afastada das movimentadas estradas principais de Archway, no norte de Londres. Ela já foi a ala psiquiátrica da instituição e antes disso, de acordo com Florence Nightingale, "de longe a melhor enfermaria de asilo que temos".[12] Estou lá na hora do almoço e meu parceiro é um médico residente usando máscara que está tentando acariciar sua cabeça e tocar seu nariz enquanto eu conto repetidamente até três.

Nossa anfitriã do dia é a dra. Heidi Edmundson, médica inspiradora que liderou uma abordagem peculiarmente brilhante para o problema deprimentemente familiar do burnout. Meus companheiros são doze médicos que trabalham com Edmundson na equipe de emergência — pessoas talentosas de todos os quatro continentes que estão unidas pelo desejo de ajudar os outros. Um deles acabou de completar o turno da noite, mas ainda consegue permanecer surpreendentemente alerta.

A razão pela qual nos reunimos é porque o Serviço Nacional de Saúde está sob imensa pressão — assim como as pessoas que trabalham para ele. O número de pacientes está aumentando, os funcionários estão trabalhando longas horas e, muitas vezes, falta mão de obra. Pesquisas hospitalares mostram que a equipe de emergência enfrenta desafios específicos, mas todos têm muito trabalho e pouco tempo para relaxar e recarregar as baterias. "Quando eu trabalhava como médico residente", Edmundson me conta, "havia mais bolsões de cinco minutos de inatividade quando nada estava acontecendo. Nos turnos da noite, ficava quieto por volta das cinco horas e você podia se sentar por mais ou menos uma hora e conversar com as pessoas com quem trabalhava." Mas esses momentos foram espremidos.

A perda desses "bolsões" tornou-se uma preocupação real para ela. Ela sente que eles cumpriam uma valiosa tarefa dupla. Eram os momentos em que "as pessoas se uniam, se relacionavam e podiam oferecer um pouco de apoio". "Na medicina, há certas atividades que fazemos em equipe", explica ela. "Se alguém entra em parada cardíaca, há um trabalho de equipe nisso. Acho que nos tornamos muito bons em praticar atividades em equipe baseadas em tarefas, mas ainda acho que há lugar para as pessoas apenas se conhecerem e crescerem juntas como indivíduos. Você cria vínculos com as pessoas com quem ri." Ao mesmo tempo, ela tem plena consciência de que esses "bolsões" unem as pessoas. Quando as equipes ficam estressadas, ela diz, elas começam a "retrair-se" e param de se conectar umas com as outras, criando um círculo vicioso de isolamento e estresse.

Edmundson descreve para mim como ela passou a lidar com os desafios que se apresentaram quando começou a tentar resolver o problema: "Não tínhamos orçamento, e outra coisa que não tínhamos era tempo." Ela, no entanto, identificou um caminho possível. Todas as manhãs, no departamento de treinamento em que trabalhava, eram reservados dez minutos para que a equipe se reunisse para aprender sobre procedimentos-padrão ou novas técnicas. "Algumas das faixas horárias estavam vazias, então decidimos assumir um desses intervalos de dez minutos e dedicá-lo ao bem-estar."

Anteriormente, Edmundson havia realizado uma iniciativa anual de treinamento experimental que conectava alunos da escola de teatro Central School of Speech and Drama para criar uma forma intrigante de performance improvisada chamada *Forum Theatre*: "É um estilo de teatro criado por um senhor chamado Augusto Boal. Também é conhecido como Teatro do Oprimido." Boal era um homem do teatro e ativista político brasileiro que acreditava que, ao encorajar o público a se tornar um participante ativo em uma performance, ele poderia inspirá-lo a promover mudanças em suas próprias comunidades. Entre os recursos que ele nos deixou está um livro de exercícios de aquecimento e improvisações intitulado *Jogos para atores e não atores*. Edmundson decidiu usar as ideias e técnicas de Boal em seu próprio trabalho com a equipe médica: "Se você está envolvido em algo divertido ou criativo, funciona da mesma forma que a atenção plena", ela acredita. "Você tem de estar completamente no presente; isso impede que você se concentre no passado."

No início, enquanto alguns funcionários estavam entusiasmados, outros relutantemente se continham. Mas a participação foi crescendo, e houve entusiasmo positivo no dia em que a campeã de "Pedra, Papel e Tesoura", que nasceu no Chile, escolheu celebrar o triunfo cantando o hino nacional chileno. À medida que os membros da equipe aprendiam mais uns sobre os outros, não demorou muito para que descobrissem conexões comuns. E mais importante: eles começaram a rir juntos.

Com base no sucesso do primeiro programa, Edmundson acrescentou um dia inteiro de treinamento para cada membro da equipe, medindo o bem-estar dos participantes e sua conexão com os outros em todas as etapas. Os resultados foram impressionantes. A equipe se mostrou mais resiliente diante do número cada vez maior de pacientes. De fato, embora o número de atendimentos tenha aumentado 8% em relação ao ano anterior, o envolvimento da equipe foi tal que o tempo de espera não aumentou. Enquanto isso, as faltas por doença entre os funcionários diminuíram 33%. Os médicos se sentiram melhor e trabalharam melhor.

O tempo livre no trabalho seria um território muito familiar para as gerações anteriores de trabalhadores, acostumadas a ir a um bar próximo regularmente. Edmundson, no entanto, tinha reservas quanto à reintrodução desse hábito específico. "Acho que o problema de ir ao bar", ela me conta, "é que não é inclusivo, por uma infinidade de razões diferentes. A outra coisa sobre diversão: as pessoas podem banalizá-la, mas na verdade não é tão fácil se divertir quanto você poderia supor. Então, você pode ir ao bar e rir, mas pode ir ao bar e acabar não rindo e remoendo os mesmos problemas do trabalho. Não acho que ir a um bar seja uma maneira particularmente infalível de se divertir." Dudley Moore pode ter gritado "Diversão não é a melhor coisa para se ter?" no filme *Arthur, o milionário sedutor*, de 1981, mas ela é mais facilmente desejada do que alcançada. As atividades do grupo de Edmundson, no entanto, certamente colocaram as pessoas no caminho certo.

Em seguida, observei um projeto de Edmundson que estava em andamento — ela engenhosamente recrutou um grupo de funcionários de bordo de uma companhia aérea que estavam de licença por causa da covid-19, para ajudar a treinar a equipe da emergência na arte de lidar com membros abusivos do público. Entre as várias atividades que presenciei, destacavam-se as rotinas de aplausos, os jogos de contagem em que as pessoas têm de substituir os números por gestos e, depois, um jogo de "bomba e escudo", no qual, como descreve Edmundson, "todos escolhem alguém para ser a sua bomba e alguém para ser seu escudo. Eles não contam a ninguém sua escolha. Eles, então, têm de andar pela sala, sem parar, tentando garantir que seus escudos estejam entre eles e suas bombas".[13]

Terminada a sessão, ela reflete sobre o que as pessoas buscam em sua relação com o trabalho: "Alguém disse que queria mais luz do sol, risadas e bolo". Eu certamente pude ver que a sessão de hoje ajudou com a luz do sol e as risadas, mas e o bolo? "Todas as quintas-feiras à tarde alguns enfermeiros tentam tomar o chá da tarde: compramos alguns bolos e fazemos um enorme bule de chá. Uma vez por semana tentamos fazer uma pausa para isso, então há um senso de comunidade."

Tudo isso me lembra o que um dos fundadores da psicologia positiva, Christopher Peterson, disse quando lhe pediram para resumir sua disciplina em duas palavras. A psicologia positiva, ele respondeu, é sobre "outras pessoas".[14]

12

Fortaleza em queda?
A fortaleza está recuando?

À MEDIDA QUE ENVELHECEMOS, muitos de nós temos a tendência de dizer "As coisas não são mais como costumavam ser" com um toque de arrependimento nostálgico. Nós nos lembramos dos melhores aspectos do nosso passado e encobrimos os momentos mais infelizes. As pessoas costumavam ser mais amigáveis, dizemos. As comunidades eram tão seguras, que você podia deixar a porta da frente destrancada. Havia muito menos crime, violência e assassinatos. Não paramos para nos perguntar quão precisas são essas percepções. Não consideramos as características menos atraentes do passado. E deixamos de fora dos nossos cálculos quaisquer benefícios que usufruímos agora e que não existiam quando éramos mais jovens.

Com isso em mente, quando ouvimos a opinião comumente expressa hoje em dia de que "as pessoas são muito menos resilientes do que costumavam ser", precisamos estar atentos. É claro que é possível que, como tantos políticos, comentaristas sociais e jornalistas afirmam, haja de fato uma "geração floco de neve" por aí, que não tem a garra que seus pais e avós demonstraram, que se aborrece e se ofende com muita facilidade e é menos capaz de se recuperar quando as coisas ficam difíceis. Mas, dada a nossa tentação de ver apenas as coisas boas do passado, devemos ter cuidado para não julgar o presente precipitadamente. Afinal, é uma falha humana tão comum condenar a "geração mais jovem" quanto romantizar aqueles que vieram antes. Os antigos egípcios lamentavam os hábitos da juventude no terceiro milênio antes de Cristo. Alguns milhares de anos depois, no século IV a.C., Aristóteles disse, desaprovando os jovens: "Julgam-se oniscientes e sustentam muito convictamente suas opiniões [...]. São magnânimos porque a vida ainda não os humilhou e não experimentaram ainda suas necessárias limitações".[1] "Os jovens nunca foram tão atrevidos [...]. Os velhos são desprezados, os honrados são desprezados, o magistrado não é temido", disse Thomas Barnes, ministro de St. Margaret's, na cidade de Londres, em 1624.[2] "Como nunca antes, desafiamos qualquer um que ande com os olhos abertos a negar que exista uma atitude por parte dos jovens que seja mais bem descrita como grosseira, impensada, rude e totalmente egoísta", escreveu um correspondente para o *Hull Daily Mail* em 1925. Seria bom que as pessoas que criticam Simone Biles ou Naomi Osaka e as consideram produtos típicos de uma geração problemática levassem em conta que tais caracterizações abrangentes não são novidade.

Para ser justo, a suposição de que os jovens não são o que eram é uma armadilha na qual até os especialistas caem. Em 1972, Walter Mischel, professor de Stanford, desenvolveu o Teste do Marshmallow para ver se as crianças eram capazes de enfrentar o desafio da gratificação atrasada, esperando quinze minutos por dois doces de marshmallow em vez de consumir um marshmallow imediatamente. Mais recentemente — em 2019 —, pesquisadores da Universidade da Califórnia perguntaram a

260 psicólogos do desenvolvimento treinados como eles achavam que os jovens de hoje se sairiam se aceitassem o desafio; 82% dos especialistas acreditavam que as crianças seriam menos capazes de resistir à tentação do que as gerações anteriores ou teriam o mesmo desempenho. Na verdade, pesquisas independentes mostram que os resultados do Teste do Marshmallow vêm melhorando constantemente há cinquenta anos.[3] "Isso é um preconceito, um viés", diz John Protzko; "e, se as pessoas fizessem as mesmas afirmações que fazem atualmente sobre jovens e crianças, em vez disso, fizessem as mesmas alegações sobre minorias étnicas, por exemplo, as pessoas ficariam em pé de guerra, dizendo: 'Isso é ridículo, você não tem nenhuma evidência objetiva disso'."[4] Sua explicação é que, quanto mais os adultos se identificam com uma característica particular que consideram uma força, é menos provável que se lembrem de como e em que período a adquiriram e é menos provável que a atribuam a pessoas mais jovens. "É provável que assumamos que nossos *eus* infantis tinham as mesmas habilidades que temos hoje, embora, na realidade, possamos ter passado a vida inteira aprimorando essas habilidades [...]. O resultado é um declínio percebido na capacidade ao longo do tempo, mesmo quando não existe nenhuma."

É inquestionável que a vida dos jovens é diferente da vida de seus pais e avós. O eminente psicólogo social norte-americano Jonathan Haidt e o presidente da Fundação para os Direitos Individuais na Educação (Fire, em inglês), Greg Lukianoff, cujo livro de 2018 *The Coddling of the American Mind* [Mimando a mente americana] foi um best-seller internacional, identificaram mudanças comportamentais nos EUA que também foram detectadas em outros países.[5] Eles chamam a atenção, por exemplo, para o que acreditam ser a natureza mais intervencionista da parentalidade moderna. Antigamente, as crianças desfrutavam de longos períodos de autonomia, eles argumentam. A partir dos sete ou oito anos, as crianças podiam sair e brincar na rua ou no parque local. Os "pais helicópteros" de hoje acabaram com isso. Eles interminavelmente acompanham; eles supervisionam; eles procuram eliminar as "experiências negativas e os riscos menores" que eles mesmos enfrentaram quando crianças e que os ajudaram a "se tornar adultos fortes, competentes e independentes". As autoridades concordaram com essa nova abordagem a ponto de, nas palavras de Haidt, "na verdade, você poder ser preso se seu filho de nove anos for encontrado brincando em um parque com um amigo".[6]

Tanto para Haidt como para Lukianoff, isso é um passo em falso. Ao mimar as crianças, eles argumentam, nós as removemos de uma exposição saudável aos desafios e atritos do dia a dia da vida. "Mudamos a forma como somos com as crianças, as privamos dos tipos de experiências de independência de enfrentar riscos por conta própria." A opinião deles é que esse mimo prejudicou o desenvolvimento dos nascidos depois de 1996: "O crescimento normal de um ser humano (ou qualquer mamífero) é brincar constantemente e correr riscos na brincadeira. Tudo isso é para ajustar o córtex frontal a fim de desenvolver instintos, a fim de aprender a calibrar, gerenciar e estimar o risco", sugerem. "[E], se você negar isso a eles, se você os fizer passar a infância toda se preparando para testes, tendo aulas de violino e praticando esportes organizados onde há um treinador assistindo, você basicamente estará prejudicando seu crescimento."

Mencionei anteriormente a curva J invertida da adversidade da vida descrita por Mark Seery. Haidt e Lukianoff estão efetivamente sugerindo que a primeira parte do J ficou maior, que mais indivíduos estão experimentando poucas adversidades iniciais em sua vida. Eles deveriam estar sentados na área cinzenta saudável entre a adversidade e a boa sorte. Em vez disso, estão descansando em um luxo selecionado que os deixa incapazes de lidar com os contratempos inevitáveis que eles vão experimentar em algum momento ou outro.[7] Em vez de sofrer com o Estresse Tóxico, eles estão experimentando o oposto: o "Mimo Tóxico".[8]

Um fator a mais desse estado insalubre das coisas, de acordo com Haidt e Lukianoff, são as redes sociais. Qualquer pessoa com mais de trinta anos pode se lembrar de uma época em que elas não existiam ou era possível ignorá-las. Os mais jovens, porém, cresceram em um mundo de Instagram e mensagens de texto, no qual a interconexão constante cria ansiedade em relação ao que outras pessoas podem estar pensando ou dizendo sobre eles. Os pesquisadores sugerem que isso pode muito bem ser um problema especial para mulheres jovens, "porque elas são mais afetadas negativamente por comparações sociais (especialmente com base na beleza aprimorada digitalmente), por sinais de que estão sendo deixadas de lado e por agressões relacionais".

Para Haidt e Lukianoff, este admirável mundo novo de mimos e a interconexão constante tiveram consequências prejudiciais, manifestadas em uma falta de vontade de aceitar as resistências e os desafios que as gerações anteriores encaravam como parte intrínseca da vida. Eles afirmam que os jovens são efetivamente envoltos em algodão desde o nascimento e se recusam a sair desse casulo. Some a isso uma nova cultura institucional de "segurança" ("mostre aos alunos que você se preocupa com sua segurança [emocional]") e a crescente polarização da sociedade nas últimas décadas — a tendência de as pessoas adotarem agressivamente posições absolutas em questões políticas e sociais —, e você também tem jovens que resistem ao desafio intelectual, que adotam posturas ideológicas rígidas, que não estão preparados para questionar, e que se recusam a aceitar que possa valer a pena ouvir outros pontos de vista (os relatos de estudantes exigindo que o material "ofensivo" fosse removido dos cursos universitários foram o ponto de partida para o livro *The Coddling of the American Mind*). Haidt e Lukianoff falam de casos de "verificação ideológica" de palestrantes em campi universitários, de pessoas com visões políticas ou sociais desafiadoras sendo "desconvidadas". E eles lembram a seus leitores um princípio enunciado por Hanna Holborn Gray, que acham que corre o risco de ser fatalmente corroído: "A educação não deve ter como objetivo tornar as pessoas confortáveis; destina-se a fazê-las pensar".[9]

O aspecto político do debate sobre "o mimo" é inevitavelmente aquele que mais inflama as opiniões e recebe mais atenção da mídia. Por isso mesmo é também aquele que tem de ser abordado com a maior cautela: opiniões inflamadas e avaliação serena, como nostalgia e juízo objetivo, não andam de mãos dadas. Na realidade, o nível de proibições e cancelamentos é realmente muito baixo: em 4.700 faculdades americanas, em 2020, por exemplo, houve um total de sete "desconvites".[10] Também vale a pena ter em mente que, independentemente do que formadores de opinião individuais digam, pessoas "boicotadas", com uma visão diferente, não são um privilégio exclusivo de quem está à esquerda ou à direita. É verdade que em 2020 os cancelamentos em campi universitários incluíram protestos contra o vice-presidente republicano, Mike Pence, e a filha do presidente, Ivanka Trump. Mas também é verdade que um quarto dos cancelamentos de convites de 2019 foi para manifestantes que estavam à direita dos palestrantes que eles buscavam banir,[11] e que os alvos em 2021 incluíam Hunter, filho do presidente do Partido Democrata, Joe Biden.[12] Não se deve esquecer também que "boicotes" e "cultura do cancelamento" dificilmente são um fenômeno novo. Em julho de 1945, apenas dois meses após a vitória dos Aliados na Europa, o primeiro-ministro Winston Churchill foi ruidosamente vaiado por uma multidão londrina que não desejava ouvir o que ele tinha a dizer. Se você se inscreve para os aplausos, se inscreve para as vaias, e sempre foi assim.[13]

E, enquanto alguns se preocupam com a geração "floco de neve", outros claramente não. O atual presidente da Universidade Columbia, Lee Bollinger, por exemplo, tem uma visão bastante otimista, citando uma pesquisa de 2016 que relatou que 78% dos universitários diziam preferir um ambiente de aprendizado aberto que inclua pontos de vista ofensivos (uma pontuação de doze pontos a mais do que para a população como um todo). "É verdade", diz Bollinger, "que, nos últimos anos, tem havido mais do que alguns relatórios sensacionalistas [...] de demandas equivocadas por censura no campus, fornecendo uma narrativa pronta, embora falsa, sobre faculdades e universidades liberais recuando do debate aberto que dizem defender." Mas ele não aceita o quadro geral que foi pintado. "Primeiro, as universidades são, hoje, locais mais hospitaleiros para o debate aberto do que a nação como um todo. Em segundo lugar, não apenas discussões acaloradas sobre onde traçar a linha do discurso aceitável têm sido uma ocorrência familiar nos Estados Unidos no século passado, mas esse diálogo também tem sido indispensável para a construção de uma sociedade que abraça a Primeira Emenda."[14] É um quadro semelhante ao do Reino Unido, onde um relatório do Escritório para Estudantes constatou que, em 2017 e 2018, apenas 53 dos 62.094 pedidos de palestras foram rejeitados por autoridades universitárias ou grupos de estudantes: 0,09% do total.[15]

É preciso ser um pouco cauteloso, portanto, antes de deduzir que a cultura do cancelamento, que deveria ser tão emblemática de uma geração floco de neve, é totalmente exclusiva de nossos tempos ou onipresente. Certamente é verdade que, em um nível mais oculto, alguns professores e alunos da faculdade expressaram a opinião de que estão constantemente "pisando em ovos" ao se envolver com outras pessoas, e uma pesquisa de 2017 com 1.250 universitários feita pela Fire sugeriu que a maioria dos estudantes que foram questionados achava que precisava se autocensurar ao falar com pessoas que tinham ideias diferentes deles.[16] Essas questões justificam a preocupação. O ponto até o qual eles estão ligados à existência de uma geração floco de neve, no entanto, é questionável. Afinal, nem todo mundo que envia respostas espinhosas no Instagram está na adolescência ou na casa dos vinte anos, e a natureza polarizada do debate em muitos países hoje atravessa as gerações.

Para complicar ainda mais as coisas, a psicóloga americana Jean Twenge, que trabalha na Universidade Estadual de San Diego e em cujas pesquisas Haidt e Lukianoff se basearam fortemente, sugere em seu livro *iGen* que os jovens podem, na verdade, ser mais tolerantes do que seus colegas mais velhos. Ela descobriu que eles eram mais propensos a adotar uma atitude *laissez-faire* em questões como legalização da maconha, aborto, pena de morte, controle de armas, assistência médica nacional e regulamentação ambiental do governo, mesmo que isso envolvesse alternar entre pontos de vista classicamente liberais e conservadores (na verdade, eles são menos propensos a favorecer as leis de controle de armas do que qualquer outro grupo demográfico).[17]

Da perspectiva particular da fortaleza, é importante reconhecer outra coisa também. É possível argumentar que os jovens que se recusam a ouvir um ponto de vista alternativo o fazem por fraqueza pessoal. Mas também é possível argumentar exatamente o oposto e sugerir que aqueles que se opõem veementemente aos outros estão, na verdade, afirmando suas vozes adultas nascentes. Provar a falta de firmeza dos mais jovens com base nas posturas que adotam sobre os assuntos atuais é, em outras palavras, algo muito problemático.

Nem tudo está bem com a geração mais jovem, no entanto. Jean Twenge, com base em um estudo longitudinal chamado Monitorando o Futuro, que acompanha a mudança de atitudes entre os adolescentes norte-americanos, detectou uma série de tendências preocupantes que parecem ser mais bem evidenciadas. Primeiro, os jovens estão se sentindo menos conectados uns aos outros do que nunca. Em 1991, 27% das crianças em idade escolar nos Estados Unidos disseram que "frequentemente se sentiam sozinhas"; em 2015, esse número era de 32%.[18] Em 1990, 83% dos jovens de dezesseis anos disseram que estavam namorando ativamente; em 2015, o percentual havia caído para 59%. Há também sinais de níveis crescentes de ansiedade e uma queda nos níveis gerais de contentamento. Entre 2012 e 2019, de acordo com um artigo em que Twenge colaborou com Jonathan Haidt, as taxas de depressão entre adolescentes norte-americanos dobraram.[19]

Esse também não é um fenômeno puramente norte-americano. Um estudo realizado por Haidt e Twenge com dados do Programa Internacional de Avaliação de Alunos, que pesquisava jovens de quinze anos em 37 países por mais de duas décadas, mostrou que em todos os países, exceto um (a Coreia do Sul), a solidão tem aumentado. Entre 2002 e 2012, os níveis foram "relativamente estáveis", com 18% dos participantes da pesquisa relatando que sofriam de solidão na escola. Após 2012, os números dispararam. De acordo com Haidt e Twenge, eles "quase dobraram na Europa, na América Latina e em países de língua inglesa, e aumentaram cerca de 50% nos países do Leste Asiático". "Solidão certamente não é o mesmo que depressão, mas as duas estão correlacionadas — adolescentes solitários geralmente são adolescentes deprimidos, e vice-versa", a dupla apontou.[20]

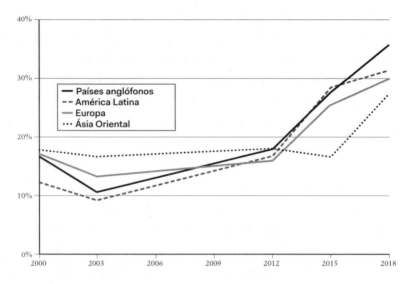

Figura 5: A porcentagem de estudantes que relataram altos níveis de solidão na escola aumentou de maneira alarmante nos últimos anos.[21]

Por que isso está acontecendo?

A visão de Twenge — e, como já vimos, de Haidt também — é que, quando se trata de bem-estar, a tecnologia tem muito a responder. O título de seu artigo publicado em uma edição de 2017 da revista *Atlantic* é bastante explícito sobre o assunto: "Have Smartphones Destroyed a Generation?" [Os smartphones destruíram uma geração?]. No decorrer do artigo, ela aponta o advento do iPhone como um ponto de inflexão nas tendências sociais problemáticas que vem observando — solidão, depressão, atraso no namoro (e consequentemente, pelo lado positivo, menos gravidez na adolescência) e também atraso no desenvolvimento em termos, por exemplo, de aprender a dirigir.[22] Ela também observa que a maior estimulação eletrônica está substituindo o repouso. Em 1991, apenas 26% dos entrevistados dormiam menos de sete horas por noite; em 2015, eram 40% (você deve se lembrar que a falta de controle pessoal em uma vida excessivamente regulada foi atribuída ao fenômeno do roubo de sono da "procrastinação vingativa na hora de dormir", ver página 173). "Eu me acostumei com gráficos de linhas de tendências que pareciam modestas colinas e vales", escreveu ela em seu artigo na *Atlantic*. "Então comecei a estudar as suaves inclinações dos gráficos de linha se tornarem montanhas e penhascos íngremes [na Geração Z]."[23] Declínio no tamanho da família, mudanças no PIB, desigualdade de renda crescente, aumento do desemprego — nada disso parecia se correlacionar com aquelas montanhas e penhascos. "Apenas o acesso ao smartphone e o uso da internet aumentaram em sincronia com a solidão adolescente. Os outros fatores não tinham relação ou eram inversamente correlacionados."[24]

Haidt acredita que a conectividade por meio de dispositivos eletrônicos substituiu a comunicação cara a cara em 2009. "Antes disso, [os jovens] frequentemente visitavam as casas uns dos outros ou faziam algo juntos. Depois de 2011, já que eles estão principalmente nas mídias sociais, podem estar sentados um ao lado do outro, mas estarão se comunicando em seus dispositivos. A infância realmente mudou nesses poucos anos."[25] Twenge nos lembra de que o grupo da Geração Z que ela estuda é o primeiro a ter crescido com contas nas redes sociais e usando aplicativos de mensagens 24 horas por dia, sete dias por semana. O resultado, ela diz, tem sido um declínio em sair com os amigos e um aumento concomitante na comunicação com eles on-line. "Dado que a mídia digital não produz tanta proximidade emocional quanto a interação pessoal, o resultado pode ser mais solidão nos últimos anos."[26] Em uma discussão sobre seu trabalho em um fórum on-line, Haidt e Twenge também apontam para uma dinâmica de grupo problemática:[27] *"Smartphones e mídias sociais não afetam apenas indivíduos, eles afetam grupos.* O smartphone trouxe uma religação planetária da interação humana. À medida que os smartphones se tornaram comuns, transformaram as relações entre colegas, as relações familiares e a textura da vida cotidiana de todos — mesmo daqueles que não possuem um telefone ou não têm uma conta no Instagram. É mais difícil iniciar uma conversa casual na hora do recreio ou depois da aula quando todos estão olhando para o telefone. É mais difícil ter uma conversa profunda quando cada parte é interrompida aleatoriamente por 'notificações' sonoras e vibrantes" (grifo original).[28]

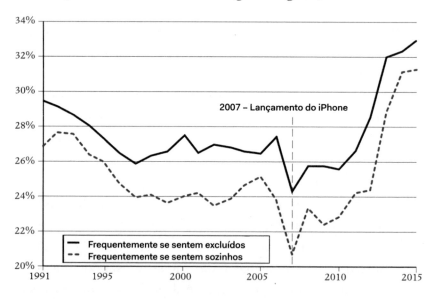

Figura 6: Porcentagem de alunos dos 8º, 10º e 12º anos nos Estados Unidos que concordam ou quase concordam com a afirmação "Muitas vezes me sinto excluído das coisas" ou "Muitas vezes me sinto sozinho". Esses dados sugerem uma ligação entre o advento do smartphone e o aumento da sensação de solidão.

Nem todos os aspectos deste novo mundo on-line são ruins. Twenge inicialmente argumentou que "todas as atividades na tela estão ligadas a menos felicidade, e todas as atividades fora da tela estão ligadas a mais felicidade".[29] Mais recentemente, ela modificou suas objeções, argumentando (em colaboração com Haidt) que assistir a vídeos — o que explica uma quantidade enorme de tempo de tela — é uma atividade relativamente benigna, especialmente se promover atividades síncronas (um professor com quem conversei me contou como uma discussão sobre os Tik-Toks favoritos oferece às crianças em sua classe uma oportunidade bem-vinda de rir e brincar umas com as outras).[30] Mas Twenge continua inflexível quanto ao fato de que as redes sociais são um problema absoluto. E, no que diz respeito a elas, as implicações são catastróficas: "Não é exagero descrever [a Geração Z] como estando à beira da pior crise de saúde mental em décadas".[31]

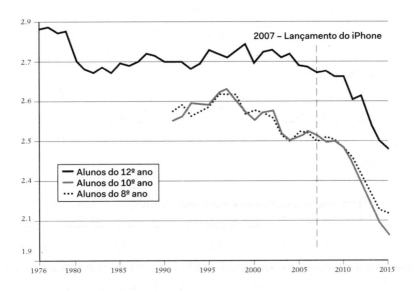

Figura 7: Quantas vezes por semana os alunos das escolas nos EUA saem sem os pais. Os dados sugerem um declínio acentuado na sociabilidade após a chegada do smartphone.

Antes de ficarmos tentados a aceitar a tecnologia como a arma do crime, algumas ressalvas devem ser feitas. Em primeiro lugar, é importante não confundir correlação com causalidade. O fato de a solidão adolescente ter aumentado na época em que os smartphones se tornaram onipresentes pode significar que o último causou o primeiro, mas também pode ser pura coincidência. De qualquer maneira, alguém poderia provar as coisas definitivamente apenas se pudesse observar a saúde mental de um grupo de controle de adolescentes que não possuem smartphones vivendo suas vidas off-line — um grupo de controle que hoje em dia seria difícil encontrar.

Em segundo lugar, vale a pena ter em mente que, até certo ponto, já estivemos aqui antes. Nas décadas de 1970 e 1980, muitas vezes se argumentou que havia uma estreita correlação entre o aumento de crimes violentos e a representação da violência na televisão e no cinema. A teoria caiu por terra na década de 1990, quando o apetite por ela, em sua forma ficcional, continuou inabalável enquanto a violência na vida real declinava. Atrelar um desenvolvimento social complexo a uma única causa é muito problemático. Também precisamos ter cuidado com a suspeita natural que a maioria das novas tecnologias inspira nas pessoas mais velhas, como afirmam as três regras da tecnologia de Douglas Adams:

1. Tudo o que já existe no mundo quando você nasce é normal.
2. Qualquer coisa que seja inventada antes de você completar trinta anos é incrivelmente empolgante e criativa, e, com alguma sorte, você pode fazer disso uma carreira.
3. Qualquer coisa inventada depois dos trinta é contra a ordem natural das coisas e o início do fim da civilização como a conhecemos.[32]

Vale a pena acrescentar que a terceira regra de Adams incluía uma subcláusula final que fala sobre a maneira pela qual podemos ser persuadidos sobre os benefícios de coisas novas, mesmo em nossa velhice, como ele acrescentou, "até que isso aconteça por cerca de dez anos, quando gradualmente se torna realmente bom".

Finalmente, é preciso dizer que diferentes estudos produziram resultados distintos. Enquanto alguns, como os de Haidt e Twenge, sugeriram que os smartphones têm um efeito socialmente maligno, outros — como um conduzido entre 1.200 adolescentes na Holanda — descobriram que os adolescentes que dedicam mais tempo à comunicação on-line relatam amizades mais fortes do que aqueles que passam mais tempo off-line. Uma pesquisa realizada em larga escala nas Bermudas produziu resultados semelhantes.[33] Ambas as pesquisas concluíram que os smartphones desempenharam um papel importante na formação do senso de identidade em desenvolvimento dos jovens. Outro estudo que analisou 355.358 adolescentes concluiu que "a associação que encontramos entre o uso de tecnologia digital e o bem-estar do adolescente é negativa, mas pequena, explicando no máximo 0,4% da variação no bem-estar".[34]

Isso não é para negar que o mundo on-line pode ter um efeito muito negativo sobre os adolescentes. O cyberbullying é um problema generalizado. Assim também são as questões relacionadas à percepção da aparência física. Em 2021, o *Wall Street Journal* relatou que dados privados coletados internamente sobre o Instagram pela empresa-mãe Facebook sugeriam que o serviço on-line era prejudicial para as meninas: "Quando elas se sentiam mal com seus corpos, o Instagram as fazia sentir pior". Também foi registrado que, no Reino Unido, uma em cada oito meninas com tendências suicidas atribuiu sua saúde mental precária ao uso do aplicativo de compartilhamento de fotos e vídeos.³⁵ Vários casos trágicos recentes de grande repercussão confirmam essa avaliação. No entanto, atribuir todos os níveis indubitáveis de estresse e depressão que são aparentes entre os jovens de hoje a essa única causa é, no mínimo, problemático. Para início de conversa, o uso da tecnologia precisa ser considerado ao lado de toda uma série de outras pressões, desde econômicas (estagnação salarial, alto custo de vida, dívida estudantil) até preocupações existenciais com o futuro (60% dos jovens em uma pesquisa mundial recente, por exemplo, disseram que estavam "muito preocupados" ou "extremamente preocupados" com as mudanças climáticas. Como disse um jovem de dezesseis anos: "É diferente para os jovens — para nós, a destruição do planeta é pessoal").³⁶

A recente pandemia de covid-19 lançou uma luz intrigante, se não sobre todas as razões da ansiedade adolescente, pelo menos sobre algumas estratégias que ajudam a melhorá-las. E — talvez surpreendentemente — são estratégias que estão embutidas no modelo de fortaleza.

Não há dúvida de que a pandemia provou ser um momento de grande sofrimento e estresse para muitos. A incerteza, os problemas de saúde e os impactos econômicos e sociais dos lockdowns cobraram um preço — para muitos, um preço muito alto. Mas é interessante notar que, quando Twenge e sua equipe pesquisaram adolescentes norte-americanos nos primeiros meses da crise em 2020, quando as quarentenas estavam em vigor em muitos estados dos EUA e a educação em casa se tornou a norma para muitos, a imagem que surgiu foi surpreendentemente positiva. "Esperávamos que a saúde mental fosse péssima durante a pandemia", disse Twenge em uma entrevista, "mas realmente não constatamos isso — descobrimos que os adolescentes estavam relativamente bem."[37] Os níveis de solidão e depressão na adolescência diminuíram entre 2018 e 2020. E as crianças ficaram menos — e não mais — solitárias nos primeiros meses da pandemia.

Twenge atribuiu parte do motivo desse quadro animador ao fato de os adolescentes estarem dormindo mais. O sono e a saúde mental estão, como já observei, intimamente ligados. O diretor da Escola de Medicina de Harvard, Irving Kirsch, observou que tomar medicamentos para depressão atinge, em média, uma melhora de 1,8 ponto na escala de 0 a 53 da Escala de Avaliação de Depressão de Hamilton (conhecida como HDRS ou HAM-D) em comparação com o uso de placebo, mas que "uma diferença de seis pontos pode ser obtida apenas por mudanças nos padrões de sono".[38] A maioria das escolas norte-americanas começa seu dia de aulas antes das 8h30 (algumas até as 7h), um horário que está fora de sintonia com o ritmo circadiano das crianças na puberdade (daí talvez a razão pela qual a Califórnia tenha promulgado uma lei em 2022 que empurrou o dia escolar para depois das 8h30 da manhã).[39] Portanto, não deveria ser surpresa que, à medida que a pandemia se instalou e os adolescentes descobriram que podiam passar mais tempo na cama, sua saúde mental tenha melhorado como consequência. "Em 2018, apenas 55% dos adolescentes disseram que costumavam dormir sete ou mais horas por noite", verificou Twenge. "Durante a pandemia, isso saltou para 84% entre aqueles que ainda estavam em ano letivo." Suas descobertas foram consistentes com o artigo que analisa o impacto dos smartphones que citei anteriormente, o qual observou que "ações simples, como dormir o suficiente e tomar café da manhã regularmente, têm associações muito mais positivas com o bem-estar do que o impacto médio do uso da tecnologia".[40]

O outro fator-chave era social. Dois terços dos adolescentes pesquisados por Twenge disseram que estavam tristes por não poder ver seus amigos, mas a mesma proporção disse que eles se tornaram mais próximos de suas famílias. Eles estavam gastando menos tempo com jogos e redes sociais, mais tempo assistindo a TV e vídeos — e mais tempo conversando com seus pais e irmãos.[41] Cinquenta e sete por cento dos adolescentes disseram que "estavam passando mais tempo conversando com seus pais do que antes da pandemia"; "54% disseram que suas famílias agora jantavam juntas com mais frequência"; "46% relataram passar mais tempo com seus irmãos". "Adolescentes que passaram mais tempo com suas famílias durante a pandemia e que sentiram que os familiares se aproximaram tinham menos probabilidade de ficar deprimidos", relatou Twenge. "Apenas 15% dos que disseram que sua família se tornou mais próxima durante a pandemia estavam deprimidos, em comparação com 27% daqueles que não acreditavam que a família se tornou mais próxima." "Assim", concluiu ela, "parece que um dos principais alicerces para a resiliência adolescente durante a pandemia foi o apoio e a conexão entre as famílias."

Twenge se esforça para apontar que o contato cara a cara é o componente crítico para o bem-estar: "Para os adolescentes, tudo gira em torno de seus amigos. Acho que é por isso que o smartphone teve um impacto tão grande em suas vidas. Ele mudou substancialmente a forma como eles passavam o tempo fora da escola. Mudou de sair com seus amigos lado a lado para se comunicar com eles on-line". Enquanto a pandemia viu um aumento no tempo social lado a lado, mesmo que com a família, na "pré-pandemia esse não era o caso. Eles estavam substituindo o tempo lado a lado com amigos pelo tempo on-line, e isso é um substituto fraco".[42]

Onde os outros pilares da fortaleza de que falei — controle e identidade — se encaixam (se é que podem, de fato, se encaixar)? A análise de Twenge dos padrões de sono dos adolescentes sugere uma possibilidade intrigante, pelo menos no que diz respeito a um dos pilares. Se aceitarmos a noção de "procrastinação vingativa na hora de dormir" que mencionei anteriormente — o argumento de que uma vida excessivamente organizada por outros nos deixa desesperados por algum grau de controle na hora de dormir —, então é possível que durante os primeiros meses de confinamento, quando os jovens tiveram a sorte inesperada de ter seu tempo de deslocamento diário devolvido a eles sem uso, as horas extras deram algum espaço para respirar em suas vidas estritamente programadas, deixando-os aliviados e se sentindo com maior controle. Quanto à identidade, é possível que aqueles estágios iniciais do lockdown, quando milhões de pessoas estavam em casa com suas famílias, tenham removido dos jovens a pressão, de hora em hora, para criar uma fachada de identidade em plataformas como o Instagram, que envolvia uma curadoria cuidadosa de como eles se apresentavam, o que vestiam e como se comparavam com os outros. Eles poderiam, simplesmente, ser eles mesmos.

Essas tendências sugerem que parte do debate sobre uma geração "mimada" e dependente da internet pode ser equivocada. Não devemos nos preocupar se as crianças estão sendo superprotegidas contra adversidades ou gastando muito tempo nas mídias sociais em si. Em vez disso, deveríamos considerar se a paternidade helicóptero, o autopoliciamento e o consumo constante de personas on-line idealizadas pelos amigos estão minando o sentimento de controle das pessoas ou os fortes sentimentos de identidade, que são tão cruciais para o bem-estar individual. Não devemos nos preocupar com as noções existentes de resiliência individual. Devemos nos concentrar na identidade social. Se a acusação é que passamos da "Geração Nós" para a "Geração Eu", então precisamos urgentemente encontrar as maneiras certas de restaurar o senso de "nós".

13

CAMINHANDO EM DIREÇÃO À FORTALEZA
COMO CONSTRUIR A FORÇA COLETIVA

O TREINADOR DO LIVERPOOL FC, Jürgen Klopp, é um líder que se orgulha do espírito de equipe que gera, na medida em que minimiza a importância da liderança a favor da identidade coletiva. Em uma profissão que celebra e torna ícones aqueles que alcançam o sucesso — em que, por exemplo, José Mourinho já se caracterizou como "o Especial" —, o alemão intitulou-se, de forma brincalhona, como "o Normal". No que diz respeito a ele, o importante não é ele, é a equipe. "Um técnico que não ama seus jogadores não pode ser um bom técnico", disse ele certa vez a um colega.[1] De acordo com seu biógrafo, Raphael Honigstein, quando Klopp era técnico do Borussia Dortmund, time da liga nacional alemã, ele deixou claro a todos em funções executivas no clube que eles "tinham de desenvolver esse sentimento de 'nós'".[2]

Ele levou consigo sua obsessão pela identidade coletiva quando ingressou no Liverpool. Desejando que o clube incorporasse a união que ele promoveu no Borussia Dortmund, Klopp começou a aprender o nome de todos que trabalhavam no campo de treinamento do clube, o Melwood. Convocando os jogadores para a sala de coletiva de imprensa, o técnico levou ao palco cada um dos oitenta funcionários da instalação, apresentando-os — sob aplausos dos jogadores — pelo nome. O clube, ele deixou claro, era, no que lhe dizia respeito, uma família. Ele também disse aos dirigentes sociais do clube que deveriam esperar que os eventos sociais fossem mais frequentes. Para os não iniciados, isso pode parecer uma distração da atividade de jogar profissionalmente e vencer partidas, mas Klopp sabia que funcionaria. O lendário técnico de longa data do San Antonio Spurs, Gregg Popovich, fazia dos jantares que oferecia uma virtude, considerando-os essenciais para a construção do time e de sua identidade e memória coletiva. O recorde dos Spurs sob sua liderança fala por si: ele levou o time a cinco campeonatos da NBA e obteve o maior número de vitórias de qualquer treinador na história da competição.[3]

O senso de "nós" de Klopp não envolvia apenas seus jogadores e a equipe de apoio. Envolvia os torcedores também. Cada um desses três grupos foi importante à sua maneira — mas todos se uniram para formar um todo coerente. Sua decisão inicial de fazer o time realizar uma reverência e saudar os torcedores da casa em um empate com um time medíocre de West Bromwich pode ter falhado um pouco na época, mas a intenção por trás disso fazia parte de sua visão geral. Com pouco tempo de clube, o professor de negócios Damian Hughes me disse: "Ele fez críticas aos torcedores do Liverpool, porque sentiu que eles saíam mais cedo durante os jogos quando não estavam indo bem. Sentiu que eles ficavam atrás dos jogadores e, se estivessem sendo derrotados a dez minutos do fim, ele percebeu que o estádio estaria vazio". De acordo com Hughes, a mensagem que Klopp estava tentando passar com o gesto de sua equipe para os torcedores era: "Quero criar um ambiente em que nossos torcedores apoiem os jogadores e, mesmo quando não estamos ganhando, que eles fiquem até o fim".[4]

A aceitação de Klopp da decisão de suspender as partidas durante os primeiros dias da pandemia de covid-19, mesmo que isso envolvesse uma ameaça à ascendência do Liverpool na Premier League, foi coerente com sua visão de mundo e provou que um princípio somente é um princípio que defendemos quando nos custa algo. No comunicado que emitiu aos torcedores em 13 de março de 2020, ele explicou seu raciocínio simples: "Se é uma escolha entre o futebol e o bem da sociedade em geral, não há contestação".[5] Isso estava muito longe das famosas palavras de um ex-técnico do Liverpool, Bill Shankly: "Algumas pessoas pensam que o futebol é uma questão de vida ou morte. Garanto a você, é muito mais sério do que isso". Em sua declaração de 381 palavras, Klopp usou as palavras "nós", "a gente" e "nosso" dezessete vezes. Ele estava promovendo a identidade compartilhada do grupo mesmo em um momento de preocupação e frustração. "Para os líderes, esse senso de nós é o principal recurso que eles precisam mobilizar para garantir o apoio e o trabalho dos outros", comentou Alex Haslam.[6]

Não há dúvida de que o Liverpool experimentou um sucesso extraordinário desde 2015 sob a orientação de Klopp: finalista da Liga dos Campeões da Europa em 2018 e vencedor em 2019; vencedor da Supertaça Europeia e do Mundial de Clubes da Fifa na temporada seguinte; e vencedor também da Premier League, encerrando, assim, uma seca de títulos de trinta anos. Klopp recebeu o prêmio de Técnico do Ano da Fifa em 2019 e 2020. Sem dúvida, ele o veria como um prêmio a ser compartilhado.

***

Comecei este livro com histórias de resiliência e triunfo individual. Termino com a lição que Jürgen Klopp pode nos ensinar sobre o sucesso da equipe. É claro que todos devemos nos deslumbrar com a existência de pessoas extraordinárias que superam todos os obstáculos por conta própria. E todos devemos aplaudir as Simone Biles, os LeBron James, os Andy Murray e as Kelly Holmes deste mundo. Mas esses aplausos não devem nos distrair da consciência do preço que esses célebres heróis costumam pagar, ou da suposição de que o que funcionou para um punhado de indivíduos funcionará para todos. Para a maioria das pessoas — e, de fato, para os heróis esportivos que acabei de mencionar —, não se trata de garra ou mindset; tem a ver com a mistura inebriante de identidade, controle e grupo. A fortaleza é a força que extraímos de nos sentirmos em estreita sincronia com aqueles que nos rodeiam, de nos sentirmos parte de algo significativo que seja maior do que nós. Falta-nos essa força quando as experiências da vida nos deixam impotentes e desconectados das pessoas ao nosso redor.

Então, quais lições práticas podemos aprender e aplicar?

Quando se trata de reforçar nosso senso de identidade, vale a pena dar uma olhada no livro dos atletas Superelite. Precisamos desenvolver uma compreensão de quem somos e de quem desejamos ser. Para Kelly Holmes, "o esporte tornou-se minha identidade".[7] Para Greg LeMond, vítima de abuso sexual na infância e tricampeão do Tour de France, "o ciclismo salvou minha vida. Eu sei que sim... Permitiu que eu me reinventasse".[8] Modelos que permitem que os indivíduos entendam melhor suas experiências — como a estrutura Experiências Adversas na Infância — podem ser de imenso valor aqui. Uma vez que as pessoas considerem as várias categorias de trauma, elas podem tentar reformular sua própria história de forma que o trauma não as defina mais. Ao mesmo tempo, elas podem encontrar conforto ao perceber que, como diz Robert Anda, "não sou a única pessoa que passa por essas coisas".[9] De maneira mais geral, reenquadrar uma narrativa é uma maneira poderosa de obter um senso de poder e direção, como demonstrou Barack Obama no início da idade adulta.

A dra. Nadine Burke Harris colocou essa teoria em prática com as crianças que ela trata e, ao fazê-lo, demonstrou que mesmo aquelas com índices muito altos de EAI podem transformar suas vidas.[10] Sua abordagem envolve a triagem universal dos níveis de EAI como parte de um exame médico típico e, em seguida, um programa para as crianças identificadas como estando nos limites superiores da escala que envolve encorajar melhores padrões de sono envolvendo-se em atenção plena e meditação e — crucialmente — isentando-se da responsabilidade por tudo o que causou seu trauma, para que elas não se identifiquem com base no que vivenciaram. O trauma se torna a sua experiência, não a sua identidade.[11]

Aqueles que adotaram esse tipo de intervenção em grande escala ficaram impressionados com os resultados. No condado de Walla, no estado de Washington, a adoção de uma abordagem EAI para uma série de problemas sociais foi acompanhada por uma redução de 33% na violência doméstica e um declínio de 59% nas tentativas de suicídio entre jovens. O condado de Kitsap, que aplicou as técnicas de EAI ao sistema educacional, teve uma redução de 62% no abandono escolar.[12] O condado de Thurston, que mudou o foco de sua política de drogas de prisão e encarceramento para aconselhamento, viu uma redução de 39% nas prisões de adolescentes por delitos envolvendo entorpecentes. O condado de Okanogan, que lançou uma iniciativa para treinar todos os professores e alunos a respeito dos perigos do Estresse Tóxico e as técnicas disponíveis para combatê-lo, testemunhou uma queda de 66% nas detenções de jovens. No geral, estima-se que esses programas tenham economizado 1,4 bilhão de dólares em gastos públicos.[13]

Isso também não é um fenômeno apenas dos Estados Unidos. Na Grã-Bretanha, uma escola na área de Harpurhey, em Manchester, que implementou o "treinamento para trauma" baseado nas EAI viu as expulsões escolares caírem 88%. "[Posso] honestamente dizer que nunca me deparei com um projeto como este em que tenha visto um impacto tão positivo", disse a vereadora local Joanne Green ao *Manchester Evening News*.[14] "Esse projeto abriu nossos olhos para como as agências devem trabalhar com a população local", disse seu colega Pat Karney. "Tem tido o maior impacto em nossa área de intervenção social em anos."

Jack Shonkoff, diretor do Centro do Desenvolvimento Infantil da Universidade Harvard, que estudou as EAI de perto, está certo de que as intervenções que revivem o senso de identidade dos indivíduos podem ter um efeito transformador. As pessoas não estão destinadas a viver uma vida sombria por causa de experiências formativas adversas, argumenta ele. As intervenções das EAI permitem que as pessoas reescrevam sua história de uma forma que as leve além dos traumas que vivenciaram.[15] Uma identidade recuperada é uma identidade renovada.

Como vimos, a identidade funciona em conjunto com o controle. Quanto mais certeza tivermos sobre nossa posição no mundo, mais positiva será nossa visão de nós mesmos e maior será a vantagem que sentiremos possuir. O controle não é conquistado com facilidade e, para muitas pessoas, deve parecer totalmente fora de seu alcance. Mas ainda existem técnicas que podem ser aprendidas e que ajudarão. Como mencionei brevemente nos Capítulos 6 e 7, e como a experiência de muitas pessoas que se recuperam de doenças demonstrou, estratégias de autocontrole, como atenção plena e meditação, realmente ajudam. Evitar a leitura compulsiva de más notícias em nossos telefones, tentar não ficar acordados até tarde e buscar ou conceder mais autonomia em casa e no trabalho são igualmente benéficos.

Quanto ao pilar final da fortaleza — identidade social —, talvez devêssemos ouvir uma dica de Jillian Richardson, uma "superconectadora" de Manhattan que usou sua própria experiência de solidão na cidade para se tornar uma organizadora de encontros e, por fim, ajudou milhares de estranhos a encontrar momentos de comunhão. Ela é a criadora do Joy List Social, um evento pensado para reunir as pessoas e ajudá-las a fazer amigos. Na experiência de Jillian, criar algumas regras no início do processo acaba permitindo uma sincronia mais significativa posteriormente. Ela me explicou que estabelecer regras e restrições pode parecer opressivo, mas pode ajudar a tornar a conexão social mais autêntica. No Joy List Social, por exemplo, "não há álcool nem telefones no espaço". "Descobri", ela me disse, "que as pessoas ficavam mais à vontade quanto mais eu repetia: 'Todo mundo que está aqui, está aqui para fazer um novo amigo. Todo mundo que está aqui é o tipo de pessoa que está disposta a ir para um evento na cidade de Nova York, ficar sóbrio e se conectar'."[16]

Na verdade, Jillian tem um conjunto de cinco regras: "Um é que os encontros acontecem toda semana; dois: as mesmas pessoas aparecem consistentemente; três: há espaço para conversas vulneráveis; quatro: há espaço para mentoria; cinco: há uma maneira facilmente acessível para as pessoas retribuírem à comunidade." Se algo disso parece familiar, é porque Jillian se inspirou na religião organizada. Ela entende como seu papel a tarefa de pegar os melhores princípios das congregações religiosas e aplicá-los às reuniões seculares.

Vale a pena reiterar aqui que esses pilares gêmeos de identidade e controle que identifiquei como a chave para a fortaleza pessoal também têm um aspecto de grupo intrínseco. A pesquisa de Burke Harris sobre crianças com altos índices de EAI mostra, por exemplo, que, "em muitos aspectos, a cura para o estresse tóxico é uma forte proteção parental" — quanto mais os pais dão apoio no momento, maior é o efeito atenuante do trauma.[17] E, como já argumentei, o poder do grupo pode crescer a partir de afiliações e conexões iniciais mais frouxas. Josh Krichefski, na época líder sênior da agência de publicidade Mediacom, deu-me um exemplo inspirador disso em seu próprio local de trabalho, relatando como — fazendo com que vários colegas compartilhassem "Minha história de saúde mental" com outras pessoas durante a Semana de Conscientização sobre Saúde Mental — as barreiras caíram e foi forjada uma identidade de grupo que serviu para normalizar um tema que tantas vezes é considerado tabu: "Logo de cara houve uma mudança na cultura, em que imediatamente criamos uma inclusão por quebrar barreiras". O próprio Josh estava muito ciente das lutas que tantas pessoas têm para preservar seu equilíbrio mental. "Veio de um lugar de compreensão de mim mesmo", ele me disse. "Se eu não der um tempo e me der espaço, cuidar de mim, eu sinto isso, eu passo por dificuldades." E acrescentou: "Se estou particularmente estressado ou ansioso, vou lutar para dormir à noite, e isso está diretamente relacionado ao trabalho".[18] A resposta a "Minha história de saúde mental" foi extremamente positiva: de acordo com Josh, aqueles que escreveram os e-mails receberam centenas de respostas de pessoas relatando suas próprias experiências ou agradecendo por sua honestidade. Um grupo havia sido formado.

O conceito de grupo funciona em todos os lugares. Os diretores da Parkrun, uma instituição de caridade independente que organiza corridas semanais gratuitas de cinco quilômetros em parques públicos, encomendaram um estudo que descobriu que aqueles que se voluntariaram como comissários relataram melhoras em sua felicidade ainda maiores do que aqueles que realmente correram.[19] Outro estudo concluiu que aqueles que tentam perder peso o fazem de forma mais eficaz quando sentem um vínculo com outras pessoas na mesma posição.[20] (A propósito, o estudo que mostrou isso oferece um alerta útil para as pessoas que organizam grupos de autoajuda: se a frequência cair ou você sentir certo grau de descompromisso, será um sinal de que os estágios de reflexão e representação da identidade que mencionei na página 243 não foram observados e que medidas corretivas precisam ser tomadas.) Aqueles que têm índices altos de EAI se beneficiam de maior participação na comunidade. Um relatório de 2018 da agência de Saúde Pública do País de Gales descobriu, por exemplo, que, entre as pessoas com índice quatro ou mais de EAI que se envolveram mais com a comunidade e com grupos de amizade, a incidência de doença mental caiu de 29% para 14%, e automutilação e pensamentos suicidas caíram de 39% para 17%.[21]

Anteriormente, falei sobre "epidemiologia horizontal" — uma expressão que busca capturar a noção de que muitos distúrbios específicos têm suas raízes em condições sociais comuns. Aqueles que cunharam a expressão sentiram que, "para obter os dados necessários para caracterizar a experiência real vivida por pessoas com problemas de saúde mental, faz mais sentido ir além das diferenças diagnósticas e coletar informações 'horizontalmente' sobre essas condições".[22] Humanos são seres sociais complexos, mas em nossa sociabilidade inata residem muitos dos remédios para os problemas que vivenciamos como indivíduos.

Os números e a natureza tornam compreensível nossa curiosa busca pela resiliência, mas não devemos nos esquecer de como essas riquezas são alcançadas — as origens individuais e coletivas da verdadeira fortaleza. E é algo que todos podemos ajudar uns aos outros a alcançar.

Notas

Prólogo:
Resiliência é o c@r@lh*: Nós só queremos viver!

1. "raw video: Beirut blast caught on camera". *Sky News*, YouTube, 4 ago. 2020. Disponível em: https://www.youtube.com/watch?v=oKFupx9x0-k&ab&ab_channel=SkyNews.
2. "What We Lost That Day". *New York Times*, 1 ago. 2021. Disponível em: https://www.nytimes.com/interactive/2021/08/01/world/middleeast/beirutexplosion-anniversary.html.
3. "Beirut: Anatomy of a lethal explosion". bbc *News*, 10 ago. 2020. Disponível em: https://www.bbc.co.uk/news/av/business-53712679.
4. "'How much more can we take?' Beirut is in mourning and rejects 'resilience'". trt *World*, 5 ago. 2020. Disponível em: https://www.trtworld.com/magazine/how-much-more-can-we-take-beirut-is-in-mourning-and-rejects-resilience-38669.
5. "We Lebanese Thought We Could Survive Anything. We Were Wrong". *New York Times*, 3 ago. 2020. Disponível em: https://www.nytimes.com/2020/08/03/opinion/lebanon-coronavirus-economy.html.
6. "Mariella Frostrup show". *Times Radio*, 28 set. 2020.
7. 'The Profound Emptiness of "Resilience"'. *New York Times Magazine*, 1 dez. 2015. Disponível em: https://www.nytimes.com/2015/12/06/magazine/the-profound-emptiness-of-resilience.html.
8. "Is Resilience Overrated?". *New York Times*, 19 ago. 2020. Disponível em: https://www.nytimes.com/2020/08/19/health/resilience-overrated.html.

9   Ibid.
10 Sullivan, Laura. "How Big Oil Misled The Public Into Believing Plastic Would Be Recycled". NPR, 11 set. 2020. Disponível em: https://www.npr.org/2020/09/11/897692090/how-big-oil-misled-the-public-into-believingplastic-would-be-recycled?.
11 Ibid.
12 Sutherland, Sian. "A Plastic Planet". Twitter, 1 nov. 2019. Disponível em: https://www.twitter.com/aplastic_planet/status/1190155273048068097.
13 Sullivan, Laura. "How Big Oil Misled The Public Into Believing Plastic Would Be Recycled". NPR, 11 set. 2020. Disponível em: https://www.npr.org/2020/09/11/897692090/how-big-oil-misled-the-public-into-believingplastic-would-be-recycled?.
14 Ibid.; e em entrevista do autor com Sian Sutherland, em 9 de março de 2020.
15 Conversa do autor com o professor Alex Haslam em 29 de março de 2021, editada para fins de clareza.
16 Carvel, John. "HSE investigates staff stress at leading hospital". *The Guardian*, 5 ago. 2003. Disponível em: https://www.theguardian.com/society/2003/aug/05/hospitals.nhsstaff; https://www.hse.gov.uk/foi/releases/westdorsetgen.pdfe.
17 Conversa do autor com o professor Alex Haslam em 29 de março de 2021.

1. Me derrubam, mas eu me levanto de novo

1   Stone, Linda. "The Connected Life: From Email Apnea to Conscious Computing". *HuffPost*, 7 jul. 2012. Disponível em: https://www.huffpost.com/entry/email-apnea-screen-apnea-_b_1476554.
2   Biles, Simone. "The cat got fed instead of us". *The Guardian*, 30 jun. 2021. Disponível em: https://www.theguardian.com/sport/2021/jun/30/simonebiles-foster-care-adoption-grandparents-gymnastics.
3   Biles, Simone. *Courage to Soar*. Zondervan, 2016, p. 24.
4   Ibid.
5   "Training for 2024?". *Daily Mail*, 10 ago. 2021. Disponível em: https://www.dailymail.co.uk/femail/article-9881303/Simone-Biles-heads-gym-leavingdoor-open-Paris-2024.html.
6   "Simone Biles says she was molested by gymnastics doctor Larry Nassar". NBC News, 15 jan. 2018. Disponível em: https://www.nbcnews.com/news/us-news/simone-biles-says-she-was-molested-gymnastics-doctorlarry-nassar-n837806.

7   "For Simone Biles 'medals are medals' but character transcends gymnastics". *USA Today*. Disponível em: https://eu.usatoday.com/story/sports/columnist/nancy-armour/2021/07/21/simone-biles-more-than-medalsgymnastics-star-olympics/7970885002/.

8   "What Simone Biles Understands About Greatness". *The Atlantic*, 28 jul. 2021. Disponível em: https://www.theatlantic.com/culture/archive/2021/07/simone-biles-olympics-withdrawal-greatness-language/619595/.

9   "Childhood scars drove Jonah Lomu to excel on pitch". *Stuff*, 19 nov. 2015. Disponível em: https://www.stuff.co.nz/sport/rugby/opinion/74223569/brian-moore-childhood-scars-drove-jonah-lomu-to-excelon-pitch.

10 "Why did Andre Agassi hate tennis?". *The Guardian*, 29 out. 2009. Disponível em: https://www.theguardian.com/sport/2009/oct/29/andre-agassi-hate-tennis.

11 "Siya Kolisi: My sin was exposed — he told me I needed to stop drinking". *The Guardian*, 4 out. 2021. Disponível em: https://amp.theguardian.com/sport/2021/oct/04/siya-kolisi-my-sin-was-exposed-he-told-me-ineeded-to-stop-drinking.

12 "Marie Curie and the Science of Radioactivity". *American Institute of Physics biography of Marie Curie*. Disponível em: https://history.aip.org/exhibits/curie/; e GHOSH, Pallab. "Great Lives: 'Marie Curie'". *BBC Sounds*, 24 abr. 2007. Disponível em: https://www.bbc.co.uk/sounds/play/b0077722.

13 PARRIS, Matthew. *Fracture*: Stories of How Great Lives Take Root in Trauma. Profile Books, 2020, p. 185.

14 Ibid., p. 179.

15 CSIKSZENTMIHALYI, Mihaly. "Family Influences on the development of giftedness". *In*: BOCK, Gregory R.; ACKRILL, Kate (eds.). *The Origins and Development of High Ability*. John Wiley, 1993, p. 190.

16 "London 2012: Olympic success is key to national pride". *BBC News*, 1 jan. 2012. Disponível em: https://www.bbc.co.uk/news/world-16245075.

17 Entrevista do autor com o professor Tim Rees.

18 SLOT, Owen. *The Talent Lab*. Ebury Press, 2017, p. 8.

19 REES, Tim; HARDY, Lew; GÜLLICH, Arne et al. "The Great British Medalists project: A Review of Current Knowledge on the Development of the World's Best Sporting Talent". *Sports Medicine*, v. 46, p. 1.041-1.058, 2016. Disponível em: https://doi.org/10.1007/s40279-016-0476-2.

20 ERICSSON, Anders; KRAMPE, Ralf; TESCH-ROMER, Clemens. "The Role of Deliberate Practice in the Acquisition of Expert Performance". *Psychological Review*, v. 100, n. 3, p. 363-406, 1993.

21 SIMON, Herbert; CHASE, William. "Skill in Chess". *American Scientist*, v. 61, n. 4, p. 394-403, 1973.

22 "Tim Rees explains his research into elite sport performance". YouTube, 29 nov. 2017. Disponível em: https://www.youtube.com/watch?v=NCAZNiFfL5c&ab_channel=bournemouthuni.

23 Slot, *The Talent Lab*, p. 71.
24 Rees, Tim; Hardy, Lew et al. "Great British medalists: Psychosocial biographies of Super-Elite and Elite athletes from Olympic sports". *Progress in Brain Research*, v. 232, p. 19, 2017.
25 Van Yperen, Nico. "Why some people make it and others do not: identifying psychological factors that predict career success in professional adult soccer". *Sports Psychologist*, v. 23, p. 317-329, set. 2009.
26 Collins, Dave; MacNamara, Áine. "The Rocky Road to the Top". *Sports Medicine*, v. 42, n. 11, p. 907-914, nov. 2012.
27 De Bernières, Louis. "Readers boarding school stories". *The Sunday Times*, 25 abr. 2021. Disponível em: https://www.thetimes.co.uk/article/readers-boarding-school-sto ries-the-cruelty-scarred-me-for-life-at-75-i-am-still-hurting-2jgbw69zx.
28 Andy Murray: Resurfacing. Direção: Olivia Cappuccini. 2019. Disponível em: https://www.imdb.com/title/tt11243364/.
29 Ibid.
30 Usei o prêmio de jogador mais valioso da nba como sendo o prêmio de "Jogador do Ano" aqui.
31 More Than a Game. Direção: Kristopher Belman. 2008. Disponível em: https://www.imdb.com/title/tt1286821/?ref_=fn_al_tt_1.
32 Ibid.
33 Daley, Tom. "Desert Island Discs". bbc *Sounds*, 30 set. 2018. Disponível em:https://www.bbc.co.uk/sounds/play/b0blhfpj.
34 "World at One". bbc *Radio 4*, 27 jul. 2021. Disponível em: https://www.bbc.co.uk/programmes/m000y5f6.
35 Slot, Owen. *The Talent Lab*. Ebury Press, 2017, p. 71.
36 "Tim Rees inaugural lecture". YouTube, 29 nov. 2017. Disponível em: https://www.youtube.com/watch?v=eEV5oSEWoQI.
37 Rees, Tim; Hardy, Lew; Güllich, Arne et al. "The Great British Medalists project", p. 1.041-1.058. Disponível em: https://doi.org/10.1007/s40279-016-0476-2 (algumas das notas entre parênteses foram editadas para fins de clareza).
38 Rees, Tim; Hardy, Lew et al. "Great British Medalists: Psychosocial biographies of Super-Elite and Elite athletes from Olympic sports". *Progress in Brain Research*, v. 232, p. 73, 2017.
39 Ibid., p. 53
40 Ibid., p. 44
41 "Kurt Vonnegut on the Secret of Happiness". *The Marginalian*, 16 jan. 2014. Disponível em: https://www.brainpickings.org/2014/01/16/kurt-vonnegut-joe-heller-having-enough/.
42 Nomes e detalhes foram ligeiramente adaptados para preservar o anonimato.

43 MacKinnon, Danny; Derickson, Kate Driscoll. "From resilience to resourcefulness: A critique of resilience policy and activism". *Progress in Human Geography*, v. 32, n. 2, 2013.

44 "Building Your Resilience". *American Psychological Association*, 1 fev. 2020. Recuperado de: http://www.apa.org/helpcenter/roadresilience.aspx.

45 Southwick, Steven. "Preface". *In*: Southwick, Steven; Litz, Brett; Charney, Dennis; Friedman, Matthew. *Resilience and Mental Health:* Challenges Across the Lifespan. Cambridge University Press, 2011.

46 Kahlenberg, Richard D. "Race Based Admissions: The Right Goal, but the Wrong Policy". *The Atlantic*, 4 jun. 2015. Disponível em: https://www.theatlantic.com/education/archive/2015/06/race-based-admissions/394784/.

47 "EtonX builds resilience in uk teens". *Eton School Blog*, 13 out. 2020. Disponível em: https://www.etoncollege.com/blog/etonx-builds-resiliencein-uk-teens/.

48 Duckworth, Angela. "Grit: The power of passion and perseverance". ted *Talk*, abr. 2013. Disponível em: https://www.ted.com/talks/angela_lee_duckworth_grit_the_power_of_passion_and_perseverance/transcript?language=en.

2. O que não te mata (quase te mata)

1 Terr, Lenore. "Children of Chowchilla". *The Psychoanalytic Study of the Child*, v. 34, 1979.

2 Ed Ray, Bus Driver During Kidnapping, Dies at 91. *New York Times*, 18 maio 2012. Disponível em: https://www.nytimes.com/2012/05/19/us/ed-ray-busdriver-who-helped-save-kidnapped-children-dies-at-91.html; outros detalhes foram retirados de Horton, Kaleb. "The ballad of the Chowchilla bus kidnapping". *Vox*, 23 jul. 2021. Disponível em: https://www.vox.com/thehighlight/22570738/chowchilla-school-bus-kidnapping.

3 cbs News. "Chowchilla kidnapping: Parole hearing could re-open scars for victims buried alive in 1976". YouTube, 8 out. 2019. Disponível em: https://www.youtube.com/watch?v=m6oVcCatlEk&ab_channel=CBSThisMorning; e "School Bus Driver Who Saved Students 'Was a Hero'". npr *News*, 22 maio 2012. Disponível em: https://www.npr.org/2012/05/22/153308664/school-bus-driver-who-saved-studentswas-a-hero.

4 Terr, Lenore. *Too Scared to Cry*. HarperCollins, 1990, p. 182.

5 "Conan O'Brien Delivers Dartmouth's Commencement Address". YouTube, 13 jun. 2011. Disponível em: https://youtu.be/ELC_e2QBQMk?t=1034.

6 "Adverse Childhood Experiences (ace), featuring Dr Robert Anda". YouTube, 6 nov. 2012. Disponível em: https://www.youtube.com/watch?v=QLfUi4ssHmY&t=3155s&ab_channel=uaajusticecenter.

7 Retirado de HARRIS, Nadine Burke. *The Deepest Well*. Bluebird, 2018, p. 31; e "A Tribute to Dr Vincent Felitti". YouTube, 14 jun. 2016. Disponível em: https://www.youtube.com/watch?v=q22Zt6aGwsA&ab_channel=HealthHappensHere.

8 FELITTI, Vincent. "Reflections on the Adverse Childhood Experiences (ACE) Study". YouTube, 23 jun. 2016. Disponível em: https://www.youtube.com/watch?v=-ns8ko9-ljU&ab_channel=NationalCongressofAmericanIndians.

9 HARRIS, Burke. *The Deepest Well*, p. 34.

10 RESILIENCE. Direção: James Redford. 2016.

11 "Adverse Childhood Experiences". YouTube. Disponível em: https://www.youtube.com/watch?v=QLfUi4ssHmY&t=3155s&ab_channel=uaajusticecenter.

12 Questões do ACE Resource Network. Disponível em: https://numberstory.org/explore-your-number/#.

13 HARRIS, Burke. *The Deepest Well*, p. 38.

14 RESILIENCE. Direção: James Redford. 2016.

15 HARTLING, Linda; LINDNER, Evelin; SPALTHOFF, Uli; BRITTON, Michael. "Humiliation: A nuclear bomb of emotions?". *Psicologia Política*, n. 46, p. 55-76, 2013.

16 STORR, Will. *The Status Game*. William Collins, 2021, p. 66.

17 HARRIS, Burke. *The Deepest Well*, p. 9.

18 ROY, Alec; HU, Xian-Zhang; JANAL, Malvin N.; GOLDMAN, David. "Interaction between Childhood Trauma and Serotonin Transporter Gene Variation in Suicide". *Neuropsychopharmacology*, v. 32, p. 2.046-2.052, 2007. Recuperado em: https://www.nature.com/articles/1301331; e ROY, Alec. "Relationship of childhood trauma to age of first suicide attempt and number of attempts in substance dependent patients". *Acta Psychiatrica Scandinavica*, v. 109, n. 2, p. 121-125, 2004.

19 "Childhood adversity increases risk for long-term health and behavioral issues". *Center for Youth Wellness*. Disponível em: https://centerforyouthwellness.org/health-impacts/.

20 RUIZ, Rebecca. "How Childhood Trauma Could Be Mistaken for ADHD". *The Atlantic*, 7 jul. 2014. Disponível em: https://www.theatlantic.com/health/archive/2014/07/how-childhood-trauma-could-be-mistakenfor-adhd/373328/.

21 "Adverse Childhood Experiences". YouTube. Disponível em: https://www.youtube.com/watch?v=QLfUi4ssHmY&t=3155s&ab_channel=uaajusticecenter.

22 Fala de Gabor Maté em *The Wisdom of Trauma*. Direção de Zaya Benazzo. 2021.

23 HARRIS, Burke. *The Deepest Well*, p. 40.

24 Ibid.

25 VAN DER KOLK, Bessel; FISLER, R. "Dissociation and the fragmentary nature of traumatic memories: overview and exploratory study". *Journal of Traumatic Stress*, v. 8, n. 4, p. 505-525, out. 1995.

26 VAN DER KOLK, Bessel. "This Conversation Will Change How You Think About Trauma". *New York Times*, 24 ago. 2021. Disponível em: https://www.nytimes.com/2021/08/24/opinion/ezra-klein-podcast-van-der-kolk.html?showTranscript=1.

27 POPOVA, Maria. "Poet and Philosopher David Whyte on the Deeper Meanings of Friendship, Love and Heartbreak". *The Marginalian*, 29 abr. 2015. Disponível em: https://www.themarginalian.org/2015/04/29/davidwhyte-consolations-words/.

28 QASSEM, Tarik; BEBBINGTON, Paul; SPIERS, Nicola; MCMANUS, Sally; JENKINS, Rachel; DEIN, Simon. "Prevalence of psychosis in black ethnic minorities in Britain: Analysis based on three national surveys". *Social Psychiatry and Psychiatric Epidemiology*, 2015.

29 Fala de Gabor Maté no documentário *The House I Live In*. Direção de Eugene Jarecki. 2021.

30 "A Revolutionary Approach to Treating PTSD". *New York Times*, 22 maio 2014. Disponível em: https://www.nytimes.com/2014/05/25/magazine/arevolutionary-approach-to-treating-ptsd.html.

31 MARSICEK, Sarah M.; MORRISON, John M.; MANIKONDA, Neha; O'HALLERAN, Michael; SPOEHR-LABUTTA, Zach; BRINN, Melissa. "Implementing Standardized Screening for Adverse Childhood Experiences in a Pediatric Resident Continuity Clinic". *Paediatric Quality & Safety*, 2019. Disponível em: https://www.ncbi.nlm.nih.gov/pmc/articles/PMC6494230/.

32 "Richard Bentall on the causes of mental ill health". *The Life Scientific*, BBC Sounds, 23 fev. 2021. Disponível em: https://www.bbc.co.uk/sounds/play/m000sj7c.

33 Ibid.

34 BENTALL, Richard P.; WICKHAM, Sophie; SHEVLIN, Mark; VARESE, Filippo. "Do Specific Early-Life Adversities Lead to Specific Symptoms of Psychosis? A Study from the 2007 The Adult Psychiatric Morbidity Survey". *Schizophrenia Bulletin*, v. 38, n. 4, 18 jun. 2012. Disponível em: https://academic.oup.com/schizophreniabulletin/article/38/4/734/1870335.

35 "Adverse Childhood Experiences, featuring Dr Anda". YouTube, 6 nov. 2012. Disponível em: https://www.youtube.com/watch?v=QLfUi4ssHmY&t=3155s&ab_channel=uaajusticecenter.

36 HARRIS, Burke. *The Deepest Well*, p. 61.

37 WIN, EMMA; ZAINAL, Nur Hani; NEWMAN, Michelle G. "Trait anger expression mediates childhood trauma predicting for adulthood anxiety, depressive, and alcohol use disorders". *Journal of Affective Disorders*, v. 228, 1 jun. 2021.

38 RITTSCHOF, C. et al. "Early-life experience affects honey bee aggression and resilience to immune challenge". *Scientific Reports*, v. 5, 23 out. 2015.

39 CARRION, Victor; WEEMS, Carl; RICHERT, Kit; HOFFMAN, Bryce; REISS, Allan. "Decreased Prefrontal Cortical Volume Associated With Increased Bedtime Cortisol in Traumatized Youth". *Biological Psychiatry*, v. 68, n. 5, 1 set. 2010.

40 HARRIS, Burke. *The Deepest Well*, p. 58.

41 Fala de Gabor Maté no documentário *The House I Live In*. Direção de Eugene Jarecki. 2021.

42 CALHOUN, John. "Philippe Petit: The True Story Behind the Daredevil's World Trade Center Wire Walk". *Biography.com*, 29 set. 2015. Disponível em: https://www.biography.com/news/the-walk-philippe-petit-movie; e Elizabeth Day, entrevista de Philippe Petit. "There is a child inside me that wants to come out". *The Guardian*, 22 jun. 2014. Disponível em: https://www.theguardian.com/theobserver/2014/jun/22/philippe-petit-man-onwire-highwire-creativity-book.

43 BARLOW, M. D.; WOODMAN, Tim; CHAPMAN, C.; MILTON, M.; DODDS, T.; ALLEN, B. "Who takes risks in high-risk sport? The role of alexithymia". *Journal of Sport and Exercise Psychology*, v. 37, n. 1, fev. 2015.

44 *Daredevils: The sky walker,* filmado pela Firecracker Films para o Channel 4. Direção de M. Soldinger. 2010.

45 Conversa do autor com Kyle Ganson em 5 de maio de 2021.

46 HASLAM, Catherine; JETTEN, Jolanda; CRUWYS, Tegan; DINGLE, Genevieve; HASLAM, S. Alexander. *The New Psychology of Health:* Unlocking the Social Cure. Routledge, 2018, p. 115.

47 DANESE, Andrea; MCEWEN, Bruce S. "Adverse childhood experiences, allostasis, allostatic load, and age-related disease". *Physiology & Behavior*, v. 106, n. 1, 12 abr. 2012.

48 RIDOUT, Kathryn; RIDOUT, Samuel; GUILLE, Constance; MATA, Douglas; AKIL, Huda; SEM, Srijan. "Physician-Training Stress and Accelerated Cellular Aging". *Biological Psychiatry*, v. 86, n. 9, 1 nov. 2019.

49 MATÉ, Gabor. *When the Body Says No* – The Cost of Hidden Stress. Vermilion, 2019, p. 37.

50 SELYE, Hans. *The Stress of Life*. McGraw-Hill, 1978, p. 45.

51 HARRIS, Burke. *The Deepest Well*, p. 19.

52 Ibid., p. 12.

53 MATÉ, *When the Body Says No*, p. 43.

54 Fala de Gabor Maté no documentário *The House I Live In*.

55 MATÉ, Gabor. "When the Body Says No: Understanding the Stress-Disease Connection". *Democracy Now!*, 15 fev. 2010. Disponível em: https://www.democracynow.org/2010/2/15/dr_gabor_mat_when_the_body.

56 BALENCI, Marco. "Historical-Clinical Pathways to a Cancer Holistic Perspective". *Madridge Journal of Cancer Study & Research*, v. 3, n. 1, 14 fev. 2019.

57 Ibid.

58   WIRSCHING, Michael; STIERLIN, Helm; HOFFMANN, Florian; WEBER, Gunthard; WIRSCHING, Barbara. "Psychological identification of breast cancer patients before biopsy". *Journal of Psychosomatic Research*, v. 26, n. 1, p. 1-10, 1982.

59   THOMAS, S. P.; GROER, M.; DAVIS, M.; DROPPLEMAN, P.; MOZINGO, J.; PIERCE, M. "Anger and Cancer". *Cancer Nursing*, v. 23, n. 5, p. 344-349, 2000; e MCKENNA, Molly C.; ZEVON, Michael A.; CORN, Barbara; ROUNDS, James. "Psychosocial factors and the development of breast cancer: A meta-analysis". *Health Psychology*, v. 18, n. 5, p. 520-531,1999.

60   SEERY, Mark; HOLMAN, Alison; COHEN SILVER, Roxane. "Whatever does not kill us: Cumulative lifetime adversity, vulnerability, and resilience". *Journal of Personality & Social Psychology*, v. 99, n. 6, dez. 2010.

61   O gráfico representa o formato ilustrativo exibido em Seery, Holman e Cohen Silver, "Whatever does not kill us".

3. SUA "ÚNICA CONCORRÊNCIA É ELA MESMA"

1   Turnê Golds Over America. Disponível em: https://www.goldoveramericatour.com/goat/tickets.html.

2   BILES, Simone. "The cat got fed instead of us". *The Guardian*, 30 jun. 2021. Disponível em: https://www.theguardian.com/sport/2021/jun/30/simone-biles-foster-care-adoption-grandparents-gymnastics.

3   ORBEY, Eren. "The radical courage of Simone Biles's exit from the Team USA Olympic finals". *The New Yorker*, 27 jul. 2021. Disponível em: https://www.newyorker.com/sports/replay/the-radical-courage-of-simone-biless-exit-from-the-team-usaolympic-finals.

4   "Simone Biles Dials Up the Difficulty 'Because I Can'". *New York Times*, 3 ago. 2021. Disponível em: https://www.nytimes.com/2021/05/24/sports/olympics/simone-biles-yurchenko-double-pike.html; e "Simone Biles Takes Gymnastics to a New Level. Again". *New York Times*, 9 ago. 2019. Disponível em: https://www.nytimes.com/2019/08/09/sports/olympics/simone-biles-takes-gymnastics-to-a-new-level-again.html.

5   BILES, Simone. "Now to prepare for finals". Instagram. Disponível em: https://www.instagram.com/p/CRxsq_kBZrP/.

6   "Gymnastics — Women's Team Final". *BBC Sport*, 27 jul. 2021. Disponível em: https://www.bbc.co.uk/iplayer/episode/p09pjrs7/olympics-gymnasticswomens-team-final.

7   ORBEY, "The radical courage of Simone Biles's exit from the Team USA Olympic finals". Disponível em: https://www.newyorker.com/sports/replay/the-radical-courage-of-simone-biless-exit-from-the-team-usa-olympicfinals.

8   "Simone Biles withdraws from Olympics team final after vault miss, proving she's the GOAT". NBC News, 27 jul. 2021. Disponível em: https://www.nbcnews.com/think/opinion/simone-biles-withdraws-olympics-teamfinal-after-vault-miss-proving-ncna1275205.

9   "Piers Morgan criticized for 'nasty' comments about Simone Biles' Olympics withdrawal". The Independent, 29 jul. 2021. Disponível em: https://www.independent.co.uk/sport/olympics/piers-morgan-simone-bilestwitter-b1891787.html; e ORBEY, "The radical courage of Simone Biles's exit from the Team USA Olympic finals". Disponível em: https://www.newyorker.com/sports/replay/the-radical-courage-of-simone-bilessexit-from-the-team-usa-olympic-finals.

10 "Simone Biles explains just how bad her twisties got at the Tokyo Olympics". Huffington Post, 13 ago. 2021. Disponível em: https://www.huffingtonpost.co.uk/entry/simone-biles-tokyo-twisties-video_n_61161e06e4b01da700f44770.

11 STARKE, Lauren. "On the Cover of New York Magazine: Simone Biles". New York Magazine, 27 set. 2021. Disponível em: https://nymag.com/press/2021/09/on-the-cover-of-new-york-magazine-simone-biles.html.

12 "In a divided US, it's no surprise some see Simone Biles as a villain". The Guardian, 28 jul. 2021. Disponível em: https://www.theguardian.com/sport/2021/jul/28/simone-biles-withdrawal-olympics-gymnastics-tokyomedia-reaction.

13 "What Simone Biles Understands About Greatness". The Atlantic, 28 jul. 2021. Disponível em: https://www.theatlantic.com/culture/archive/2021/07/simone-biles-olympics-withdrawal-greatness-language/619595/.

14 MORGAN, Piers. Twitter, 27 jul. 2021. Disponível em: https://twitter.com/piersmorgan/status/1420027274565390355.

15 Ibid., 28 jul. 2021. Disponível em: https://twitter.com/piersmorgan/status/420391707330416642?lang=en.

16 WALSH, Matt. Facebook, 27 jul. 2021. Disponível em: https://www.facebook.com/MattWalshBlog/posts/simone-biles-quit-on-her-team-because-shewasnt-having-fun-this-is-called-being-/393112558837798/.

17 "In a divided US, it's no surprise some see Simone Biles as a villain". Disponível em: https://www.theguardian.com/sport/2021/jul/28/simone-bileswithdrawal-olympics-gymnastics-tokyo-media-reaction.

18 "Charlie Kirk brands Simone Biles 'Shame to the country' after Olympics exit". Newsweek, 28 jul. 2021. Disponível em: https://www.newsweek.com/charlie-kirk-brands-simone-biles-shame-country-after-olympicsexit-1613809.

19 "Athlete of the Year", Time Magazine, 9 dez. 2021. Disponível em: https://time.com/athlete-of-the-year-2021-simone-biles/.

20 "Cricketer Ben Stokes becomes the latest high-profile star to take time out from sport". Mail Online, 31 jul. 2021. Disponível em: https://www.dailymail.co.uk/news/article-9845127/amp/Ben-Stokes-latest-athletestep-sport-focus-mental-wellbeing.html.

21 DANESEA, Andrea; MCEWEN, Bruce. "Adverse childhood experiences, allostasis, allostatic load, and age-related disease". *Physiology & Behavior*, v. 106, n. 1, 12 abr. 2012.

22 KAIER, Emily; CROMER, Lisa DeMarni; DAVIS, Joanne L.; STRUNK, Kathleen. "The Relationship Between Adverse Childhood Experiences and Subsequent Health Complaints in Elite Athletes". *Journal of Child & Adolescent Trauma*, 2015.

23 Entrevista do autor com o professor Tim Rees em 2 de março de 2021.

24 ANDA, Robert; BROWN, David; FELITTI, Vincent; DUBE, Shanta; GILES, Wayne. "Adverse childhood experiences and prescription drug use in a cohort study of adult HMO patients". *BMC Public Health*, v. 8, 4 jun. 2008. Disponível em: https://bmcpublichealth.biomedcentral.com/articles/10.1186/1471-2458-8-198.

25 GANSON, Kyle; MURRAY, Stuart; MITCHISON, Deborah; NAGATA, Jason et al. "Associations between Adverse Childhood Experiences and Performance-Enhancing Substance Use among Young Adults". *Substance Use & Misuse*, v. 56, n. 6, 16 mar. 2021.

26 Conversa do autor com Kyle Ganson em 5 de maio de 2021, ligeiramente editada para fins de clareza.

27 "Marion Jones shocked track and field fans two years ago when she said she would try for 5 gold medals in Sydney". *Chicago Tribune*, 10 set. 2000. Disponível em: https://www.chicagotribune.com/news/ct-xpm-2000-09-10-0009100445-story.html.

28 GOGARTY, Paul; WILLIAMSON, Ian. *Winning at All Costs*. JR Books, 2009, p. 78.

29 "IOC chief says Hunter failed four drug tests". *ESPN*, 25 set. 2000. Disponível em: http://www.espn.com/oly/summer00/news/2000/0925/777764.html.

30 "Ex-husband turns on Jones". *Associated Press*, 24 jul. 2004. Disponível em: https://products.kitsapsun.com/archive/2004/07-24/4591_ex_husband_turns_on_jones.html.

31 GOGARTY; WILLIAMSON. *Winning at All Costs*, p. 81.

32 "What am I, if I'm not a good tennis player". *She the People*, 7 jul. 2021. Disponível em: https://www.shethepeople.tv/news/naomi-osaka-netflixdocumentary-trailer/.

33 BILES, Simone. Twitter, 29 jul. 2021. Disponível em: https://twitter.com/simone_biles/status/1420561448883802118.

4. ENCAIXANDO AS HISTÓRIAS DO EU

1 MCADAMS, Dan P.; OLSON, Bradley D. "Personality Development: Continuity and Change Over the Life Course". *Annual Review of Psychology*, v. 16, 10 jan. 2010.

2 Ibid.

3   Roberts, B.; Kuncel, N.; Shiner, R.; Caspi, A.; Goldberg, L. "The power of personality: The comparative validity of personality traits". *Perspectives of Psychological Science*, v. 2, n. 4, 1 dez. 2007.

4   McAdams; Olson. "Personality Development: Continuity and Change Over the Life Course".

5   Tolentino, Jia. *Trick Mirror*. Londres: Random House, 2019, p. 174.

6   Mead, George Herbert. *Mente, self e sociedade*. Petrópolis (rj): Vozes, 2021.

7   Damian, Rodica Ioana; Simonton, Dean Keith. "Diversifying Experiences in the Development of Genius and their Impact on Creative Cognition". *In*: Simonton, Dean Keith (org.). *The Wiley Handbook of Genius*. Wiley-Blackwell, 2014, p. 376.

8   Roe, Ann. *The Making of a Scientist*. Dodd, Mead, 1953.

9   Csikszentmihalyi, Mihaly. "Family influences on the development of giftedness". *In*: Bock, Gregory R.; Ackrill, Kate (eds.). *The Origins and Development of High Ability*. John Wiley, 1993, p. 190.

10 Parris, Matthew. *Fracture:* Stories of How Great Lives Take Root in Trauma. Profile Books, 2020, p. 261.

11 Collins, Dave; MacNamara, Áine; McCarthy, Neil. "Super Champions, Champions, and Almosts: Important Differences and Commonalities on the Rocky Road". *Frontiers in Psychology*, 11 jan. 2016.

12 Collins, Dave; MacNamara, Áine. "Much Ado About …? A response to Hardy et al.". *Progress in Brain Research*, v. 232, 2017.

13 "The Novel That Asks, 'What Went Wrong With Mankind?'". *The Atlantic*, 15 jun. 2018. Disponível em: https://www.theatlantic.com/magazine/archive/2018/06/richard-powers-the-overstory/559106/.

14 Citado em Habermas, Tilmann; Bluck, Susan. "Getting a life: The emergence of the life story in adolescence". *Psychological Bulletin*, v. 126, n. 5, p. 748-769, set. 2000.

15 Ibid.

16 Collins, Dave; MacNamara, Áine. "The Rocky Road to the Top". *Sports Medicine*, v. 42, n. 11, nov. 2012.

17 "The tales athletes tell: Narrative structure and identity in Great British medalists". *Progress in Brain Research*, v. 232, jan. 2017. Disponível em: https://www.researchgate.net/publication/313031531_The_tales_athletes_tell_Narrative_structure_and_identity_in_Great_British_medalists.

18 Pals, J. L. "Constructing the 'Springboard Effect': Causal Connections, Self-Making, and Growth Within the Life Story". *In*: McAdams, D. P.; Josselson, R.; Lieblich, A. (eds.). *Identity and story:* Creating self in narrative. American Psychological Association, 2006, p. 177.

19 Van der Kolk, Bessel. *O corpo guarda as marcas*: cérebro, mente e corpo na cura do trauma. Rio de Janeiro: Sextante, 2020.

20 COLLINS; MACNAMARA; MCCARTHY. "Super Champions, Champions, and Almosts". Disponível em: https://www.frontiersin.org/articles/10.3389/fpsyg.2015.02009/.

21 STEWART, C.; SMITH, B.; SPARKES, A. C. "Sporting autobiographies of illness and the role of metaphor". *Sport in Society*, v. 14, p. 581-597, 15 jul. 2011. Disponível em: doi.org/10.1080/17430437.2011.574358.

22 PETERSON, Christopher; SELIGMAN, Martin E. P.; VAILLANT, George E. "Pessimistic Explanatory Style Is a Risk Factor for Physical Illness: A Thirty-Five-Year Longitudinal Study". *Journal of Personality and Social Psychology*, v. 55, n. 1, jul. 1988.

23 KAMEN, Leslie P.; SELIGMAN, Martin E. P. "Explanatory style and health". *Current Psychological Research & Reviews*, v. 6, 1987.

24 SELIGMAN, Martin. *Florescer*: uma nova compreensão da felicidade e do bem-estar. Rio de Janeiro: Objetiva, 2011.

25 MCADAMS, Dan P.; DIAMOND, Ann; DE ST. AUBIN, Ed; MANSFIELD, Elizabeth. "Stories of commitment: the psychosocial construction of generative lives". *Journal of Personality and Social Psychology*, v. 72, n. 3, 1997.

26 PALS. "Constructing the 'Springboard Effect'". *In*: MCADAMS; JOSSELSON; LIEBLICH (eds.). *Identity and story*: Creating self in narrative.

27 VAN DER KOLK, Bessel. "This Conversation Will Change How You Think About Trauma". *New York Times*, 24 ago. 2021. Disponível em: https://www.nytimes.com/2021/08/24/opinion/ezra-klein-podcast-van-der-kolk.html?showTranscript=1; e PALS. "Constructing the 'Springboard Effect'". *In*: MCADAMS; JOSSELSON; LIEBLICH (eds.). *Identity and story:* Creating self in narrative, p. 192.

5. A INDÚSTRIA BILIONÁRIA DA RESILIÊNCIA

1 "Rutger Bregman Is Hopeful For Humankind". *Eat Sleep Work Repeat podcast*, 20 abr. 2021. Disponível em: https://eatsleepworkrepeat.com/rutger.

2 PURCELL, Natalie; KOENIG, Christopher J.; BOSCH, Jeane; MAGUEN, Shira. "Veterans' Perspectives on the Psychosocial Impact of Killing in War". *The Counseling Psychologist*, v. 44, n. 7, p. 1.062-1.099, 15 nov. 2016. Disponível em: doi.org/10.1177/0011000016666156.

3 PIVAR, I.; FIELD, N. "Unresolved grief in combat veterans with PTSD". *Journal of Anxiety Disorders*, 2004.

4 PURCELL; KOENIG; BOSCH; MAGUEN. "Veterans' Perspectives on the Psychosocial Impact of Killing in War".

5   EVANS, Stephen. "How soldiers deal with the job of killing". *BBC News*, 11 jun. 2011. Disponível em: https://www.bbc.com/news/world-13687796.
6   SELIGMAN, Martin. *Florescer:* uma nova compreensão da felicidade e do bem-estar. Rio de Janeiro: Objetiva, 2011.
7   SINGAL, Jesse. *The Quick Fix*. Farrar, Straus and Giroux, 2021, p. 117.
8   "One in eight soldiers commits violence on return". *BBC News*, 24 jul. 2012. Disponível em: https://www.bbc.com/news/uk-18902195.
9   "Why the link between veterans and mass shootings is more complicated than you think". *ABC News*, 16 nov. 2018. Disponível em: https://abcnews.go.com/US/link-veterans-mass-shootings-complicated/story?id=59057321.
10 SELIGMAN, Martin. *Florescer:* uma nova compreensão da felicidade e do bem-estar. Rio de Janeiro: Objetiva, 2011.
11 "Perma Theory of Wellbeing and Perma Workshops". *Penn Arts and Sciences*. Disponível em: https://ppc.sas.upenn.edu/learn-more/perma-theory-well-being-and-perma-workshops.
12 "Best Advice Ever", por Martin Seligman, Bridge Winners, 11 jun. 2017. Disponível em: https://bridgewinners.com/article/view/best-advice-ever/.
13 SINGAL. *The Quick Fix*, p. 102.
14 "The Leadership Lectures: Martin E. P. Seligman". *Florida International University*, YouTube, 4 dez. 2017. Disponível em: https://www.youtube.com/watch?v=CzCjsHoIvnI.
15 "Penn Resilience Program and Perma Workshops". *Penn Arts and Sciences*. Disponível em: https://ppc.sas.upenn.edu/services/penn-resilience-training.
16 SELIGMAN, Martin. *Florescer:* uma nova compreensão da felicidade e do bem-estar. Rio de Janeiro: Objetiva, 2011.
17 "Martin Seligman: Increasing Well-being in the US Army". Discursos na conferência WOBI, abr. 2014. YouTube, 23 maio 2017. Disponível em: https://www.youtube.com/watch?v=rGSpFFr5oSk.
18 SINGAL, Jesse. Twitter, 9 maio 2021. Disponível em: https://twitter.com/jessesingal/status/1369299675178762242.
19 SINGAL. *The Quick Fix*, p. 124.
20 Página original (do Exército dos EUA, "Justification review document for other than full and open competition: U.S. Army Master Resiliency Trainer program", 2009) agora removida. Citada em: http://thewinnower.com/papers/49-a-critical-examination-of-the-u-s-army-s-comprehensive-soldierfitness-program.
21 DUCKWORTH, Angela; SELIGMAN, Martin. "Self-Discipline Outdoes IQ in Predicting Academic Performance of Adolescentes". *Psychological Science*, v. 16, n. 12, 1 dez. 2005.

22 "Angela Duckworth on Passion, Grit and Success". *New York Times*, 10 abr. 2016. Disponível em: https://www.nytimes.com/2016/04/10/education/edlife/passion-grit-success.html.

23 DUCKWORTH, Angela; PETERSON, Christopher; MATTHEWS, Michael; KELLY, Dennis. "Grit: Perseverance and Passion for Long-Term Goals". *Journal of Personality and Social Psychology*, v. 92, n. 6, jul. 2007.

24 "How Praise Became a Consolation Prize". *The Atlantic*, 16 dez. 2016. Disponível em: https://www.theatlantic.com/education/archive/2016/12/how-praise-became-a-consolation-prize/510845/.

25 MUELLER, Claudia; DWECK, Carol. "Praise for intelligence can undermine children's motivation and performance". *Journal of Personality & Social Psychology*, v. 75, n. 1, jul. 1998.

26 "No clarity around growth mindset". *Slate Star Codex*, 8 abr. 2015. Disponível em: https://slatestarcodex.com/2015/04/08/no-clarity-around-growth-mindset-yet/.

27 "Stanford University's Carol Dweck on the Growth Mindset and Education". *One Dublin.org*, 19 jun. 2012. Disponível em: https://onedublin.org/2012/06/19/stanford-universitys-carol-dweck-on-the-growth-mindsetand-education/.

28 "Forget Grit. Focus on Inequality". *Education Week*, 14 abr. 2017. Disponível em: https://www.edweek.org/leadership/opinion-forget-grit-focus-on-inequality/2017/04.

29 Vale dizer que, embora o rascunho do relatório tenha sido divulgado como um endosso explícito, após a publicação optou-se por marcar o relatório, conforme produzido, com o apoio do Departamento de Educação, em vez de publicado por eles. Disponível em: https://studentsatthecenterhub.org/resource/promoting-grit-tenacity-and-perseverance-critical-factors-for-successin-the-21st-century/.

30 SISK, Victoria F.; BURGOYNE, Alexander P.; SUN, Jingze; BUTLER, Jennifer L.; MACNAMARA, Brooke N. "To What Extent and Under Which Circumstances Are Growth Mindsets Important to Academic Achievement? Two Meta-Analyses". *Psychological Science*, v. 29, n. 4, 5 mar. 2018.

31 ELEANOR PALMER PRIMARY SCHOOL. "Growth Mindsets". Disponível em: https://www.eleanorpalmer.camden.sch.uk/curriculum-and-ethos/growth-mindsets/.

32 ETONX. "How students can learn to build resilience". 4 fev. 2020. Disponível em: https://etonx.com/how-students-can-learn-to-build-resilience/.

33 Inverness High School *handbook*. 2018, p. 26. Disponível em: https://invernesshs.files.wordpress.com/2017/11/inverness-high-school-handbook-2018.pdf.

34 Escola Fundamental Católica St. Joseph. "Behaviour for Leaning". Disponível em: https://www.st-josephs-pri.oxon.sch.uk/pupils/behaviour.

35 Currículo da Irlanda do Norte. "Assessment for Learning — A Practical Guide". Disponível em: https://ccea.org.uk/downloads/docs/ccea-asset/Curriculum/Assessment%20for%20Learning%20-%20A%20Practical%20Guide.pdf.

36 Schmidt, Eric; Rosenberg, Jonathan. *Como o Google funciona*. John Murray, 2014; "How to write a job description in 2020: best practices from half a billion job postings". Textio. Disponível em: https://textio.com/blog/how-to-write-a-job-description-in-2020-best-practices-from-half-abillion-job-postings/ 28706464272; e https://webarchive.nationalarchives.gov.uk/https://innovateuk. blog.gov.uk/2016/05/04/why-you-are-probably-hiring-the-wrong-people/.

37 Brown, Nicholas. "A Critical Examination of the U.S. Army's Comprehensive Soldier Fitness Program". *The Winnower*, 2014. Disponível em: https://thewinnower.com/papers/49-a-critical-examination-of-the-u-s-army-s-comprehensivesoldier-fitness-program.

38 Tedeschi, R. G.; McNally, R. J. "Can we facilitate posttraumatic growth in combat veterans?". *American Psychologist*, v. 66, n. 1, 2011.

39 Seligman, Martin. "Effectiveness of Positive Psychology — Setting the record straight". *Chronicle of Higher Education*, 14 jun. 2021. Disponível em: https://www.chronicle.com/article/effectiveness-of-positive-psychology.

40 Lester, P. B.; Harms, P. D.; Herian, M. N.; Krasikova, D. V. "The Comprehensive Soldier Fitness Program Evaluation Report #3: Longitudinal Analysis of the Impact of Master Resilience Training on Self-Reported Resilience and Psychological Health Data". *Publications of Affiliated Faculty: Nebraska Public Policy Center*, v. 32, 2011.

41 Seligman, Martin. "Effectiveness of Positive Psychology – Setting the record straight". Disponível em: https://www.chronicle.com/article/effectiveness-ofpositive-psychology.

42 Cornum, Rhonda; Matthews, Michael; Seligman, Martin. "Comprehensive Soldier Fitness – Building Resilience in a Challenging Institutional Context". *American Psychologist*, v. 66, n. 1, jan. 2011.

43 Meichenbaum, Donald. "We Are the Stories We Tell — A Constructive Narrative Perspective of PTSD", 5 maio 2017.

44 Seligman, Martin. "Effectiveness of Positive Psychology". Disponível em: https://www.chronicle.com/article/effectiveness-of-positive-psychology.

45 Tedeschi; McNally. "Can we facilitate posttraumatic growth in combat veterans?".

46 Lester, P. B.; McBride, S.; Cornum, R. L. "Comprehensive soldier fitness: Underscoring the facts, dismantling the fiction". *In*: Sinclair, R. R.; Britt, T. W. (eds.). *Building Psychological Resilience in Military Personnel: Theory and Practice*. American Psychological Association, 2013, p. 193-220.

47 Carr, Walter; Bradley, Devvon; Ogle, Alan D.; Eonta, Stephanie E.; Pyle, Bryan L.; Santiago, Patcho. "Resilience training in a population of deployed personnel". *Military Psychology*, 1 mar. 2013.

48 Ibid.

49 "Suicide Has Been Deadlier Than Combat for the Military". *New York Times*, 1 nov. 2019. Disponível em: https://www.nytimes.com/2019/11/01/opinion/military-suicides.html.

50 BROWN. "A Critical Examination of the U.S. Army's Comprehensive Soldier Fitness Program". Disponível em: https://thewinnower.com/papers/49-a-critical-examination-of-the-u-s-army-s-comprehensivesoldier-fitness-program.

51 SINGAL, Jesse. Twitter, 9 mar. 2021. Disponível em: https://twitter.com/jessesingal/status/1369299687975575560.

52 BRUNWASSER, Steven M.; GILLHAM, Jane E.; KIM, Eric S. "A Meta-Analytic Review of the Penn Resiliency Program's Effect on Depressive Symptoms". *Journal of Consulting and Clinical Psychology*, v. 77, n. 6, dez. 2009.

53 PATTISON, Clare; LYND-STEVENSON, Robert. "The Prevention of Depressive Symptoms in Children: The Immediate and Longterm Outcomes of a School-based Program". *Behaviour Change*, 1 jun. 2001.

54 BASTOUNIS, Anastasios; CALLAGHAN, Patrick; BANERJEE, Anirban; MICHAIL, Maria. "The effectiveness of the Penn Resiliency Programme (PRP) and its adapted versions in reducing depression and anxiety and improving explanatory style: A systematic review and meta-analysis". *Journal of Adolescence*, v. 52, out. 2016.

55 SINGAL, *The Quick Fix*, p. 109.

56 SELIGMAN, Martin; ERNST, Randal; GILLHAM, Jane; REIVICH, Karen; LINKINS, Mark. "Positive education: positive psychology and classroom interventions". *Oxford Review of Education*, v. 35, n. 3, p. 302, jun. 2009.

57 SELIGMAN, Martin. "Effectiveness of Positive Psychology — Setting the record straight". Disponível em: https://www.chronicle.com/article/effectiveness-ofpositive-psychology.

58 CREDÉ, Marcus. "Much Ado about Grit: A Meta-Analytic Synthesis of the Grit Literature". Department of Psychology, Iowa State University, 2014.

59 SINGAL, *The Quick Fix*, p. 146.

60 "Ying Kao Lee, DuPont inventor of lacquer that kept cars shiny, dies at 87". *The Philadelphia Inquirer*, 15 abr. 2020. Disponível em: https://www.inquirer.com/obituaries/dr-ying-kao-lee-dupont-chemist-scientistimmigrated-invented-car-lacquer-died-20200415.html.

61 "You're no genius". *Quartz at Work*, 26 mar. 2018. Disponível em: https://qz.com/work/1233940/angela-duckworth-explains-grit-is-the-key-to-successand-self-confidence/.

62 KOHN, Alfie. "Sometimes it's better to quit than to prove your grit". *Washington Post*, 4 abr. 2014. Disponível em: https://www.washingtonpost.com/opinions/sometimes-its-better-to-quit-than-to-prove-your-grit/2014/04/04/24075a84-b8f8-11e3-96ae-f2c36d2b1245_story.html.

63. Kohn, Alfie. "Grit: A Skeptical Look at the Latest Educational Fad", outono 2014. Disponível em: https://www.alfiekohn.org/article/grit/.
64. Mehta, Jal. "The Problem with Grit". *Education Week*, 27 abr. 2015. Disponível em: https://www.edweek.org/education/opinion-the-problem-withgrit/2015/04.
65. Robinson, Ken. "Do schools kill creativity?". TED Talk, fev. 2006. Disponível em: https://www.ted.com/talks/sir_ken_robinson_do_schools_kill_creativity.
66. Devo esta análise ao estudo da obra de Duckworth executado por Alfie Kohn em *The Myth of the Spoiled Child — Challenging the Conventional Wisdom about Children & Parenting*. Da Capo Lifelong Books, 2014.
67. Miller, Gregory E.; Wrosch, Carsten. "You've Gotta Know When to Fold'Em: Goal Disengagement and Systemic Inflammation in Adolescence". *Psychological Science*, 1 set. 2007. Disponível em: https://journals.sagepub.com/doi/abs/10.1111/j.1467-9280.2007.01977.x.
68. "'Inflammation clock' can reveal body's biological age". *Nature*, 13 jul. 2021. Disponível em: https://www.nature.com/articles/d41586-021-01915-x.
69. Chen, Wei; Srinivasan, Sathanur R.; Li, Shengxu; Xu, Jihua; Berenson, Gerald S. "Metabolic syndrome variables at low levels in childhood are beneficially associated with adulthood cardiovascular risk: the Bogalusa Heart Study". *Diabetes Care*, v. 28, n. 1, jan. 2005. Disponível em: https://pubmed.ncbi.nlm.nih.gov/15616245/.
70. Rogers, Kenny. "The gambler", escrito por Don Schlitz, 1976.
71. Rimfeld, Kaili et al. "True Grit and Genetics: Predicting Academic Achievement From Personality". *Journal of Personality and Social Psychology*, v. 111, n. 5, 2016. Disponível em: https://psycnet.apa.org/fulltext/2016-06824-001.pdf.
72. "MacArthur 'Genius' Angela Duckworth Responds to a New Critique of Grit". *nprEd*, 25 maio 2016. Disponível em: https://www.npr.org/sections/ed/2016/05/25/479172868/angela-duckworth-responds-to-a-newcritique-of-grit?t=1610962876467.
73. Zisman, Chen; Ganzach, Yoav. "In a Representative Sample Grit Has a Negligible Effect on Educational and Economic Success Compared to Intelligence". *Social Psychological and Personality Science*, 14 jul. 2020.
74. Kohn, Alfie. "The perils of 'Growth Mindset' education: Why we're trying to fix our kids when we should be fixing the system". *Salon*, 15 ago. 2015. Disponível em: https://www.salon.com/2015/08/16/the_education_fad_thats_hurting_our_kids_what_you_need_to_know_about_growth_mindset_theory_and_the_harmful_lessons_it_imparts/.
75. Li, Yue; Bates, Timothy. "Does growth mindset improve children's IQ, educational attainment or response to setbacks? Active-control interventions and data on children's own mindsets". *SocArXiv Papers*, 23 jan. 2017. Disponível em: https://osf.io/preprints/socarxiv/tsdwy.

76 "A Mindset 'Revolution' Sweeping Britain's Classrooms May Be Based on Shaky Science". *BuzzFeed*, 14 jan. 2017. Disponível em: https://www.buzzfeed.com/tomchivers/what-is-your-mindset.

77 Sisk, Victoria et al. "To What Extent and Under Which Circumstances Are Growth Mind-Sets Important to Academic Achievement? Two Meta-Analyses". *Psychological Science*, 5 mar. 2018. Disponível em: https://journals.sagepub.com/doi/10.1177/0956797617739704.

78 "Study finds popular 'growth mindset' educational interventions aren't very effective". *Science Daily*, 22 maio 2018. Disponível em: https://www.sciencedaily.com/releases/2018/05/180522114523.htm.

79 "No Clarity Around Growth Mindset". *Slate Star Codex*, 8 abr. 2015. Disponível em: https://slatestarcodex.com/2015/04/08/no-clarity-around-growthmindset-yet/.

80 Warne, Russell T. "The one variable that makes growth mindset interventions work". 3 jan. 2020. Disponível em: https://russellwarne.com/2020/01/03/the-one-variable-that-makes-growth-mindsetinterventions-work/.

81 Glerum, Jaap et al. "The effects of praise for effort versus praise for intelligence on vocational education students". *Educational Psychology*, 8 jun. 2019. Disponível em: https://www.tandfonline.com/doi/full/10.1080/01443410.2019.1625306

82 Seligman, Martin. *Florescer*: uma nova compreensão da felicidade e do bem-estar. Rio de Janeiro: Objetiva, 2011.

83 Entrevista por Joshua Freedman, "Six seconds", *EQ Life*, 2019, citada por Singal, *The Quick Fix*, p. 102.

84 Seligman, Martin. *Florescer*: uma nova compreensão da felicidade e do bem-estar. Rio de Janeiro: Objetiva, 2011.

85 Saffron, Inga. "Philly didn't become America's poorest big city by chance. Here's how we fix it". *Philadelphia Inquirer*, 12 out. 2020. Disponível em: https://www.inquirer.com/business/philadelphia-povertyunemployment-racism-education-upskilling-20201013.html.

86 Duckworth; Seligman. "Self-discipline outdoes IQ in predicting academic performance of adolescents". Disponível em: https://pubmed.ncbi.nlm.nih.gov/16313657/.

87 Cook, Chris. "The social mobility challenge for school reformers". *Financial Times*, 22 fev. 2012. Disponível em: https://www.ft.com/content/379774ba-f044-3832-aec9-0a4a130a6426.

88 Roger Slee citado em Maguire, M. et al. "Behaviour, classroom management and student 'control': Enacting policy in the English secondary school". *International Studies in Sociology of Education*, v. 20, n. 2, jun. 2010.

89 Brody, Gene H. et al. "Is Resilience Only Skin Deep? Rural African Americans' Preadolescent Socioeconomic Status-Related Risk and Competence and Age 19 Psychological Adjustment and Allostatic Load". *Psychological Science*, v. 24, n. 7,

1 jul. 2013; e CHEN, Edith; MILLER, Gregory; BRODY, Gene; LEI, ManKit. "Neighborhood Poverty, College Attendance, and Diverging Profiles of Substance Use and Allostatic Load in Rural African American Youth". *Clinical Psychological Science*, v. 3, n. 5, set. 2015.

90 RESILIENCE. Direção: James Redford. 2016.

91 Ibid.

92 Blog de Diane Ravitch. "Christine Yeh. Forget Grit. Focus on Inequality". 16 jan. 2018. Disponível em: https://dianeravitch.net/2018/01/16/christineyeh-forget-grit-focus-on-inequality/.

93 MEHTA. "The Problem With Grit". Disponível em: https://www.edweek.org/education/opinion-the-problem-with-grit/2015/04.

94 "North Philly to Oxford". *Philadelphia Inquirer*, 19 dez. 2018. Disponível em: https://www.inquirer.com/education/a/hazim-hardeman-rhodesscholar-temple-north-philly-20181219.html.

95 YEAGER, David; DUCKWORTH, Angela; DWECK, Carol et al. "A national experiment reveals where a growth mindset improves achievement". *Nature*, v. 573, 7 ago. 2019.

96 Conversa do autor com Adrian Bethune em 17 de janeiro de 2021.

97 MASTEN, Ann. *In*: CICCHETTI, Dante (org.). *Developmental Psychopathology, Risk, Resilience, and Intervention*. John Wiley, 2016, p. 275.

98 MASTEN, Ann. "Ordinary magic: Resilience processes in development". *American Psychologist*, v. 56, n. 3, 2001.

99 DENCKLA, Christy A. et al. "Psychological resilience: An update on definitions, a critical appraisal, and research recommendations". *European Journal of Psychotraumatology*, v. 11, n. 1, 10 nov. 2020.

100 Ibid.

101 Conversa do autor com o professor Alex Haslam em 29 de março de 2021.

102 BAKAN, David. *The Duality of Human Existence*. Rand McNally, 1966, p. 15.

103 RYAN, Richard M.; DECI, Edward L. "Self-Determination Theory and the Facilitation of Intrinsic Motivation, Social Development, and Well-Being". *University of Rochester*, 2000.

104 DECI, Edward. "Self-Determination Theory". YouTube, 17 out. 2017. Disponível em: https://www.youtube.com/watch?v=m6fm1gt5YAM&ab_channel=TheBrainwavesVideoAnthology.

105 WERNER, Emmy; SMITH, Ruth. *Journeys from Childhood to Midlife*: Risk, Resilience, and Recovery. Cornell University Press, 2001, p. 58.

6. Controle

1   Miserandino, Christine. "The Spoon Theory". 2003. Disponível em: https://cdn.totalcomputersusa.com/butyoudontlooksick.com/uploads/2010/02/BYDLS-TheSpoonTheory.pdf; e "The Spoon Theory written and spoken by Christine Miserandino". YouTube, 16 dez. 2010. Disponível em: https://www.youtube.com/watch?v=jn5IBsm49Rk&ab_channel=ChristineMiserandino.

2   Ono, Yumie; Lin, Hsiao-chun; Tzen, Kai-yuan; Chen, Hui-hsing; Yang, Paifeng; Lai, Wen-sung; Chen, Jyh-horng; Onozuka, Minoru; Yen, Chen-tung. "Active coping with stress suppresses glucose metabolism in the rat hypothalamus". Stress, v. 15, n. 2, mar. 2012.

3   Ibid.

4   Seery, Mark; Holman, Alison; Cohen Silver, Roxane. "Whatever does not kill us: cumulative lifetime adversity, vulnerability, and resilience". Journal of Personality & Social Psychology, v. 99, n. 6, dez. 2010.

5   Visintainer, M.; Volpicelli, J.; Seligman, M. "Tumor rejection in rats after inescapable or escapable shock". Science, 23 abr. 1982.

6   Shapiro, Deane; Schwartz, Carolyn; Astin, John. "Controlling ourselves, controlling our world: Psychology's role in understanding positive and negative consequences of seeking and gaining control". American Psychologist, v. 51, n. 12, dez. 1996.

7   Anand, B. K.; Chinna, G.; Singh, Baldev. "Some Aspects of Electroencephalographic Studies in Yogis". Indian Journal of Physiology and Pharmacology, 1 jun. 1961.

8   Averill, James; Rosenn, Miriam. "Vigilant and nonvigilant coping strategies and psychophysiological stress reactions during the anticipation of electric shock". Journal of Personality and Social Psychology, v. 23, n. 1, 1972.

9   Averill, J. R. "Personal control over aversive stimuli and its relationship to stress". Psychological Bulletin, v. 80, n. 4, p. 286-303, 1973.

10 Whitson, J.; Galinsky, A. "Lacking Control Increases Illusory Pattern Perception". Science, v. 332, n. 115, 3 out. 2008. Disponível em: https://rifters.com/real/articles/Science_LackingControlIncreasesIllusoryPatternPerception.pdf.

11 O método de criação da confusão desamparada está explicado em Pittman, N.; Pittman, T. "Effects of amount of helplessness training and internal-external locus of control on mood and performance". Journal of Personality and Social Psychology, v. 37, n. 1, fev. 1979.

12 Whitson; Galinsky. "Lacking Control Increases Illusory Pattern Perception". Disponível em: https://rifters.com/real/articles/Science_LackingControlIncreasesIllusoryPatternPerception.pdf.

13 Lammers, J.; Stoker, J.; Rink, F.; Galinsky, A. "To Have Control Over or to Be Free From Others? The Desire for Power Reflects a Need for Autonomy". Personality and Social Psychology Bulletin, v. 42, n. 4, 16 mar. 2016; o estudo

do sorvete está em INESI, Ena; BOTTI, Simona; DUBOIS, David; RUCKER, Derek D. "Power and Choice: Their Dynamic Interplay in Quenching the Thirst for Personal Control". *Psychological Science*, v. 22, n. 8, 24 jun. 2011.

14 PITTMAN; PITTMAN "Effects of amount of helplessness training and internal-external locus of control on mood and performance".

15 JASWAL, Snehlata; DEWAN, Anita. "The relationship between Locus of Control and Depression". *Journal of Personality & Clinical Studies*, jan. 1997.

16 ENDLICH, Eric. "Depression and Attributions for Problems and Solutions in College Students". *Psychological Reports*, v. 65, n. 1, 1 ago. 1989.

17 "Parece que os indivíduos deprimidos mostram uma tendência geral a ver os resultados como além do controle pessoal e, como observado anteriormente, que eles se culpam pelo fracasso." BENASSI, Victor et al. "Is There a Relation Between Locus of Control Orientation and Depression?". *Journal of Abnormal Psychology*, 1 ago. 1988. Disponível em: https://pdfs.semanticscholar.org/e75f/4d70b3cfa0039c2a6a89734e256b31dc135d.pdf.

18 "The Dangers of Woke Culture — with Sam Harris". *The Prof G Pod with Scott Galloway*, 16 jul. 2021. Disponível em: https://podcasts.apple.com/us/podcast/the-dangers-of-woke-culture-with-sam-harris/id1498802610?i=1000528950797.

19 MARUCHA, Phillip T.; KIECOLT-GLASER, Janice K.; FAVAGEHI, Mehrdad. "Mucosal Wound Healing is Impaired by Examination Stress". *Psychosomatic Medicine*, v. 60, n. 3, 1998.

20 SHAPIRO; SCHWARTZ; ASTIN. "Controlling ourselves, controlling our world".

21 MATÉ, Gabor. *When the Body Says No — The Cost of Hidden Stress*. Vermilion, 2019, p. 15.

22 HELLIWELL, John; LAYARD, Richard; SACHS, Jeffrey et al. *World Happiness Report*, 2017, p. 58.

23 BERREBY, David. *Us and Them: The Science of Identity*. University of Chicago Press, 2008, p. 266.

24 MARMOT, Michael. "Status syndrome". *Significance*. Royal Statistical Society, 13 dez. 2004. Disponível em: https://rss.onlinelibrary.wiley.com/doi/10.1111/j.1740-9713.2004.00058.x.

25 Ibid.

26 HASLAM, Catherine et al. *The New Psychology of Health*: Unlocking the Social Cure. Routledge, 2018, p. 39.

27 "Being wealthy adds nine more years of life, says study". *The Guardian*, 15 jan. 2020. Disponível em: https://www.theguardian.com/society/2020/jan/15/being-wealthy-adds-nine-years-to-life-expectancysays-study.

28 "Australia: Life expectancy gap between rich and poor almost 20 years". *World Socialist Web Site*, 14 ago. 2017. Disponível em: https://www.wsws.org/en/articles/2017/08/14/life-a14.html.

29 PATEL, Vikram et al. "Income inequality and depression: A systematic review and meta-analysis of the association and a scoping review of mechanisms". *World Psychiatry*, v. 17, n. 1, fev. 2018.

30 TURNER, R. Jay; NOH, Samuel. "Class and Psychological Vulnerability Among Women: The Significance of Social Support and Personal Control". *Journal of Health and Social Behavior*, v. 24, 1983.

31 MIROWSKY, J.; ROSS, C. "Social Patterns of Distress". *Annual Review of Sociology*, v. 12, ago. 1986.

32 Ross, Catherine E. "Collective Threat, Trust, and the Sense of Personal Control". *Journal of Health and Social Behavior*, v. 52, n. 3, set. 2011.

33 SCHEEPERS, Daan; ELLEMERS, Naomi. "When the pressure is up: The assessment of social identity threat". *Journal of Experimental Social Psychology*, v. 41, n. 2, mar. 2005.

34 Ibid.

35 KOHN, M.; SCHOOLER, C. "Occupational Experience and Psychological Functioning: An Assessment of Reciprocal Effects". *American Sociological Review*, v. 38, n. 1, p.114, 116, fev. 1973.

36 KOHN, M.; SCHOOLER, C. "Job Conditions and Personality: A Longitudinal Assessment of Their Reciprocal Effects". *American Journal of Sociology*, v. 87, n. 6, p. 1.265, maio 1982.

37 Ibid., p. 1.272.

38 KOHN; SCHOOLER. "Occupational Experience and Psychological Functioning".

39 KOHN; SCHOOLER. "Job Conditions and Personality".

40 Sobre depressão: YAP, M. B. H.; PILKINGTON, P. D.; RYAN, S. M.; JORM, A. F. "Parental factors associated with depression and anxiety in young people: A systematic review and meta-analysis". *Journal of Affective Disorders*, v. 156, mar. 2014; sobre hostilidade e baixa autoestima: KAWABATA, Y. et al. "Maternal and paternal parenting styles associated with relational aggression in children and adolescents: A conceptual analysis and meta-analytic review". *Developmental Review*, v. 31, n. 4, dez. 2011: "pais controladores [...] foram associados a aumentos de agressão relacional".

41 GEORGIOU, S.; FOUSIANI, K.; MICHAELIDES, P.; STAVRINIDES, P. "Cultural value orientation and authoritarian parenting as parameters of bullying and victimization at school". *International Journal of Psychology*, v. 48, n. 1, 2013.

42 KNAFO, Ariel. "Authoritarians, the Next Generation: Values and Bullying Among Adolescent Children of Authoritarian Fathers". *Analyses of Social Issues and Public Policy*, v. 3, n. 1, dez. 2003.

43 GREENBERGER, Ellen; O'NEIL, Robin; NAGEL, Stacy K. "Linking Workplace and Homeplace: Relations Between the Nature of Adults' Work and Their Parenting Behaviors". *Developmental Psychology*, v. 30, n. 6, 1994.

44 LEE, Daphne K. Twitter, 28 jun. 2020. Disponível em: https://twitter.com/daphnekylee/status/1277101831693275136; e https://twitter.com/KIO404l/status/1277120227919060992.

45 KAMPHORST, Bart; NAUTS, Sanne; DE RIDDER, Denise; ANDERSON, Joel. "Too Depleted to Turn In: The Relevance of End-of-the-Day Resource Depletion for Reducing Bedtime Procrastination". *Frontiers in Psychology*, 14 mar. 2018.

46 "Participation at Work in Britain". *Skills and Employment Survey 2017*. Disponível em: https://www.cardiff.ac.uk/__data/assets/pdf_file/0010/1309456/5_Participation_ Minireport_Final.pdf.

47 *The 2011 Workplace Employment Relations Study*. Disponível em: https://dera.ioe.ac.uk/16383/7/13-535-the-2011-workplace-employment-relations-studyfirst-findings_Redacted.pdf.

48 *Skills and Employment Survey 2017* — 86% extraídos da análise cruzada da pesquisa de 2017.

49 Conversa do autor com James Bloodworth em 8 de abril de 2019, também transmitida como "Culture and Conditions Under the Radar: Tales from the Gig Economy". *Eat Sleep Work Repeat podcast*, 15 abr. 2019. Disponível em: https://eatsleepworkrepeat.com/culture-and-conditions-under-theradar-tales-from-the-gig-economy/; mais detalhes em: "They resent the fact I'm not a robot". *ABC News*, 26 fev. 2019. Disponível em: https://mobile.abc.net.au/news/2019-02-27/amazon-australia-warehouse-workingconditions/10807308?nw=0.

50 "NHS patients getting less time with their GPs compared to other developed countries". *The Independent*, 9 nov. 2017. Disponível em: https://www.independent.co.uk/news/health/nhs-gp-doctor-appointmenttime-comparison-patients-latest-a8044681.html.

51 "15-minute minimum consultations...". RCGP, 21 maio 2019. Disponível em: https://www.rcgp.org.uk/about-us/news/2019/may/15-minute-minimum consultations-continuity-of-care.aspx.

52 "Curriculum overload: A Way Forward". OECD, 25 nov. 2020. Disponível em: https://www.oecd-ilibrary.org/education/curriculum-overload_3081cecaen.

53 *Children, their World, their Education:* Final report and recommendations of the Cambridge Primary Review. Routledge, 2009.

54 GRAY, Peter. "Kindergarten Teachers Are Quitting, and Here Is Why". *Psychology Today*, 20 dez. 2019. Disponível em: https://www.psychologytoday.com/us/blog/freedom-learn/201912/kindergarten-teachers-are-quitting-and-here-is-why.

55 "Microsoft says video calls in Teams grew 1000% in March". *TechCrunch*, 9 abr. 2020. Disponível em: https://techcrunch.com/2020/04/09/microsoft-says-video-calls-in-teams-grew-1000-in-march/.

56 MICROSOFT. "The Next Great Disruption Is Hybrid Work – Are We Ready?", 22 mar. 2021. Disponível em: https://www.microsoft.com/en-us/worklab/work-trend-index/hybrid-work.

57 "Microsoft Analyzed Data on Its Newly Remote Workforce". *Harvard Business Review*, 15 jul. 2020. Disponível em: https://hbr.org/2020/07/microsoftanalyzed-data-on-its-newly-remote-workforce.

58 "United Express Flight 3411 Review and Action Report". Recuperado em: https://thepointsguy.com/2017/04/united-policy-changes/.

59 JOHNSTON, Derek W. et al. "Why does work cause fatigue? A real-time investigation of fatigue, and determinants of fatigue in nurses working 12-hour shifts". *Annals of Behavioral Medicine*, v. 53, n. 3, 3 maio 2019.

60 BAUMEISTER, Roy E.; BRATSLAVSKY, Ellen; MURAVEN, Mark; TICE, Dianne. "Ego Depletion: Is the Active Self a Limited Resource?". *Journal of Personality and Social Psychology*, v. 74, n. 5, 1998. Disponível em: http://faculty.washington.edu/jdb/345/345%20Articles/Baumeister%20et%20al.%20%281998%29.pdf.

61 HAGGER, Martin et al. "Ego depletion and the strength model of selfcontrol: A meta-analysis". *Psychological Bulletin*, v. 136, n. 4, jul. 2010. Disponível em: https://pubmed.ncbi.nlm.nih.gov/20565167/.

62 GAILLIOT, Matthew; BAUMEISTER, Roy. "The Physiology of Willpower: Linking Blood Glucose to Self-Control". *Personality and Social Psychology Review*, 1 nov. 2007. Disponível em: https://journals.sagepub.com/doi/abs/10.1177/1088868307303030.

63 Ibid.

64 KIVIMÄKI, Mika et al. "Job strain as a risk factor for coronary heart disease: A collaborative meta-analysis of individual participant data". *The Lancet*, out. 2012. Disponível em: https://www.ncbi.nlm.nih.gov/pmc/articles/PMC3486012/.

65 SELIGMAN, Martin. *Florescer:* uma nova compreensão da felicidade e do bem-estar. Rio de Janeiro: Objetiva, 2011.

66 Ibid.

67 STAVROVA, O.; REN, D.; PRONK, T. "Low self-control: A hidden cause of loneliness?". *Personality and Social Psychology Bulletin*, 15 abr. 2021. Disponível em: doi.org/10.1177/01461672211007228.

68 SHAPIRO; SCHWARTZ; ASTIN. "Controlling ourselves, controlling our world".

69 GILTAY, Erik; GELEIJNSE, Johanna; ZITMAN, Frans et al. "Dispositional Optimism and All-Cause and Cardiovascular Mortality in a Prospective Cohort of Elderly Dutch Men and Women". *Archive of General Psychiatry*, v. 61, n. 11, nov. 2004.

70 GREER, S. et al. "Psychological Response to Breast Cancer: Effect on Outcome". *The Lancet*, 13 out. 1979.

71 SELYE, Hans. *The Stress of Life*. McGraw-Hill, 1956/1978, p. 370.

72 MATÉ, *When the body says no*, p. 37; ele mesmo cita LEVINE, S.; URSIN, H. "What is stress?". *In*: LEVINE, S.; URSIN, H. (eds.). *Psychobiology of Stress*. Academic Press, 1978.

7. Identidade

1. Hunter, Chris. *Eight Lives Down: The most dangerous job in the world in the most dangerous place in the world*. Delta, 2009, p. 223.
2. Ele explica no livro que seu nome é um pseudônimo; ibid.
3. Ibid., p. 283.
4. "How to Be Calm Under Pressure". *The Observer*, 2 fev. 2017. Disponível em: https://observer.com/2017/02/how-to-be-calm-under-pressure-threesecrets-from-a-bomb-disposal-expert/.
5. "Laurie Hernandez whispers 'I got this' before beam routine — and it's everything". *Entertainment Weekly*, 10 ago. 2016. Disponível em: https://ew.com/article/2016/08/10/laurie-hernandez-i-got-this/.
6. Hammack, Phillip L. "Theoretical Foundations of Identity". In: McLean, Kate C.; Syed, Moin (eds.). *The Oxford Handbook of Identity Development*. Oxford University Press, 2015, p. 14.
7. Fivush, Robyn; Zaman, Widaad. "Gendered Narrative Voices: Sociocultural and Feminist Approaches to Emerging Identity in Childhood and Adolescence". In: *The Oxford Handbook of Identity Development*; e Fiese, B. H.; Bickham, N. L. "Pin-curling grandpa's hair in the comfy chair: Parents' stories of growing up and potential links to socialization in the preschool years". In: Pratt, M. W.; Fiese, B. H. (eds.). *Family Stories and the Life Course*. Routledge, 2004.
8. Janning, Michelle; Volk, Maya. "Where the heart is: Home space transitions for residential college students". *Children's Geographies*, v. 15, n. 4, jan. 2017.
9. Erikson, Erik. *Identity, Youth and Crisis*. W. W. Norton, 1968, p. 50.
10. Erikson, Erik. *Childhood and Society*. W. W. Norton, 1950.
11. Reese, E.; Yan, C.; Jack, F.; Hayne, H. "Emerging identities: Narrative and self from early childhood to early adolescence". In: McLean, K.; Pasupathi, M. (eds.). *Narrative Development in Adolescence:* Creating the Storied Self. Springer, 2010, p. 23-43; e McLean, Kate; Pratt, Michael. "Life's little (and big) lessons: Identity statuses and meaning-making in the turning point narratives of emerging adults". *Developmental Psychology*, v. 42, n. 4, ago. 2006.
12. McLean, Kate C.; Syed, Moin. "The Field of Identity Development Needs an Identity: An Introduction". *The Oxford Handbook of Identity Development*.
13. Purcell, Natalie; Koenig, Christopher; Bosch, Jeane; Maguen, Shira. "Veterans' Perspectives on the Psychosocial Impact of Killing in War". *The Counseling Psychologist*, v. 44, n. 7, 15 nov. 2016.
14. Ibid.
15. Habermas, Tilmann; Köber, Christin. "Autobiographical Reasoning is Constitutive for Narrative Identity: The Role of the Life Story for Personal Continuity". In: *The Oxford Handbook of Identity Development*.

16 OBAMA, Barack. *Sonhos do meu pai*: histórias sobre raça e legado. São Paulo: Companhia das Letras, 2021; a história de Obama também é discutida em MCADAMS, Dan. "Life Authorship: A Psychological Challenge for Emerging Adulthood, as Illustrated in Two Notable Case Studies". *Emerging Adulthood*, v. 1, n. 2, 1 jun. 2013.
17 MCADAMS, "Life Authorship".
18 VAN DER KOLK, Bessel. "This Conversation Will Change How You Think About Trauma". *New York Times*, 24 ago. 2021. Disponível em: https://www.nytimes.com/2021/08/24/opinion/ezra-klein-podcast-van-der-kolk.html?showTranscript=1.
19 HASLAM, Catherine et al. *The New Psychology of Health:* Unlocking the Social Cure. Routledge, 2018, p. 115.
20 "Rare cancer seen in 41 homosexuals". *New York Times*, 3 jul. 1981.
21 COLE, Steve; KEMENY, Margaret; TAYLOR, Shelley. "Social identity and physical health: Accelerated HIV progression in rejectionsensitive gay men". *Journal of Personality and Social Psychology*, v. 72, n. 2, 1997.
22 SCHMITT, M.; BRANSCOMBE, N.; KOBRYNOWICZ, D.; OWEN, S. "Perceiving Discrimination Against One's Gender Group has Different Implications for Well-Being in Women and Men". *Personality and Social Psychology Bulletin*, v. 28, n. 2, 1 fev. 2002.
23 QUINN, Diane; CROCKER, Jennifer. "Vulnerability to the Affective Consequences of the Stigma of Overweight". *In*: SWIM, J. K.; STANGOR, C. (eds.). *Prejudice*. Academic Press, 1998.
24 TAJFEL, H. (org.). *Differentiation between social groups: Studies in the social psychology of intergroup relations*. Academic Press, 1978; e LACHMAN, Margie; WEAVER, Suzanne. "The sense of control as a moderator of social class differences in health and well-being". *Journal of Personality and Social Psychology*, v. 74, n. 3, 1998.
25 LANDRINE, H.; KLONOFF, E. "The Schedule of Racist Events: A Measure of Racial Discrimination and a Study of Its Negative Physical and Mental Health Consequences". *Journal of Black Psychology*, v. 22, n. 2, 1 maio 1996.
26 LACHMAN; WEAVER. "The sense of control as a moderator of social class differences in health and well-being".
27 DALEY, Tom. "Desert Island Discs". *BBC Sounds*, 30 set. 2018. Disponível em: https://www.bbc.co.uk/sounds/play/b0blhfpj.
28 RESILIENCE. Direção: James Redford. 2016.
29 HARRIS, Nadine Burke. *Toxic Childhood Stress*. Bluebird, 2018, p. 108.
30 RESILIENCE. Direção: James Redford. 2016, faixa de tempo 00:49:00.
31 HEMENOVER, S. "The good, the bad, and the healthy: impacts of emotional disclosure of trauma on resilient self-concept and psychological distress". *Personality and Social Psychology Bulletin*, v. 29, n. 10, 1 out. 2003.

32   Harris, Nadine Burke. *The Deepest Well*. Bluebird, 2018, p. 110.
33   Bandura, Alberto. "Social Cognitive Theory and Exercise of Control Over HIV Infection. Aids Prevention and Mental Health". *In*: DiClemene, R. et al. *Preventing aids*. Springer Science, 1994.
34   Kelly, J.; Kalichman, S.; Kauth, M.; Kilgore, H.; Hood, H.; Campos, P.; Rao, S. et al. "Situational factors associated with aids risk behavior lapses and coping strategies used by gay men who successfully avoid lapses". *American Journal of Public Health*, v. 81, n. 10, out. 1991.
35   Van der Kolk, Bessel. "This Conversation Will Change How You Think About Trauma". *New York Times*, 24 ago. 2021. Disponível em: https://www.nytimes.com/2021.

8. Comunidade

1   "9/11 Survivor Marcy Borders — The Dust Lady". Vimeo. Disponível em: https://vimeo.com/287672681.
2   Imagem de Marcy Borders por Stan Honda, Agence France-Presse, 11 set. 2001.
3   "The 'dust lady' of 9/11 dies". *Mail Online*, 26 ago. 2015. Disponível em: https://www.dailymail.co.uk/news/article-3211020/The-dusty-lady-9-11-Marcy-Borders-dies-stomach-cancer-ash-Twin-Towers-decade-longbattle-depression.html.
4   itv News. "9/11 'Dust Lady' dies from stomach cancer aged 42". YouTube, 27 ago. 2015. Disponível em: https://www.youtube.com/watch?v=lL3oaQdgDjM&ab_channel=CNNCNNVerified.
5   Schwarzer, Ralf; Bowler, Rosemarie; Cone, James. "Social integration buffers stress in New York police after the 9/11 terrorist attack". *Anxiety, Stress, & Coping*, v. 27, n. 1, jan. 2014.
6   Brewin, Chris; Andrews, Bernice; Valentine, John. "Meta-analysis of risk factors for posttraumatic stress disorder trauma-exposed adults". *Journal of Consulting and Clinical Psychology*, v. 68, n. 5, out. 2000.
7   Conversa do autor com o professor Alex Haslam em 29 de março de 2021.
8   Junger, Sebastian. "Why veterans miss war". ted Talk, 23 maio 2014. YouTube. Disponível em: https://www.youtube.com/watch?v=TGZMSmcuiXM&ab_channel=TED.
9   Sledge, William; Boydstun, James; Rabe, Alton. "Self-concept Changes Related to War Captivity". *Archives of General Psychiatry*, v. 37, n. 4, abr. 1980.
10   Ibid.

11 STAUB, Ervin. *The Roots of Evil:* The Origins of Genocide and Other Group Violence. Cambridge University Press, 1992, p. 3.
12 Citado em HASLAM, Alexander; REICHER, Stephen. "Beyond the banality of evil: Three dynamics of an interactionist social psychology of tyranny". *Personality and Social Psychology Bulletin*, v. 33, n. 5, 1 maio 2007.
13 MIGRAM, Stanley. *Obedience to Authority:* An Experimental View. Harper & Row, 1974.
14 ROBINSON, W. Peter (org.). *Social Groups and Identities:* Developing the Legacy of Henri Tajfel. Psychology Press, 1996.
15 BROWN, Rupert. *Henri Tajfel:* Explorer of Identity and Difference. Routledge, 2019.
16 ROBINSON (ed.), *Social Groups and Identities*, p. 4.
17 TAJFEL, Henri. "Experiments in intergroup discrimination". *Scientific American*, v. 223, n. 5, nov. 1970.
18 Ibid.
19 TAJFEL, Henri; BILLIG, Michael. "Social categorization and similarity in intergroup behaviour". *European Journal of Social Psychology*, jan./mar. 1973.
20 TAJFEL, "Experiments in intergroup discrimination".
21 HASLAM; REICHER. *Beyond the banality of evil.* Disponível em: http://bbcprisonstudy.org/pdfs/pspb%20(2007)%20banality%20of%20evil(2).pdf.
22 Citado em ibid., p. 617.
23 REICHER, Stephen; HASLAM, Alexander; SMITH, Joanne. "Working Toward the Experimenter: Reconceptualizing Obedience Within the Milgram Paradigm as Identification-Based Followership". *Perspectives on Psychological Science*, v. 7, n. 4, 29 jun. 2012.
24 HASLAM, Alex. "The Psychology of Tyranny: Did Milgram Get It Wrong?". YouTube. Disponível em: https://www.youtube.com/watch?v=HxXMKg8-7o0.
25 HASLAM; REICHER. "Beyond the banality of evil".
26 "Rutger Bregman Is Hopeful For Humankind". *Eat Sleep Work Repeat podcast*, 20 abr. 2021. Disponível em: https://eatsleepworkrepeat.com/rutger/.
27 "The Influence You Have: Why We Fail to See Our Power Over Others", *NPR*, 24 fev. 2020. Disponível em: https://www.npr.org/2020/02/20/807758704/the-influence-you-have-why-were-blind-to-our-powerover-others?t=1625504969070.
28 REICHER, Stephen; HASLAM, Alexander. "Rethinking the psychology of tyranny: The BBC prison study". *British Journal of Social Psychology*, v. 45, 2006.
29 HASLAM, Alexander; REICHER, Stephen; PLATOW, Michael. *The New Psychology of Leadership*. Routledge, 2020, p. 99.
30 Ibid., p. 69; e professor Alex Haslam, "Social identity and the new psychology of mental health". *The British Psychological Society*, YouTube, 26 fev. 2015. Disponível em: https://www.youtube.com/watch?v=TWWZd8lrraw.

31 Jetten, Jolanda; Reicher, Stephen; Haslam, Alexander; Cruwys, Tegan. *Together Apart* – The Psychology of covid-19. Sage Publications, 2020, p. 19.

32 "The Experiment — Critical Social Psychology", *OpenLearn from the Open University*, YouTube, 26 jul. 2011. Disponível em: https://www.youtube.com/watch?v=WaZCHpqEei0&t=214s&ab_channel=OpenLearnfromTheOpen University.

33 Reicher; Haslam. "Rethinking the psychology of tyranny".

34 Haslam, Catherine et al. *The New Psychology of Health:* Unlocking the Social Cure. Routledge, 2018, p. 31.

35 Buss, David. *Evolutionary Psychology*. Psychology Press, 2014, p. 22.

36 Syed, Matthew. *Rebel Ideas*. John Murray, 2019, p. 244.

37 Citado em ibid., p. 245.

38 Dunbar, Robin. *Friends*. Little, Brown, 2021, p. 55.

39 Id. "Neocortex size as a constraint on group size in primates". *Journal of Human Evolution*, v. 22, n. 6, jun. 1992.

40 Dunbar, *Friends*, p. 137.

41 Cacioppo, John T.; Hawkley, Louise C. "Perceived social isolation and cognition". *Trends in Cognitive Sciences*, v. 13, n. 10, out. 2009.

42 Dunbar, *Friends*, p. 11, 15.

43 Hawkley, Louise; Mais, Christopher; Berry, Jarrett; Cacioppo, John. "Loneliness is a unique predictor of age-related differences in systolic blood pressure". *Psychology and Ageing*, v. 21, n. 1, mar. 2006.

44 Cacioppo, John; Hawkley, Louise; Crawford, Elizabeth et al. "Loneliness and Health: Potential Mechanisms". *Psychosomatic Medicine*, v. 64, n. 3, maio/jun. 2002.

45 Cacioppo, John; Hawkley, Louise; Berntson, Gary et al. "Do Lonely Days Invade the Nights? Potential Social Modulation of Sleep Efficiency". *Psychological Science*, v. 13, n. 4, jul. 2002.

46 Hawkley, Louise C.; Cacioppo, John T. "Aging and Loneliness: Downhill Quickly?". *Current Directions in Psychological Science*, v. 16, n. 4, 1 ago. 2007.

47 Haslam et al. *The New Psychology of Health*, p. 162.

48 Mirowsky, John; Ross, Catherine. "Paranoia and the Structure of Powerlessness". *American Sociological Review*, v. 48, n. 2, maio 1983.

49 Hawkley, Louise C.; Mais, Christopher M.; Berry, Jarett D.; Cacioppo, John T. "Loneliness is a unique predictor of age-related differences in systolic blood pressure". *Psychology and Aging*, v. 21, n. 1, p. 152-164, mar. 2006. Disponível em: doi.org/10.1037/0882-7974.21.1.152.

50 Vaillant, George. *Triumphs of Experience:* The Men of the Harvard Grant Study. Harvard University Press, 2012, p. 370.

51 VAILLANT, George E. "Happiness is love: full stop". *Harvard Medical School* e *Brigham and Women's Hospital*. Disponível em: https://www.duodecim.fi/xmedia/duo/pilli/duo99210x.pdf.

52 "Good genes are nice, but joy is better". *The Harvard Gazette*, 11 abr. 2017. Disponível em: https://news.harvard.edu/gazette/story/2017/04/over-nearly-80-years-harvard-study-has-been-showing-how-to-live-ahealthy-and-happy-life/.

53 PUTNAM, Robert. *Jogando boliche sozinho*. Curitiba: Atuação, 2015.

54 Ibid., p. 516.

55 Ibid., p. 298.

56 HASLAM, S. Alexander; O'BRIEN, Anne; JETTEN, Jolanda; VORMEDAL, Karine; PENNA, Sally. "Taking the strain: Social identity, social support, and the experience of stress". *British Journal of Social Psychology*, v. 44, set. 2005.

57 CRUWYS, Tegan; DINGLE, Genevieve A.; HASLAM, Catherine; HASLAM, S. Alexander; JETTEN, Jolanda; MORTON, Thomas A. "Social group memberships protect against future depression, alleviate depression symptoms and prevent depression relapse". *Social Science & Medicine*, v. 98, dez. 2013.

58 HOLT-LUNSTAD, J.; SMITH, T.; LAYTON, J. "Social Relationships e Mortality Risk: A Meta-analytic Review". PLOS *Medicine*, v. 7, n. 7, 27 jul. 2010.

59 JONES, J. M.; JETTEN, J. "Recovering From Strain and Enduring Pain: Multiple Group Memberships Promote Resilience in the Face of Physical Challenges". *Social Psychological and Personality Science*, v. 2, n. 3, p. 239-244, 2011.

60 SANI, Fabio; MADHOK, Vishnu; NORBURY, Michael; DUGARD, Pat; WAKEFIELD, Juliet R. H. "Greater number of group identifications is associated with lower odds of being depressed: Evidence from a Scottish community sample". *Social Psychiatry and Psychiatric Epidemliogy*, v. 50, n. 9, set. 2015; e CRUWYS, Tegan; HASLAM, Alexander; DINGLE, Genevieve; HASLAM, Catherine; JETTEN, Jolanda. "Depression and Social Identity: An Integrative Review". *Personality and Social Psychology Review*, v. 18, n. 3, 1 ago. 2014.

61 MORRIS, B. A.; CHAMBERS, S. K.; CAMPBELL, M.; DWYER, M.; DUNN, J. "Motorcycles e breast cancer: The influence of peer support and challenge on distress and posttraumatic growth". *Supportive Care in Cancer*, v. 20, n. 8, ago. 2012.

62 CRUWYS, Tegan; SOUTH, Erica I.; GREENAWAY, Katharine H. et al. "Social identity reduces depression by fostering positive attributions". *Social Psychological and Personality Science*, v. 6, n. 1, 1 jan. 2015.

63 EHRENREICH, Barbara. *Dancing in the Streets*. Metropolitan Books, 2006.

64 HASLAM, "Social identity and the new psychology of mental health". Disponível em: https://www.youtube.com/watch?v=TWWZd8lrraw&ab_channel=TheBritish PsychologicalSociety.

65 Conversa do autor com o professor Alex Haslam em 29 de março de 2021.

9. Fortaleza em equipe

1. Solnit, Rebecca. *A Paradise Built in Hell*. Viking, 2009, p. 98.
2. Titmuss, Richard. *Problems of Social Policy*. Greenwood Press, 1971, p. 338.
3. Solnit, Rebecca. *A Paradise Built in Hell*. Viking, 2009, p. 99.
4. Ibid., p. 101.
5. Harrisson, Tom. *Living Through the Blitz*. Schocken, 1989, p. 81.
6. Cockett, Olivia. *Love & War in London: A woman's diary, 1939-1942*. Wilfrid Laurier, 2005, p. 150.
7. Fritz, Charles. *Disasters and Mental Health:* Therapeutic Principles Drawn From Disaster Studies. University of Delaware Disaster Research Center, 1996, p. 4.
8. Kirschenbaum, Lisa A. "The Meaning of Resilience: Soviet Children in World War II". *Journal of Interdisciplinary History*, v. 47, n. 4, 2017.
9. Skomorovsky, Boris; Morris, E. G. *The Siege of Leningrad:* The Saga of the Greatest Siege of All Time as Told by the Letters, Documents, and Stories of the Brave People Who Withstood It. 1944. Citado em Kirschenbaum, Lisa A. "The Meaning of Resilience: Soviet Children in World War II". *Journal of Interdisciplinary History*, v. 47, n. 4, 2017.
10. Fritz, *Disasters and Mental Health*, p. 63.
11. Ibid., p. 4.
12. bbc Worklife. "What makes strangers click?", 21 set. 2020. Disponível em: https://www.bbc.com/worklife/article/20200917-what-makes-strangers-click.
13. Romano, Angelo; Sutter, Matthias; Liu, James H.; Yamagishi, Toshio; Balliet, Daniel. "National parochialism is ubiquitous across 42 nations around the world". *Nature Communications*, v. 12, 22 jul. 2021.
14. Haslam, A.; Jetten, J.; Postmes, T.; Haslam, C."Social Identity, Health and Well-Being: An Emerging Agenda for Applied Psychology". *Applied Psychology*, v. 58, n. 1, jan. 2009.
15. Ibid.
16. Putnam, Robert. *Jogando boliche sozinho*. Curitiba: Atuação, 2015.
17. Solnit, *A Paradise Built in Hell*, p. 193.
18. Dynes, Russell; Quarantelli, Enrico. *Community Conflict:* Its absence and its presence in natural disasters. Disaster Research Center, 1975; e "The Lives They Lived". *New York Times*, 28 dez. 2017. Disponível em: https://www.nytimes.com/interactive/2017/12/28/magazine/the-lives-they-lived-enrico-l-quarantelli.html.
19. Junger, Sebastian. *Tribe*. Twelve, 2016, p. 66.
20. Ibid., p. 70.
21. Solnit, *A Paradise Built in Hell*, p. 148.

22 MULDOON, Orla; DOWNE, Ciara. "Social identification and posttraumatic stress symptoms in post-conflict Northern Ireland". *British Journal of Psychiatry*, v. 191, n. 2, ago. 2007.

23 LYONS, H. "Civil violence — The psychological aspects". *Journal of Psychosomatic Research*, v. 23, n. 6, 1979.

24 SANI, Fabio. "Group Identification, Social Relationships, and Health". *In*: JETTEN, Jolanda; HASLAM, Alexander S.; HASLAM, Catherine. *The Social Cure*: Identity, Health and Well-Being. Psychology Press, 2015, p. 22.

25 GROH, D.; JASON, L.; KEYS, C. "Social Network Variables in Alcoholics Anonymous: A Literature Review". *Clinical Psychology Review*, v. 28, n. 3, mar. 2008.

26 AA. "The Twelve Steps of Alcoholics Anonymous". Disponível em: https://www.alcoholics-anonymous.org.uk/about-aa/the-12-steps-of-aa.

27 Da conversa do autor com Steve Colgan em 12 de setembro de 2018, também transmitida como "Learning from the Police" (2 episódios), *Eat Sleep Work Repeat podcast*, 11 e 13 dez. 2018. Disponível em: https://eatsleepworkrepeat.com/learning-from-the-police-2-episodes/.

28 Ibid.

29 SEERY, Mark; COHEN SILVER, Roxane; HOLMAN, Alison; ENCE, Whitney; CHU, Thai. "Expressing thoughts and feelings following a collective trauma: Immediate responses to 9/11 predict negative outcomes in a national sample". *Journal of Consulting and Clinical Psychology*, v. 76, n. 4, ago. 2008.

30 CRUWYS, Tegan; HASLAM, Alexander; DINGLE, Genevieve; HASLAM, Catherine; JETTEN, Jolanda. "Depression and Social Identity: An Integrative Review". *Personality and Social Psychology Review*, v. 18, n. 3, 1 ago. 2014.

31 ROSENZWEIG, Saul. "Some Implicit Common Factors in Diverse Methods of Psychotherapy". *American Journal of Orthopsychiatry*, v. 6, n. 3, jul. 1936.

32 WAMPOLD, Bruce E.; MONDIN, Gregory W.; MOODY, Marcia; STICH, Frederick; BENSON, Kurt; AHN, Hyun-nie. "A meta-Analysis of Outcome Studies Comparing Bona Fide Psychotherapies: Empirically, 'All Must Have Prizes'". *Psychological Bulletin*, v. 122, n. 3, nov. 1997.

33 HASLAM, Cruwys et al. "Depression and Social Identity".

34 BOSTRÖM, G; CONRADSSON, M.; HÖRNSTEN, C.; ROSENDAHL, E.; LINDELÖF, N.; HOLMBERG, H.; LITTBRAND, H. "Effects of high-intensity functional exercise on depressive symptoms among people with dementia in residential care facilities: A randomised controlled trial". *Physiotherapy*, v. 31, n. 8, ago. 2016; e McNEIL, J.; LeBLANC, E.; JOYNER, M. "The effect of exercise on depressive symptoms in the moderately depressed elderly". *Psychology and Aging*, v. 6, n. 3, set. 1991.

35 HASLAM, Catherine; JETTEN, Jolanda; CRUWYS, Tegan; DINGLE, Genevieve; HASLAM, Alexander. *The New Psychology of Health*: Unlocking The Social Cure. 2018, p. 115.

10. Sincronizados, alinhados e conectados

1. Van der Kolk, Bessel. "This Conversation Will Change How You Think About Trauma". *New York Times*, 24 ago. 2021. Disponível em: https://www.nytimes.com/2021/08/24/opinion/ezra-klein-podcast-van-der-kolk.html?showTranscript=1.
2. Van der Kolk, Bessel. *The Body Keeps the Score*. Viking, 2014, p. 112.
3. Van der Kolk, Bessel. "This Conversation Will Change How You Think About Trauma". Disponível em: https://www.nytimes.com/2021/08/24/opinion/ezra-klein-podcast-van-der-kolk.html?.
4. Haslam, Catherine et al. *The New Psychology of Health*. Routledge, 2018, p. 115.
5. Purcell, Natalie; Koenig, Christopher; Bosch, Jeane; Maguen, Shira. "Veterans' Perspectives on the Psychosocial Impact of Killing in War". *The Counseling Psychologist*, v. 44, n. 7, 2016.
6. Levi, Primo. *Os afogados e os sobreviventes*: os delitos, os castigos, as penas, as impunidades. São Paulo: Paz e Terra, 2016, citado em Reicher, Stephen; Kellezi, Blerina. "The Social Cure or Social Curse? The Psychological Impact of Extreme Events During the Kosovo Conflict". *In*: Jetten, Jolanda; Haslam, Alexander S.; Haslam, Catherine. *The Social Cure:* Identity, Health and Well-Being. Psychology Press, 2015.
7. Levi, Primo. *Os afogados e os sobreviventes*: os delitos, os castigos, as penas, as impunidades. São Paulo: Paz e Terra, 2016.
8. Reicher; Kellezi, "The Social Cure or Social Curse?".
9. Ibid.
10. Berreby, David. *Us & Them:* The Science of Identity. University of Chicago Press, 2008, p. 186.
11. Van der Kolk, *The Body Keeps the Score*, p. 85.
12. Van der Kolk. "This Conversation Will Change How You Think About Trauma". Disponível em: https://www.nytimes.com/2021/08/24/opinion/ezra-klein-podcast-van-der-kolk.html?showTranscript=1.
13. Ehrenreich, Barbara. *Dancing in the Streets*. Metropolitan Books, 2006. Capítulo 7.
14. Dunbar, Robin. *Friends*. Little, Brown, 2021, p. 144, 138.
15. Conversas do autor com Robin Dunbar (17 de março de 2021) e Emma Cohen (7 de agosto de 2019), a última transmitida como "Why you need to understand the 'self/other overlap'", *Eat Sleep Work Repeat podcast*. Disponível em: https://eatsleepworkrepeat.com/why-you-need-tounderstand-the-self-other-overlap/; também Dunbar, *Friends*, p. 165.
16. Da conversa do autor com Emma Cohen, em 7 de agosto de 2019; o artigo original é de Davis, Arran; Taylor, Jacob; Cohen, Emma. "Social Bonds and Exercise: Evidence for a Reciprocal Relationship". PLOS *One*, v. 10, n. 8, 28 ago. 2015.

17 DUNBAR, Robin. "Breaking Bread: the Functions of Social Eating". *Adaptive Human Behavior and Physiology*, v. 3, 11 mar. 2017.
18 MEHL, Matthias R.; VAZIRE, Simine. "Eavesdropping on Happiness: Well-Being is Related to Having Less Small Talk and More Substantive Conversations". *Psychological Science*, v. 21, n. 4, 1 abr. 2010.
19 DUNBAR, *Friends*, p. 169.
20 "Audience members' hearts beat together at the theatre". UCL *News*, 17 nov. 2017. Disponível em: https://www.ucl.ac.uk/news/2017/nov/audience-members-hearts-beat-together-theatre.
21 MURPHY, Michael; JANICKI-DEVERTS, Denise; COHEN, Sheldon. "Receiving a hug is associated with the attenuation of negative mood that occurs on days with interpersonal conflict". *Public Library of Science One*, v. 13, n. 10, 3 out. 2018.
22 HASLAM, Alex. "Social identity and the new psychology of mental health". *The British Psychological Society*, YouTube, 26 fev. 2015. Disponível em: https://www.youtube.com/watch?v=TWWZd8lrraw.
23 SACKS, Jonathan. "Collective joy". Disponível em: https://rabbisacks.org/collectivejoy-reeh-5779/.
24 Da conversa do autor com Emma Cohen em 7 de agosto de 2019.
25 GREENAWAY, Katharine; HASLAM, Alexander; CRUWYS, Tegan; BRANSCOMBE, Nina; YSSELDYK, Renate; HELDRETH, Courtney. "From 'we' to 'me': group identification enhances personal control with consequences for health and well-being". *Journal of Personality and Social Psychology*, 2015.
26 Da conversa do autor com Pippa Grange em 17 de setembro de 2019, parcialmente transmitida como "Talking Teams – an exclusive interview with Pippa Grange", *Eat Sleep Work Repeat podcast*, 9 out. 2018. Disponível em: https://eatsleepworkrepeat.com/interviewing-pippa-grange-head-of-team-culture-at-the-englandfootball-team/.
27 CIALDINI, Robert. *Influence*: The Psychology of Persuasion (new and expanded). Harper Business, 2021, p. 364.
28 Ibid., p. 369.
29 INZLICHT, Michael; GUTSELL, Jennifer; LEGAULT, Lisa. "Mimicry reduces racial prejudice". *Journal of Experimental Social Psychology*, v. 48, jan. 2012.
30 REINERO, Diego; DIKKER, Suzanne; VAN BAVEL, Jay. "Inter-brain synchrony in teams predicts collective performance". *Social Cognitive and Affective Neuroscience*, v. 16, n. 1-2, jan.-fev. 2021.
31 SHTEYNBERG, G. "Shared Attention". *Perspectives on Psychological Science*, v. 10, n. 5, 1 set. 2015.
32 Ibid.

33. SHTEYNBERG, G.; HIRSH, J.; APFELBAUM, E.; LARSEN, J.; GALINSKY, A.; ROESE, N. "Feeling more together: group attention intensifies emotion". *Emotion*, v. 14, n. 6, ago. 2014.

34. DIKKER, S. et al. "Brain-to-Brain Synchrony Tracks Real-World Dynamic Group Interactions in the Classroom". *Current Biology*, v. 20, n. 9, maio 2017. Disponível em: https://www.sciencedirect.com/science/article/pii/S0960982217304116#!.

11. TRÊS CONTOS DA FORTALEZA

1. Conversa do autor com Anna Hemmings em 9 de março de 2021, aprimorada com citações de "The diary of a CEO: interview with Stephen Bartlett". YouTube, 19 jan. 2021. Disponível em: https://www.youtube.com/watch?v=GGTtZpswgfg; e "Canoeing — Hemmings reflects on remarkable return". *Surrey Live*, 4 jan. 2006. Disponível em: https://www.getsurrey.co.uk/sport/other-sport/canoeing-hemmings-reflects-remarkable-4841610.

2. "Reverse Therapy: A radical new approach to recovery", desenvolvido pelo dr. John Eaton. Disponível em: https://www.reverse-therapy.com/.

3. RUSHKOFF, Douglas. "How to be 'Team Human' in the digital future". *Ted Salon*, set. 2018. Disponível em: https://www.ted.com/talks/douglas_rushkoff_how_to_be_team_human_in_the_digital_future.

4. Da conversa do autor com Damian Scarf em 25 de janeiro de 2021, com citações adicionais retiradas de SCARF, Damian. "Anxiety is an expert strategist". TEDX TALK, YouTube, 9 nov. 2015. Disponível em: https://www.youtube.com/watch?v=cbHBZWbEk8A&t=1s&ab_channel=TEDxTalks.

5. SCARF, Damian; MORADI, Saleh; McGAW, Kate; HEWITT, Joshua; HAYHURST, Jillian; BOYES, Mike; RUFFMAN, Ted; HUNTER, Jackie. "Somewhere I belong: Long-term increases in adolescents' resilience are predicted by perceived belonging to the in-group". *British Journal of Social Psychology*, v. 55, n. 3, set. 2016.

6. Ibid.

7. Conversa do autor com o dr. Damian Scarf em 25 de janeiro de 2021, também transmitida como "The root of resilience? Groups", *Eat Sleep Work Repeat podcast*, 26 jan. 2021. Disponível em: https://eatsleepworkrepeat.com/the-root-of-resilience-groups/.

8. SCARF, "Anxiety is an expert strategist". Disponível em: https://www.youtube.com/watch?v=cbHBZWbEk8A&ab_channel=TEDxTalks.

9. SCARF et al, "Somewhere I belong".

10. SCARF, "Anxiety is an expert strategist". Disponível em: https://www.youtube.com/watch?v=cbHBZWbEk8A&ab_channel=TEDxTalks.

11 MATHESON, Catriona; ROBERTSON, Helen D.; ELLIOTT, Alison M.; IVERSEN, Lisa; MURCHIE, Peter. "Resilience of primary healthcare professionals working in challenging environments: A focus group study". *British Journal of General Practice*, v. 66, n. 648, jul. 2016.

12 MCDONALD, Lynn. *Florence Nightingale on Public Health Care:* Collected Works of Florence Nightingale. Wilfrid Laurier, 2004, p. 447.

13 "Play: Tales of success from an NHS hospital". *Eat Sleep Work Repeat podcast*, editado para fins de clareza, 22 abr. 2019. Disponível em: https://eatsleepworkrepeat.com/play-tales-of-success-from-an-nhs-hospital/.

14 SELIGMAN, Martin. *Florescer*: uma nova compreensão da felicidade e do bem-estar. Rio de Janeiro: Objetiva, 2011.

12. FORTALEZA EM QUEDA?

1 ARISTÓTELES. *Retórica*. São Paulo: Edipro, 2011.

2 ROSE, H. *A New General Biographical Dictionary Projected and Partly Arranged by the Late Rev. Hugh James Rose*. B. Fellowes, 1848, v. 3, citado em PROTZKO, John; SCHOOLER, Jonathan. "Kids these days: Why the youth of today seem lacking". *Science Advances*, v. 5, n. 10, 16 out. 2019.

3 "Why We've Been Hating on 'Kids These Days' for Thousands of Years". *Discover Magazine*, 16 out. 2019. Disponível em: https://www.discovermagazine.com/mind/why-weve-been-hating-on-kids-these-days-for-thousands-of-years.

4 "Why old people will always complain about young people". *Vox*, 12 nov. 2019. Disponível em: https://www.vox.com/science-and-health/2019/11/12/20950235/ok-boomer-kids-these-days-psychology.

5 Desde então, Haidt descreveu sua incerteza inicial sobre o título — que foi proposto pelos editores — e admitiu que alguns o consideraram um exagero. "Jonathan Haidt on Making Free Speech Better". *Dialogues with Richard Reeves*, Apple Podcasts, 20 abr. 2021. Disponível em: https://podcasts.apple.com/us/podcast/jonathan-haidt-onmaking-free-speech-better/id1564095051?i=1000518047348.

6 "Jonathan Haidt on Making Free Speech Better". YouTube, 1 maio 2021. Disponível em: https://www.youtube.com/watch?v=SZ9O-tGEdIU&ab_channel=RichardReeves.

7 SEERY, Mark; HOLMAN, Alison; COHEN SILVER, Roxane. "Whatever does not kill us: Cumulative lifetime adversity, vulnerability, and resilience". *Journal of Personality and Social Psychology*, v. 99, n. 6, dez. 2010.

8   "Jonathan Haidt on Making Free Speech Better". Disponível em: https://www.youtube.com/watch?v=SZ9O-tGEdIU&ab_channel=RichardReeves; o termo "mimo tóxico" está no tempo 00:23:30.
9   HAIDT, Jonathan; LUKIANOFF, Greg. *The Coddling of the American Mind*. Penguin Books, 2018, p. 55.
10 Cancelamentos bem-sucedidos de eventos de palestras em universidades dos EUA, *Foundation for Individual Rights in Education*, 2021. Disponível em: https://www.thefire.org/research/disinvitation-database/.

Ano	2005	2006	2007	2008	2009	2010	2011	2012	2013
Tentativa de convite	24	20	18	19	32	16	22	24	34
"Desconvites" bem-sucedidos	12	4	11	11	17	3	12	10	15

Ano	2014	2015	2016	2017	2018	2019	2020	2021
Tentativa de convite	31	24	43	18	18	41	21	26
"Desconvites" bem-sucedidos	12	9	24	27	12	21	7	9

11 Ibid.
12 "Tulane University misidentifed Hunter Biden's expertise". *Washingston Examiner*, 28 abr. 2021. Disponível em: https://www.washingtonexaminer.com/opinion/tulane-university-misidentified-hunter-bidens-expertise.
13 Vídeo: "Winston Churchill booed at Walthamstow Stadium during election rally". *Mail Online*. Disponível em: https://www.dailymail.co.uk/video/news/video-2404610/Video-Winston-Churchill-booed-Walthamstow-Stadium-election-rally.html.
14 BOLLINGER, Lee. "Free Speech on Campus is Doing Just Fine, Thank You". *The Atlantic*, 12 jun. 2019. Disponível em: https://www.theatlantic.com/ideas/archive/2019/06/free-speech-crisis-campus-isnt-real/591394/.
15 "Evaluation Report". *Office for Students*, 21 jun. 2019. Disponível em: https://www.officeforstudents.org.uk/media/860e26e2-63e7-47eb-84e0-49100788009c/ofs2019_22.pdf.
16 "New survey: Majority of college students self-censor, support disinvitations [...]". FIRE, 11 out. 2017. Disponível em: https://www.thefire.org/new-survey-majority-

of-college-students-self-censor-supportdisinvitations-dont-know-hate-speech-is-protected-by-firstamendment/.
17 TWENGE, Jean. *iGen*. Atria Books, 2017, p. 402.
18 TWENGE, Jean. "Have Smartphones Destroyed a Generation?". *The Atlantic*, set. 2017.
19 "This Is Our Chance to Pull Teenagers Out of the Smartphone Trap". *New York Times*, 31 jul. 2021. Disponível em: https://www.nytimes.com/2021/07/31/opinion/smartphone-iphone-social-media-isolation.html.
20 Ibid.
21 TWENGE, Jean; HAIDT, Jonathan et al. "Worldwide increases in adolescent loneliness". *Journal of Adolescence*, v. 93, dez. 2021.
22 TWENGE, "Have Smartphones Destroyed a Generation?". Disponível em: https://www.theatlantic.com/magazine/archive/2017/09/has-the-smartphone-destroyed-a-generation/534198/.
23 Ibid.
24 "This Is Our Chance to Pull Teenagers Out of the Smartphone Trap". Disponível em: https://www.nytimes.com/2021/07/31/opinion/smartphone-iphonesocial-media-isolation.html.
25 "Jonathan Haidt on Making Free Speech Better". Disponível em: https://www.youtube.com/watch?v=SZ9O-tGEdIU&ab_channel=RichardReeves.
26 TWENGE; HAIDT. "Worldwide increases in adolescent loneliness". Disponível em: https://www.sciencedirect.com/science/article/pii/S0140197121000853.
27 TWENGE, Jean; HAIDT, Jonathan. "Response to Critics of Haidt-Twenge NYT Essay on School Loneliness", 5 ago. 2021. Disponível em: https://docs.google.com/document/d/1QWXn_pWkAPzBOkjqzjrjS19LCKPoudETzWV__C6xK8I.
28 "This Is Our Chance to Pull Teenagers Out of the Smartphone Trap". Disponível em: https://www.nytimes.com/2021/07/31/opinion/smartphone-iphonesocial-media-isolation.html.
29 TWENGE. "Have Smartphones Destroyed a Generation?". Disponível em: https://www.theatlantic.com/magazine/archive/2017/09/has-the-smartphone-destroyed-a-generation/534198/.
30 TWENGE; HAIDT. "Response to Critics of Haidt-Twenge NYT Essay on School Loneliness". Disponível em: https://docs.google.com/document/d/1QWXn_pWkAPzBOkjqzjrjS19LCKPoudETzWV__C6xK8I.
31 TWENGE. "Have Smartphones Destroyed a Generation?". Disponível em: https://www.theatlantic.com/magazine/archive/2017/09/has-the-smartphone-destroyed-a-generation/534198/.
32 ADAMS, Douglas. "How to Stop Worrying and Learn to Love the Internet". Disponível em: https://douglasadams.com/dna/19990901-00-a.html.

33 VALKENBURG, P. M.; PETER, J. "Online communication and adolescent well-being: Testing the stimulation versus displacement hypothesis". *Journal of Computer-Mediated Communication*, v. 12, n. 4, p. 1.169-1.182, 1 jul. 2007; e DAVIS, K. "Young people's digital lives: The impact of interpersonal relationships and digital media use on adolescents' sense of identity". *Computers in Human Behavior*, v. 29, n. 6, 2013.

34 ORBEN, Amy; PRZYBYLSKI, Andrew. "The association between adolescent well-being and digital technology use". *Natural Human Behaviour*, 2019.

35 "Facebook Knows Instagram Is Toxic for Teen Girls, Company Documents Show". *Wall Street Journal,* 14 set. 2021. Disponível em: https://www.wsj.com/articles/facebook-knows-instagram-is-toxic-for-teengirls-company-documents-show-11631620739.

36 https://www.bbc.co.uk/news/world-58549373.

37 "In Pursuit of Happiness". Entrevista com Jean Twenge no *The Atlantic*, YouTube, 20 maio 2021. Disponível em: https://www.youtube.com/watch?v=QyqzOhpfc-4&t=9852s&ab_channel=TheAtlantic, faixa de tempo 2:46.17.

38 KIRSCH, Irving. "Antidepressants and the Placebo Effect". *Zeitschrift für Psychologie*, v. 222, n. 3, 2014.

39 "California just pushed back school start times — you weren't dreaming. Now what?". *CalMatters*, 28 out. 2019. Disponível em: https://calmatters.org/education/k-12-education/2019/10/how-school-starttime-law-will-work-in-california/.

40 ORBEN, Amy; PRZYBYLSKI, Andrew. "The association between adolescent well-being and digital technology use". *Nature Human Behaviour*, v. 3, 14 jan. 2019 — os três fatores foram retirados de correspondências on-line entre Haidt e Przybylski. Disponível em: https://docs.google.com/document/d/1w-HOfseF2wF9YIpXwUUtP65-olnkPyWcgF5BiAtBEy0/edit#heading=h.d7r5kepyjd4n.

41 TWENGE, Jean; COYNE, Sarah; CARROLL, Jason; WILCOX, Bradford. "Teens in Quarantine: Mental Health, Screen Time, and Family Connection", *Institute for Family Studies*, 2020.

42 "In Pursuit of Happiness". Disponível em: https://www.youtube.com/watch?v=QyqzOhpfc-&t=9852s&ab_channel=TheAtlantic, faixa de tempo 2:50.49.

13. CAMINHANDO EM DIREÇÃO À FORTALEZA

1 HONIGSTEIN, Raphael. *Klopp: Bring the Noise*. Yellow Jersey, 2017, p. 86.
2 Ibid.

3   "Michelin restaurants and fabulous wines: Inside the secret team dinners that have built the Spurs' destiny". ESPN, 25 jul. 2020. Disponível em: https://www.espn.com/nba/story/_/id/26524600/secret-team-dinnersbuilt-spurs-dynasty.
4   Conversa do autor com Damian Hughes em 5 de junho de 2019.
5   "Jürgen Klopp's message to supporters". *Liverpool FC*, 13 mar. 2020. Disponível em: https://www.liverpoolfc.com/news/first-team/390397-jurgen-kloppmessage-to-supporters#.
6   HASLAM, Alex. "Leadership". *In*: JETTEN, Jolanda; REICHER, Stephen; HASLAM, Alexander; CRUWYS, Tegan. *Together Apart — The Psychology of Covid-19*. Sage Publications, 2020, p. 26.
7   "Dame Kelly Holmes opens up about self-harming during her career". *The High Performance Podcast*, YouTube, 22 maio 2020. Disponível em: https://www.youtube.com/watch?v=E864arwOo1I&feature=youtu.be&t=500&ab_channel=TheHighPerformancePodcast.
8   "Greg LeMond vs. The World". *Men's Journal*. Disponível em: https://www.mensjournal.com/health-fitness/greg-lemond-vs-the-world-20130318/.
9   RESILIENCE. Direção: James Redford. 2016, faixa de tempo 00:49:00.
10 Ibid., 00:44:40.
11 HARRIS, Nadine Burke. *Toxic Childhood Stress*. Bluebird, 2018, p. 110.
12 "The impact of showing Resilience". *Resilience Challenge*. Disponível em: https://resiliencechallenge.org.uk/Groups/330094/The_impact_of.aspx.
13 RESILIENCE. Direção: James Redford. 2016, faixa de tempo 00:54:00.
14 "How 'trauma training' at a Harpurhey school saw exclusions plummet". *Manchester Evening News*, 25 out. 2019. Disponível em: https://www.manchestereveningnews.co.uk/news/greater-manchester-news/howtrauma-training-harpurhey-school-17145382.
15 RESILIENCE. Direção: James Redford. 2016.
16 Conversa do autor com Jillian Richardson, também transmitida como "Community 4: A champion community builder shares her advice". *Eat Sleep Work Repeat podcast*, 19 out. 2020. Disponível em: https://eatsleepworkrepeat.com/community/.
17 RESILIENCE. Direção: James Redford. 2016.
18 "Mental health & emotions — practical ways of fixing work". *Eat Sleep Work Repeat podcast*, 8 abr. 2019. Disponível em: https://eatsleepworkrepeat.com/mental-health-emotions-practical-ways-of-fixing-work/.
19 "Not just a run in the park". *Parkrun*, 5 out. 2019. Disponível em: https://blog.parkrun.com/uk/2019/10/05/not-just-run-park/.
20 NACKERS, L.; DUBYAK, P.; LU, X.; ANTON, S.; DUTTON, G.; PERI, M. "Group dynamics are associated with weight loss in the behavioral treatment of obesity". *Obesity*, v. 23, n. 8, ago. 2015.

21 BANGOR University. "Adverse Childhood Experiences Increase Risk of Mental Illness, But Community Support Can Offer Protection". Disponível em: https://www.bangor.ac.uk/news/archive/adverse-childhood-experiencesincrease-risk-of-mental-illness-but-community-support-can-offerprotection-35429.

22 CIEZA, Alarcos; BICKENBACH, Jerome E. "Laidback Science: Messages from Horizontal Epidemiology". *In*: WILLIAMS, Richard; KEMP, Verity; HASLAM, Alexander; HASLAM, Catherine; BHUI, Kamaldeep S.; BAILEY, Susan. *Social Scaffolding*: Applying the Lessons of Contemporary Social Science to Health and Healthcare. Cambridge University Press, 2019.

Referências bibliográficas

BAILEY, Sue; WILLIAMS, Richard. Towards partnerships in mental healthcare. *Advances in Psychiatric Treatment*, [s. l.], v. 20, n. 1, jan. 2014.

BERREBY, David. *Us and Them*: The Science of Identity. Chicago: University of Chicago Press, 2008.

BOAL, Augusto. Jogos para atores e não atores. São Paulo: Edições Sesc, 2015.

BREGMAN, Rutger. *Humanidade*: uma história otimista do homem. São Paulo: Planeta, 2021.

BROWN, Rupert. *Henri Tajfel*: Explorer of Identity and Difference. Nova York: Routledge, 2019.

CIALDINI, Robert. *Influence*: The Psychology of Persuasion. Nova York: Harper Business, 2021.

COSTELLO, Anthony. *The Social Edge*: The Power of Sympathy Groups for our Health, Wealth and Sustainable Future. Londres: Thornwick, 2018.

CREDÉ, Marcus. What Shall We Do About Grit? A Critical Review of What We Know and What We Don't Know. *Educational Researcher*, v. 47, n. 9, p. 606-611, 2018.

CRUWYS, Tegan et al. Social group memberships protect against future depression, alleviate depression symptoms and prevent depression relapse. *Social Science & Medicine*, v. 98, p. 179-186, dez. 2013.

CRUWYS, Tegan et al. Depression and Social Identity: An Integrative Review. *Personality and Social Psychology Review*, v. 18, n. 3, 1 ago. 2014.

DUNBAR, Robin. *Friends*. Londres: Little, Brown, 2021.

EHRENREICH, Barbara. *Dancing in the Streets*: A History of Collective Joy. Nova York: Metropolitan Books, 2006.

FUKUYAMA, Francis. *Identity*: The Demand for Dignity and the Politics of Resentment. Londres: Farrar, Straus and Giroux, 2018.

GOGARTY, Paul; WILLIAMSON, Ian. *Winning at All Costs*: Sporting Gods and Their Demons. JR Books, 2009.

HAIDT, Jonathan; LUKIANOFF, Greg. *The Coddling of the American Mind*. Nova York: Penguin Books, 2018.

HASLAM, Catherine et al. *The New Psychology of Health*: Unlocking the Social Cure. Nova York: Routledge, 2018.

HASLAM, S. Alexander et al. Social identity, health and well-being: An emerging agenda for applied psychology. *Applied Psychology*, v. 58, n. 1, p. 1-23, 2009.

HASLAM, S. Alexander. Taking the strain: Social identity, social support, and the experience of stress. *British Journal of Social Psychology*, v. 44, set. 2005.

HASLAM, S. Alexander; REICHER, Stephen D.; PLATOW, Michael J. *The New Psychology of Leadership: Identity, Influence and Power*. Routledge, 2020.

HERTZ, Noreena. *The Lonely Century*: Coming Together in a World that's Pulling Apart. Nova York: Sceptre, 2020.

HOGAN, Robert; WEISS, Daniel. Personality Correlates of Superior Academic Achievement. *Journal of Counseling Psychology*, v. 21, n. 2, p. 139-142, 1 mar. 1974.

JETTEN, Jolanda. Together Apart – The Psychology of Covid-19. Londres: Sage Publications, 2020.

JETTEN, Jolanda; HASLAM, Catherine; HASLAM, S. Alexander (orgs.). The Social Cure: Identity, Health, and Well-Being. East Sussex: Psychology Press, 2015.

JUNG, S. J.; WINNING, A.; ROBERTS, A. L.; NISHIMI, K.; CHEN, Q.; GILSANZ, P. et al. Posttraumatic stress disorder symptoms and television viewing patterns in the Nurses' Health Study II: A longitudinal analysis. *PLOS ONE*, v. 14, n. 3, 21 mar. 2019.

KLEIN, Ezra. *Why We're Polarized*. Nova York: Avid Reader Press/Simon & Schuster, 2020.

KOH, Alfie. *The Myth of the Spoiled Child*: Challenging the Conventional Wisdom about Children and Parenting. Boston: Da Capo Lifelong Books, 2014.

PARRIS, Matthew. *Fracture:* Stories of How Great Lives Take Root in Trauma. Londres: Profile Books, 2020.

REES, Tim; HASLAM, S. Alexander; COFFEE, Pete; LAVALLEE, David. A Social Identity Approach to Sport Psychology: Principles, Practice, and Prospects. *Sports Medicine*, v. 45, n. 8, ago. 2015.

REICHER, Stephen; HASLAM, S. Alexander. Rethinking the psychology of tyranny: The BBC prison study. *British Journal of Social Psychology*, v. 45, 2006.

SINGAL, Jesse. *The Quick Fix*: Why Fad Psychology Can't Cure Our Social Ills. Farrar, Straus and Giroux, 2021.

SMITH, Joanne R. *Social Psychology*: Revisiting the Classic Studies. Sage Publications, 2017.

SOLNIT, Rebecca. *A Paradise Built in Hell*. Viking, 2009.

STEFFENS, Nikolas K.; HASLAM, S. Alexander; REICHER, Stephen D. Up close and personal: Evidence that shared social identity is a basis for the "special" relationship that binds followers to leaders. *The Leadership Quarterly*, v. 25, n. 2, fev. 2014.

TWENGE, Jean. *iGen*. Atria Books, 2017.

TURNER, J. C. Towards a cognitive redefinition of the social group. In: TAJFEL, H. (org.). *Social Identity and Intergroup Relations*. Cambridge University Press, 1982, p. 15-40.

TURNER, J. C.; OAKES, Penelope; HASLAM, S. Alexander; GARTY, Craig. Self and Collective: Cognition and Social Context. *Personality and Social Psychology Bulletin*, v. 20, n. 5, 1 out. 1994.

WILLIAMS, Richard (org.). *Social Scaffolding*: Applying the Lessons of Contemporary Social Science to Health and Healthcare. Cambridge University Press, 2019.

Agradecimentos

Imensos amor e gratidão àqueles que eu mais amo: minha companheira Coco, os pequeninos Arlie e Wes, e meus brilhantes bucaneiros Billy e Tula. Minha mãe e minha irmã, Jo, por seu amor duradouro, humor e apoio. Meus amigos Matt Pennington e Dan Cable, que me fizeram dar mais risadas do que qualquer um merecia durante aqueles estranhos dois anos de coronavírus — e que me deram sugestões valiosas no que diz respeito às ideias com as quais brinquei enquanto escrevia este livro. Também devo gratidão à paciência e à perspicácia de Nigel Wilcockson, da Penguin Random House, por ajudar a transformar um manuscrito vasto e pesado em algo muito mais coerente.

Por fim, quero agradecer a Alexandra Elbakyan, a criadora independente do *Sci-Hub*. Passei dois anos trabalhando em milhares de artigos científicos. Por meio de algum legado de velhos modelos de negócios falidos, esses documentos ficam escondidos por trás de acessos pagos com preços opressivos — mesmo que os acadêmicos que fazem o trabalho não ganhem nada com suas pesquisas sendo mantidas fora da exibição pública.

O *Sci-Hub* permite que qualquer pessoa acesse esses documentos. Apesar de Alexandra ser descrita pela *Nature* como uma das dez pessoas mais importantes para a ciência, ela está na lista de procurados da Interpol e está escondida. Este livro não poderia ter sido pesquisado ou escrito sem a criação de Alexandra. Muito amor à pirata original.

Este livro, composto na fonte Fairfield,
foi impresso em papel Lux Cream 60g/m² na BMF.
Osasco, julho de 2023.